Patrick Nini
Dialog statt Spaltung!

PATRICK NINI

DIALOG
statt **Spaltung!**

Verantwortungsbewusst
kommunizieren und Brücken bauen
in unserer Gesellschaft

Bibliografische Information der Deutschen Nationalbibliothek
Die Deutsche Nationalbibliothek verzeichnet diese Publikation in der
Deutschen Nationalbibliografie; detaillierte bibliografische Daten
sind im Internet über http://dnb.d-nb.de abrufbar.

ISBN 978-3-96739-009-4

Lektorat: Sabine Rock, Frankfurt/M. | www.druckreif-rock.de
Umschlaggestaltung: Martin Zech Design, Bremen | www.martinzech.de
Autorenfoto: Malte Robra
Satz und Layout: Das Herstellungsbüro, Hamburg | www.buch-herstellungsbuero.de
Druck und Bindung: Salzland Druck, Staßfurt

© 2020 GABAL Verlag, Offenbach

Wir drucken in Deutschland!

www.gabal-verlag.de
www.facebook.com/Gabalbuecher
www.twitter.com/gabalbuecher
www.instagram.com/gabalbuecher

PEFC zertifiziert
Dieses Produkt stammt aus nachhaltig
bewirtschafteten Wäldern und kontrollierten
Quellen.

www.pefc.de

Inhalt

Vorwort

Nehmen wir an, nur mal so hypothetisch, jemand hätte das Internet komplett durchgelesen. Wüsste derjenige dann wirklich alles, was es zu wissen gibt? Nein. Und niemand wäre wohl verrückt genug, so etwas zu behaupten. Vielmehr würde eine Person, die ein solches Abenteuer wagt, wahrscheinlich noch viel weniger klarsehen als je zuvor. Schließlich hätte sie neben den vielen sicherlich brauchbaren Informationen auch den vollen Informationsschwall, den der »Schwarm« uns zumutet, automatisch mitkonsumiert: die Fake News (also die echten), die Desinformationskampagnen, die diversen Verschwörungstheorien und die reale Wahlmanipulation, die ungesunden Seiten für gesundheitliche Aufklärung und vor allem natürlich die Kätzchen-Memes und so weiter.

Finden wir uns damit ab: Wissen oder das, was wir dafür halten, ist eine Illusion.

Genauso eine Illusion ist, dass wir alle permanent miteinander in echtem Kontakt sind. Per Messenger, Kommentarfunktion und E-Mail sind wir vielleicht vernetzt, aber deshalb noch längst nicht verbunden. Zum Glück erinnern meine Kinder mich immer wieder daran, was es bedeutet, wirklich in Kontakt zu sein. Wenn einer meiner Söhne mir etwas erzählen will, stellt er vorher sicher, dass ich auch wirklich bei der Sache bin. Ich kann ihm dreimal sagen, dass ich auch wirklich zuhöre – er fängt erst an zu reden, wenn ich mich ihm zuwende und ihm in die Augen schaue. Wenn Kinder etwas mitteilen wollen, fordern sie unsere volle Aufmerksamkeit ein. Sie kommunizieren erst, wenn sie sicher sind, dass eine echte und belastbare Verbindung besteht.

Im Gegensatz zu uns haben unsere Kinder noch nicht verlernt, was es bedeutet, wirklich in Kontakt und im Dialog zu sein.

Eine dritte Illusion, unter der unsere Kommunikation leidet, ist der Glaube, dass wir immer auch das sagen, was wir tatsächlich mitteilen wollen. »Würdest du mal die Freundlichkeit besitzen, dich an dein Versprechen zu halten, und pünktlich zum Abendessen kommen?« ist keine zielführende Äußerung. Ziel und Aussage gehen meilenweit aneinander vorbei: Obwohl der wahre Wunsch hinter diesen Worten das Bedürfnis nach Nähe ist, erzeugen sie Distanz und können damit zu Spaltung führen.

»Essen ist um sieben« – das wäre eine adäquate und vor allem glasklare Botschaft. Doch genau davon senden wir viel weniger aus, als wir glauben, und tragen damit sicher nicht zum kommunikativen Brückenbau bei. Im Bemühen, eine Verbindung herzustellen, zu einer Einigung zu kommen oder Lösungen zu finden, kommunizieren wir alles Mögliche, was die eigentliche Botschaft verschleiert: Urteile, Mutmaßungen oder Vorwürfe – all das, was Widerstände schürt, anstatt Menschen und Meinungen zu verbinden. Die meisten dieser spaltungsgeladenen Bomben zünden wir zwar unabsichtlich, aber wir zünden sie. Und dann wundern wir uns, wenn wir missverstanden werden und nicht wie gewünscht zu anderen Menschen durchdringen?

Das sind für mich die drei großen Illusionen unserer Zeit: die Wissensillusion, die Kontaktillusion und die Mitteilungsillusion. Sie sorgen dafür, dass wir in unseren Beziehungen und in unserer Gesellschaft Spaltung erleben, obwohl wir uns doch Verständigung wünschen.

Die gute Nachricht ist: Es gibt ein Mittel, mit dem wir all diese Illusionen und die allgegenwärtige Spaltung im Kleinen wie im Großen überwinden können: den Dialog! Er ist die nachhaltigste Kommunikationsstrategie für gelingende Verständigung. Er ist die effektivste Kulturtechnik gegen das Nicht-Wissen. Er ist der zuverlässigste Klarsichtfilter gegen die Nebelbomben der Alltagskommunikation. Das intime Gespräch zwischen zwei oder mehr Menschen, der bilaterale wie der große gesellschaftliche Dialog, der geflüsterte Hinweis genauso wie die angeregte Grundsatzdiskussion: Der direkte Austausch auf Augenhöhe ist unsere einzige Chance auf Klarheit.

Auf dem Weg zum verantwortungsbewussten kommunikativen Brückenbau wünsche ich mir außerdem mehr Streit! Einen Streit auf der Grundlage einer Haltung, nicht einer Meinung. Wie er früher einmal gemeint war: Rede – dann Gegenrede – und am Ende im besten Fall das Finden einer Lösung oder gar Wahrheit. Diskurs und Dialog statt Bezichtigung, mehr Debatten auf Augenhöhe und weniger Empörung!

Deshalb bin ich froh, dass Patrick Nini dem Dialog in diesem Buch die Aufmerksamkeit widmet, die ihm gebührt. Mit der Rückkehr ins Gespräch allein ist es nämlich nicht getan. Damit Dialoge gelingen können, brauchen wir außerdem Einsichten über das Wesen der Kommunikation und die Kompetenzen, uns auf verbindende und verbindliche Kommunikation überhaupt einzulassen.

Und noch etwas ist unverzichtbar: Offenheit. Gelingende Dialoge beruhen auf der grundlegenden Bereitschaft, als ein anderer Mensch aus dem Gespräch, aus der Interaktion mit anderen zu kommen, als der man hineingegangen ist. Ich empfehle Ihnen daher, mit genau dieser Bereitschaft auch in die Lektüre dieses Buches einzutauchen. Das ist nämlich auch so eine Grundregel der Verständigung, die wir scheinbar irgendwie verlernt haben: erst zuhören oder lesen und verstehen, dann reden oder anderweitig kommunizieren.

In diesem Sinne: Setzen Sie auf Dialog und Brückenbau und nicht auf Spaltung!

Kommen Sie gut an!

Ihr
René Borbonus

Ein Wort zuvor – unsere Gesellschaft ist gespalten

Seit einiger Zeit kann man anlässlich von Geburtstagen auf Facebook Spendenaufrufe durchführen. Ich habe zu meinem 33. Geburtstag auf dieser Plattform zu einer Spendenaktion für den gemeinnützigen Verein Sea-Watch aufgerufen. Sea-Watch hat es sich zur Aufgabe gemacht, Menschen zu retten, die im Mittelmeer in Seenot geraten. Kurz darauf meldete sich ein empörter Geburtstagsgast bei mir: »Bist du verrückt? Warum machst du aus einem Geburtstag ein Politikum? Seenotrettung? Dazu habe ich sowieso meine eigene Meinung!« Er machte mir darüber hinaus den Vorschlag, ich solle doch, statt politische Statements abzugeben, das eingenommene Geld lieber in ein zukünftiges Eigenheim investieren.

Diese und ähnliche Diskussionen führe ich mit diesem Menschen nicht zum ersten Mal. Ganz im Gegenteil. Um die Beziehung zu ihm nicht zu gefährden, haben wir uns längst darauf geeinigt, besser keine politischen Gespräche mehr zu führen, denn politisch gesehen trennen uns Welten. Pointierter ausgedrückt könnte man auch sagen, zwischen uns befindet sich ein ideologischer Grand Canyon: Unsere Ansichten liegen sehr, sehr weit auseinander.

Eigentlich wollte ich mit meinem Spendenaufruf gar kein politisches Statement abgeben, das war nie meine Intention. Ich wollte einfach nur helfen, weil ich Videos von Rettungsaktionen gesehen hatte, bei denen sich Menschen in höchster Gefahr befinden und manche von ihnen trotz aller Bemühungen elendiglich ertrinken. Und ich finde, dass das so nicht weitergehen darf! Menschen mit ganz anderen Ansichten sehen an dieser Stelle jedoch statt Menschen etwas anderes in Gefahr, nämlich das christliche Abendland. Diese Menschen können mich und mein Spendenverhalten ebenso wenig verstehen wie mein Geburtstagsgast und reagieren darauf mit großer Entrüstung. Manche gehen sogar so weit, mich als linken, »fehlgeleiteten« Gutmenschen zu klassifizieren. Aber – bin ich das wirklich? Ich denke nicht. Ich wollte einfach nur meiner Verantwortung nachkommen.

Was mir auffällt: Unsere Gesellschaft definiert sich zunehmend anhand einer strikten Links-/Rechts-Achse. Entweder-oder – dazwischen scheint es keine weiteren Nuancen mehr zu geben. Diese starke Polarisierung führt aus meiner Sicht zu einem Tauziehen, bei dem es nur Verlierer zu geben scheint. Und dieses Gefühl – Verlierer zu sein – erzeugt bei vielen Menschen eine enorme Wut. Nehmen wir zum Beispiel das heftige Aufeinandertreffen von AfD-Befürwortern und AfD-Gegnern (AfD = Alternative für Deutschland). Am 27. Mai 2018 demonstrierte die AfD im Berliner Regierungsviertel mit knapp 5000 Anhängern für ein »besseres Deutschland«. Auf der gegenüberliegenden Seite der Spree demonstrierten laut Polizei 25 000 AfD-Gegner. In einem Showdown trafen die beiden Konfliktparteien aufeinander. Die AfD-Gegner brüllten wütend und lautstark immer abwechselnd »Ganz Berlin hasst die AfD« und »Nazischweine«, während die AfD-Befürworter »Widerstand« und »Ihr seid die Faschisten« schrien. Nur eine strikte Absperrung und der Einsatz von 2000 Beamten konnten wüste Gewalttaten verhindern. Wut ist jedoch nur eine der Emotionen, die auf beiden Seiten zu spüren waren. Diese Kontrahenten zeigten (und zeigen bis heute) auch tiefe Verachtung und fast schon glühenden Hass für den anderen, was den Spalt zwischen diesen politischen Lagern noch größer werden lässt.

Solchen Hass und solche Verachtung gab es oft genug in der europäischen Geschichte. Diese starken negativen Emotionen führten früher oder später meist zu kriegerischen Auseinandersetzungen. Da reichte oft nur ein vermeintlich »kleines« Ereignis, um einen Krieg auszulösen. In den Schicksalsjahren zwischen 1933 und 1945 war es vor allem Hass, der von den damaligen Machthabern geschürt wurde und der zu den katastrophalen Verbrechen an der Menschheit führte. All dem war eine bewusst herbeigeführte Spaltung der Gesellschaft vorangegangen. Vom Zweiten Weltkrieg trennt uns bereits eine »angenehme« zeitliche Distanz: Wir können langsam anfangen, die Gedenkveranstaltung »100 Jahre Reichspogromnacht« vorzubereiten; schon heute gibt es kaum noch Zeitzeugen, die von persönlichen Erfahrungen aus dieser dunklen Zeit berichten können. Und auch sie wird es bald nicht mehr geben. Ich finde es in diesem Zusammenhang übrigens verantwortungslos, eine ganze Gruppe politisch Andersdenkender pauschal als »Nazis« oder »Faschisten« zu bezeichnen, denn das verharmlost diese vielfältig aufgeladenen Begriffe auf unzulängliche Art und Weise.

Dieses eindimensionale Links-Rechts-Denken, das einen großen Teil unseres politischen Diskurses bestimmt, hat eine Vorgeschichte: Die Linke hat ihre Wurzeln im Kommunismus und Sozialismus und forciert, kurz gesagt, die Gleichheit aller Menschen, während die Rechten sich unter anderem durch Nationalstolz und Tradition definieren. Eine solche triviale und geradezu simple Spaltung lässt jedoch aus meiner Sicht nicht genug Spielraum, um die gegenwärtigen und zukünftigen Probleme konstruktiv anzugehen. Nehmen wir zum Beispiel den Umweltschutz. Aus der grünen Bewegung heraus wäre das eindeutig ein »linkes« Thema. Wie kann aber ein Thema, das den gesamten Planeten und unser aller Zukunft betrifft, rein links sein?

Blicken wir nur einmal in den Osten Deutschlands, wo noch immer viele Menschen ihren Job in umweltschädlichen Braunkohlekraftwerken verrichten. Die AfD kann Wähler aus dem Osten Deutschlands stark mobilisieren, indem sie die Existenzängste der betroffenen Bürger geschickt aufgreift. Die AfD möchte die Wähler in der Umweltdebatte nicht vergraulen. Sie geht nun den einfachsten Weg, sich vor der Diskussion zu drücken: Sie stempelt das Thema als »links« ab und erzeugt bequeme Feindbilder – womit eine weitere Spaltung entsteht und Menschen fast schon trotzig Standpunkte einnehmen, die rein sachlich nicht begründet werden können. Ich kann mich selbst gar nicht davon ausnehmen. Für mich war lange Zeit keine echte Diskussion mit Menschen möglich, die rechten Parteien nahestehen. Erst als ich erkannte, *warum* Menschen anders wählen, habe ich meinen Blick geweitet und war offen für einen Diskurs.

Eindimensionale Feindbilder und Hass können im schlimmsten Fall den Spalt, der schon heute in unserer Gesellschaft besteht, zu einem tiefen, unüberwindbaren Abgrund ausweiten. Das möchte ich verhindern helfen. Daher habe ich mich entschlossen, selbst politisch aktiv zu werden – und dieses Buch zu schreiben. Keine Angst, ich möchte Ihnen auf den folgenden Seiten nicht meine politische Meinung aufdrücken. Ich möchte Ihnen stattdessen meine Sicht der Dinge, also die Perspektive eines Kommunikationsexperten, näherbringen, ganz unabhängig von »rechten« oder »linken« Positionen.

Als die Idee zu diesem Buch geboren wurde, herrschte in Österreich gerade Wahlkampf. Ich war seit März 2018 Mitglied der liberalen Partei NEOS (Das Neue Österreich und Liberales Forum); diese hatte im Sommer 2019 dazu aufgerufen, sich für ein Nationalratsmandat zu bewerben. Da ich schon immer politisch interessiert und engagiert war, wollte ich es versuchen. Im Vorfeld zu diesem Schritt horchte ich intensiv in mich hinein, auch um herauszufinden, was mir persönlich wirklich wichtig ist. Ich fragte mich: In welchem Bereich sollte ein Politiker seine Stärken haben? Ganz klar, in der Kommunikation! In der Politik kann man mit kommunikativem Talent am meisten erreichen, weil verantwortungsvolle Kommunikation schließlich verantwortungsvolles Handeln zur Folge haben sollte. Im Zuge dieser Überlegungen wurde mir jedoch klar, dass aktuell auf politischer Ebene in sehr vielen Staaten kaum verantwortungsvolle Kommunikation stattfindet. Aus meiner Sicht kann man die wenigsten Parteien und politischen Organisationen heute – bezogen auf ihr kommunikatives Verhalten – als »wahr« und »klar« einordnen.

Ich halte es beispielsweise für vollkommen verantwortungslos, dass die Schweizerische Volkspartei (SVP) den ohnehin schon tragischen Mord an einem achtjährigen Jungen am 29. Juli 2019 am Bahnhof in Frankfurt am Main für sich instrumentalisierte und dieses Ereignis als Aufhänger für eine restriktivere Asylpolitik benutzte. Bei dem ausländischen Täter, der schon seit 2006 in der Schweiz lebte, wurde eine psychische Störung diagnostiziert, etwas, was auch jedem Inländer widerfahren kann. Auch die 75-jährige Schweizer Bürgerin, die vier Monate zuvor einen siebenjährigen Jungen auf dem Weg zur Schule erstochen hatte, war bereits mehrfach in psychiatrischer Behandlung. Dieses Ereignis hingegen wurde von der SVP nicht politisch instrumentalisiert, vermutlich, weil sie die Nationalität der Täterin nicht zum Thema machen konnte. Und das ist gut so; die beiden Todesfälle sind tragisch genug und sollten nicht auch noch dazu missbraucht werden, politisches Kleingeld zu machen. Auch hier können wir eine eindeutige Spaltung bei der Wahrnehmung und Interpretation von Ereignissen feststellen.

Immer wieder kocht – zumindest in Österreich – die »Schweinefleisch-Debatte« hoch, die 2019 in Deutschland ihren Ursprung hatte. Zwei Kitas entschieden sich, aus pragmatischen Gründen und aus Rücksicht auf zwei muslimische Kinder, kein Schweinefleisch mehr zu servieren. Die Eltern wurden informiert; die Kita argumentierte, es sei so einfacher, ein Menü bereitzustellen, das alle Kinder essen könnten. Weil dies für die Mehrheit der Kinder und Eltern in Ordnung war, sollte man meinen, das Thema sei erledigt. Kurz darauf zog jedoch die »Bild«-Zeitung in den »Schnitzelkrieg« und titelte »Kita streicht Schweinefleisch für alle Kinder«. Die Reaktion der österreichischen FPÖ ließ nicht lange auf sich warten – sie forderte ein Recht auf das Schnitzel im Verfassungsrang! Noch grotesker geht es kaum. Eine Entscheidung, die aus rein pragmatischen Gründen getroffen wurde, wird dazu benutzt, Hass und Wut der Bürger gegen Migranten zu schüren und so zu einer weiteren Spaltung der Gesellschaft beizutragen.

Genau diese Art der Kommunikation werden wir uns im Verlauf des Buches genauer ansehen. Auch auf jene Kräfte und Gruppierungen, die sich als »Mitte« bezeichnen, werden wir einen Blick werfen. Außerdem möchte ich Ihnen zeigen, an welchen Stellen wir durch eine verantwortungslose Kommunikation hinters Licht geführt werden. Und weiter: Hinter welchen – auf den ersten Blick scheinbar harmlosen – Äußerungen steckt eine politische Strategie? Was sind Fake News und wie können wir sie erkennen? Wo stoßen wir auf kognitive Verzerrung und wer spielt geschickt mit unserem Unterbewusstsein und unseren Emotionen?

Vielleicht fragen Sie sich, warum das alles für uns als Gesellschaft so wichtig ist. Nun, tagtäglich werden in vielen Ländern kleine und große Ereignisse von Parteien und Medien auf eine Weise skandalisiert und benutzt, dass die Klickzahlen in den sozialen Medien durch die Decke gehen – und diese Entwicklung lässt auch die vermeintlichen »Feindbilder« immer mächtiger werden. Genau diese Feindbilder treiben jedoch einen Keil in unsere Gesellschaft und machen einen vernünftigen, annähernd objektiven Diskurs kaum mehr möglich. Ich möchte in diesem Buch herausfinden, woran wir als mündige Bürger und Mediennutzer die Unehrlichkeit in diesen polarisierenden Aussagen erkennen und wie sich diese in vielen unterschiedlichen Facetten darstellt.

Denn eines sollten wir nicht vergessen: Jeder Konsument von Informationen wird irgendwann zum Kommentator dieser Informationen und ist damit zugleich Redakteur seines eigenen Medienzirkels und Netzwerks. Zu »liken« und bestimmte Nachrichten und Artikel zu teilen, ist ebenfalls ein wichtiger Akt der Kommunikation – und erfordert ein hohes Maß an Verantwortung eines jeden einzelnen Kommunikationsteilnehmers. Nur über den verantwortungsvollen Konsum von Medien finden wir den Weg in eine lebenswerte Zukunft, ganz egal, von welcher politischen Position aus wir agieren. Wir müssen unsere Positionen und Ansichten ständig überprüfen und weiterdenken, bis zur nächsten oder gar übernächsten Generation. Wer bei seinem Handeln ausschließlich den Maßstab des kurzfristigen Profits anlegt, verschenkt die Zukunft.

Dazu gehört auch ein gewisses Maß an Selbstreflexion. Wir alle sollten uns immer wieder fragen: »Bin ich noch in der Lage, den Standpunkt eines anderen zu beurteilen, ohne mich emotionalen Zwängen und Vorurteilen hinzugeben? Kann ich wirklich sachlich bleiben, wenn Objektivität gefordert ist?«

Natürlich werden wir uns niemals alle hundertprozentig einig sein, es wird immer Diskussionsbedarf geben. Selbst zwei Individuen, die auf dem gleichen Punkt auf der gedachten Links-/Rechts-Achse stehen, werden nicht überall einer Meinung sein. Jeder Mensch hat seine eigenen Glaubenssätze, seine persönlichen Erfahrungen und gemeisterten Herausforderungen, aus denen sich die eigene Ideologie entwickelt hat. Eine wohlhabende Frau berücksichtigt andere Dinge als eine arme Frau, wenn sie im Wahllokal ihr Kreuzchen macht. Ein Vater entscheidet vermutlich anders als ein Mann ohne Kinder. Ein Teenager wählt anders als ein Großvater. Und das ist gut so! Denn nur so entwickelt sich unsere Gesellschaft in ihrer Vielfältigkeit weiter.

Doch das Problem ist kein individuelles: Auch Unternehmen und Lobbyisten nutzen fragwürdige Kommunikationsstrategien, führen uns hinters Licht und tragen zur Spaltung von Meinungen, Ansichten und letztlich der Allgemeinheit bei. Dabei haben sie eine noch viel größere Verantwortung gegenüber unserer Gesellschaft als jeder Einzelne. Wir alle sollten Unternehmen stetig daran erinnern, keine Profite aus verantwortungslosem Handeln zu ziehen, und sie auffordern, für die Konsequenzen ihres Handelns einzustehen. Manche Unternehmen handeln erst dann verantwortungsvoll, wenn ihre Kunden, Mitarbeiter und Stakeholder das massiv einfordern. Auch Sie, liebe Leserin und lieber Leser, sind möglicherweise Stakeholder eines Unternehmens. Möchten Sie nicht auch dazu beitragen, dass Unternehmen etwas anderes als billige Marketingslogans hinausposaunen? Möchten Sie nicht selbst Verantwortung übernehmen, indem Sie die Kommunikationswege, ja vielleicht sogar etwaige Manipulationen dieser Firmen durchschauen und aktiv eingreifen?

Wir alle sollten uns als verantwortungsvolle Journalisten verstehen, als Berichterstatter aus unserer eigenen Welt. Und zu den wichtigsten Qualifikationen eines guten Journalisten gehört die Fähigkeit, echte oder: wahrhaftige Berichterstattung von aufgeblähter, teilweise auch unrichtiger Meinungsmache zu unterscheiden. Erst wenn wir erkennen, wie oft wir verantwortungsloser, manipulativer und verzerrender Kommunikation ausgesetzt sind, sind wir in der Lage, uns dagegen zu wehren. Diese Erkenntnis steht und fällt mit dem Vermögen eines Menschen, achtsam und bewusst zu kommunizieren.

Ich rufe jeden Einzelnen dazu auf, durch verantwortungsvolle Kommunikation eine Verbindung zwischen unterschiedlichen Standpunkten und Ansichten herzustellen. Mein Ziel? Dass Hass und Verachtung zwischen verschiedenen – nicht nur politischen – Gruppierungen weniger werden. Das kann nur gelingen, wenn immer mehr Menschen jene trügerischen Botschaften entlarven können, mit denen wir so oft konfrontiert werden. Vertreter diametral entgegengesetzter Ideologien sollten zumindest versuchen, die Standpunkte der anderen zu verstehen, und in eine Diskussion auf Augenhöhe eintreten. Schlussendlich möchte ich dazu beitragen, ideologische Brücken zu bauen und die Gesellschaft, so gut es geht, zu einen. Wenn es mir gelingt, mit diesem Buch zu einem solcherart neuen Denken und Handeln anzuregen, dann habe ich mein Ziel erreicht.

Ihr Patrick Nini

PS: Um der besseren Lesbarkeit willen verwende ich in meinen Beispielen und Anreden meistens nur eines der Geschlechter. Doch natürlich spreche ich Frauen, Männer und Diverse gleichermaßen an.

PPS: In diesem Buch finden Sie QR-Codes zu anderen Webseiten, für deren Inhalt ich nicht verantwortlich bin. Diese Seiten können Cookies enthalten. Der QR-Code verlinkt zunächst auf meine Webseite und leitet Sie umgehend an die Zieladresse weiter. So habe ich die Möglichkeit, den Link zu aktualisieren, sollte er sich nach Erscheinen des Buches verändern.

Teil I

GESPALTEN

1.

Ideologien und innerste Über-
zeugungen – wie wir bewerten

Wenn wir dem Unbewussten ausgeliefert sind, sind wir
hilflos und nicht in der Lage, zu reflektieren.

Hatten Sie es in politischen oder gesellschaftlichen Diskussionen schon einmal mit Menschen zu tun, die unbelehrbar wirkten? Wenn jemand Ihre Meinung nicht nur nicht annehmen, sondern gleich gar nicht hören will, kann das an unterschiedlichen Ideologien und Überzeugungen liegen. Es fühlt sich dann so an, als hätten die anderen eine Wand aufgebaut, an der alle unsere Argumente abprallen. Manchmal halten Menschen an Ideologien fest, die aus unserer Sicht gestrig und/oder sehr dogmatisch wirken. Die dazugehörigen Überzeugungen scheinen unverrückbar und stehen nicht zur Diskussion. Sie wirken, bildlich gesprochen, wie ein Graben, den man auch durch eine entsprechende Wortwahl nie überschreiten kann. Es gibt heute viele dieser Gräben, deren ausgeprägteste Form wir in der politischen Debatte sehen. Kommunikation scheitert oft an den einfachsten Fragen: Was ist das Beste für mich und die Gesellschaft? Wie sollten wir aktuell und künftig zusammenleben? Wohin bewegen wir uns als Planet Erde und wie entwickeln wir uns als Gesellschaft? Und vor allem: Ist es überhaupt noch möglich, die vielen weit auseinanderliegenden Standpunkte zu einen?

Geschichte einer Spaltung: Ist die Erde flach?

Samuel Rowbotham (1816 – 1884) war Erfinder und schrieb 1849 ein Manifest, das auf der Bibel aufbaut. In diesem Manifest »beweist« bzw. behauptet er, dass die Erde keine Kugel, sondern flach ist. Als Beweis gilt das Bedford Level Experiment, das Rowbotham am Bedford-Fluss in England durchgeführt hat. An einer Stelle verläuft der Fluss in einer Ebene komplett gerade und ermöglicht dadurch einen durchgehenden Blick über 9,7 Kilometer. Rowbotham installierte ein Teleskop etwa 20 Zentimeter über der Wasserlinie. Von diesem Punkt aus schickte er ein Boot mit zwei Metern Mastlänge flussabwärts. Wäre die Erde eine Kugel, so hätte Rowbotham seiner Logik nach den Mast am Ende der Strecke nicht mehr sehen dürfen. Er sah ihn aber und fand damit die Bestätigung seiner Theorie, dass die Erde flach sei. An ihrem Mittelpunkt befinde sich der Nordpol und seitlich sei sie von der Antarktis begrenzt. Aus dieser These heraus gründete sich nach dem Tod von Rowbotham 1884 die Universal Zetetic Society. Nach dem Zweiten Weltkrieg übernahm die neu gegründete Flat Earth Society diese These und vertritt seither standhaft die Meinung, die Kugeltheorie der Erde sei eine Lüge. Fake News!

Bislang hat aus Sicht der Flat Earth Society noch niemand die Wand der Antarktis durchbrochen – somit sei doch völlig klar, dass diese der »Zaun« sei, der die Erde umfasse. Einen weiteren Beweis finden die Anhänger der Flache-Erde-Theorie im Flugzeug. Erinnern Sie sich noch an Ihren letzten Flug? Haben Sie damals den Horizont betrachtet? Der Horizont war gerade, nicht wahr? Keine Spur einer Biegung. Wie kommen also manche Menschen auf die abstruse Idee, die Erde sei eine Kugel? Wäre sie tatsächlich eine Kugel, würden Sie doch nicht den gesamten Horizont sehen, sondern nur einen Teil davon und diesen gekrümmt. Dritter »Beweis«: Sie stehen an einem See und beobachten die Wasseroberfläche; bei Windstille wird diese Oberfläche glatt und ruhig sein. Wäre die Erde eine Kugel, gäbe es weder Seen, Meere noch Flüsse, denn durch die Zentrifugalkraft kämen diese Flüssigkeiten gar nicht zur Ruhe. Außerdem müssten Flüsse durch die Erdkrümmung enorme Höhenunterschiede überwinden. Die Mitglieder der Flat Earth

Society könnten noch viele weitere Beweise für ihre Theorie liefern. Jedes Jahr im November diskutieren knapp 1000 Anhänger auf der Flat Earth Conference über neue Erkenntnisse, die ihr Weltbild bestätigen. Durch die entsprechende Kommunikation via Social Media wächst die Bewegung immer weiter und bekommt neue, überzeugte Mitglieder.

Immer wieder versuchen Journalisten zum einen, diese Sichtweise zu verstehen, und zum anderen, den Anhängern dieser Theorie die doch sehr eindeutigen Gegenargumente vorzulegen. Konfrontiert mit dem berühmten Bild, auf dem die Erde vom Weltraum aus betrachtet als Kugel zu sehen ist, reagieren die Adepten der Society lapidar mit »Fake«. Außerdem behaupten die Flat-Earth-Verteidiger, dass Mitarbeiter der NASA dafür bezahlt werden, sich gegen die Flat-Earth-Theorie auszusprechen. Sie behaupten darüber hinaus, dass Schülern eine andere Theorie eingetrichtert wird, damit die Antibewegung nicht zu groß wird, denn die Regierung würde nur davon profitieren, wenn sich das Bild einer Erdkugel durchsetzt.

Um weitere Konfrontationen zu vermeiden, werden viele Kinder der Flat-Earth-Befürworter also zu Hause unterrichtet.* Die Bewegung unternimmt alles in ihrer Macht Stehende, um ihre Daseinsberechtigung unter Beweis zu stellen. Was für ein Spalt zwischen – in diesem Fall buchstäblich – zwei Weltbildern …

Scheibe, Kugel oder doch was anderes?

Sosehr ich mir vorgenommen habe, in diesem Buch weitmöglichst neutral zu bleiben und nicht Partei zu ergreifen, werde ich es hier dennoch tun. Wenn Sie nach Lektüre der vielen Argumente für die Flat-Earth-Theorie nun vielleicht vermuten, ich gehöre der Bewegung an, kann ich an dieser Stelle Entwarnung geben. Ich erspare mir auch

---

* Viele werden auch deswegen zu Hause unterrichtet, weil Flat-Earth-Befürworter ein kreationistisches Weltbild haben und dieses nicht im offiziellen Lehrplan steht.

die Argumente, die für eine kugelförmige Erde sprechen. Viel mehr noch: Ich gehe mutig das Risiko ein, Sie zu vergraulen, sollten Sie ein Anhänger der Flat-Earth-Theorie sein. Schließlich hat die Bewegung auf ihrer internationalen Facebook-Seite mehr als 200 000 Fans und auf der Flat-Earth-Germany-Seite stolze 2600 Fans (Stand: 8. März 2020). Warum sollte also einer der Leser dieses Buches nicht Anhänger der Theorie sein? Obwohl: Menschen mit solchen Weltanschauungen greifen oft nur auf Informationen aus ihrem direkten Umfeld zurück, um auf diese Weise eine Bestätigung für die eigene Sichtweise zu erhalten. Insofern ist die Wahrscheinlichkeit eines Flat-Earth-Lesers wohl eher gering und zumindest in dieser Hinsicht eine Spaltung meiner werten Leserschaft auszuschließen.

Bei den Anhängern der Flat-Earth-Theorie ist es offensichtlich, dass sie wissenschaftlichen Erkenntnissen eher misstrauisch begegnen. An sich ist diese skeptische Haltung gar nicht mal schlecht, denn die Wissenschaft lebt von der ständigen und erneuten Überprüfung bestehender Theorien durch andere Wissenschaftler. Diese Einstellung sollte jedoch nie in Fanatismus ausarten und auch keine Leugnung wissenschaftlich klar erwiesener Fakten beinhalten.

Was lernen wir aus diesen unverrückbaren Standpunkten, die es nicht nur im Wissenschaftsbereich gibt? Politische Ideologien sind ebenfalls Weltbilder. Es handelt sich um Ideen und Vorstellungen, um die sich eine Gruppe so lange sammelt, bis sie groß genug ist, um dem Ding auch einen Namen zu geben. Diese Ideen und Vorstellungen resultieren aus den eigenen Glaubenssätzen, dem eigenen Umfeld, dem Kreis der Freunde und Familie und insbesondere aus den Medien, die wir konsumieren. Einflüssen dieser Art sind wir tagtäglich ausgesetzt. Sie formen uns, ohne dass wir es bewusst wollen oder bemerken. Ein spezifisches Weltbild hilft dem Menschen, sich mit der Vielfalt zu arrangieren und die Komplexität des Lebens zu begreifen.

Das Weltbild anderer zu kritisieren, ist immer gefährlich, da dieses mit dem Innersten des Menschen – seiner emotionalen Überzeugung – verknüpft ist. Beides hat sich miteinander und parallel zueinander entwickelt. Ein Angriff auf das Weltbild wird schnell als Angriff auf die eigene Person gewertet. Hier dürfen wir uns also ruhig an die eigene Nase fassen, denn jeder von uns verfügt über ein bestimmtes Weltbild. Für gewöhnlich ist unser Weltbild komplett ausgehärtet, das heißt: Um auch nur eine winzige Änderung vorzunehmen, müssen gewaltige Kräfte mobilisiert werden. Angenommen, jemand präsentiert einen unleugbaren und eindeutigen Beweis dafür, dass die Erde tatsächlich flach *ist* – würden wir unser Weltbild entsprechend modifizieren? Würden wir stattdessen sofort versuchen, den Beweis zu kippen? Oder würden wir ihn einfach ignorieren?

Im Grunde genommen ist diese Diskussion ohnehin müßig. Schließlich weiß doch jeder, dass die Erde in Wirklichkeit ein Würfel ist.

Was unsere Sturheit mit unserem Gehirn zu tun hat

Jeder Tag liefert uns zig Beweise dafür, dass die Erde nicht flach ist. Einige der Strukturen, die wir Tag für Tag nutzen – der Flugverkehr, unser GPS-System, die Kommunikation via Satellitennetz – würden nicht funktionieren, wenn die Erde eine Scheibe wäre. Warum also hält sich diese Sichtweise trotzdem so hartnäckig? Es ist ja nicht so, als hätte die wissenschaftliche Gemeinschaft nicht versucht, die Anhänger der Flat-Earth-Theorie vom Gegenteil zu überzeugen.

In der Schule lernen wir, wie eine sachliche, faire Diskussion abläuft: Die eine Person vertritt den Pro-Standpunkt eines Themas und die andere Person den Kontra-Standpunkt. Beide untermauern ihren jeweiligen Standpunkt mit Fakten, bis einer der beiden erkennt, dass er einem Irrtum aufgesessen ist. Nach der Diskussion wird der Gewinner gewählt, also derjenige, dessen Argumente überzeugender waren. Ein weiterer Sieg für den rationalen Diskurs! So einfach ist es bei emotional tief verankerten Themen leider nicht.

Menschen sind von ihrer Grundkonstitution her nicht in der Lage, ihre Überzeugungen schnell oder einfach zu ändern. Das hängt nicht nur mit ihrer Erziehung zusammen, sondern ist auch neurologisch begründet. Die amerikanischen Hirnforscher Kaplan, Gimbel und

Harris haben 2016 einen Versuch durchgeführt und die Hirnaktivitäten von 40 Probanden im Computertomografen gemessen.[1] Die Versuchspersonen ordneten sich politisch dem liberalen Spektrum zu und wurden zunächst mit der unpolitischen Aussage konfrontiert, Albert Einstein sei der größte Physiker aller Zeiten. Manche haben erst nachdem ein paar Argumente vorgebracht wurden, ihre Meinung geändert. Niemand hat sich aber dagegen gesträubt, seine Meinung zu ändern. Es ist ungefähr so, als würde ich meiner Mutter erzählen, Samsung-Handys seien besser als Huawei-Handys. Ich weiß nicht, ob es so ist – aber meine Mutter würde mir hier vertrauen und diese Beurteilung akzeptieren, weil sie selbst keine Meinung dazu hat. Obwohl sie ein Handy der Marke Huawei besitzt, ist sie emotional nicht an den Hersteller gebunden.

Ganz anders sieht die Sache bei politischen Themen aus. Die Probanden des Experiments wurden mit Aussagen konfrontiert, die ihre innerste politische Überzeugung angriffen und infrage stellten. Den Forschern fiel nun Folgendes auf: Anders als bei der ersten Konfrontation gab es dieses Mal so gut wie keine Aktivität im orbitofrontalen Cortex des Gehirns, dem Bereich also, in dem rationale, kognitive und logische Prozesse stattfinden. Stattdessen waren sehr hohe Messwerte im dorsomedialen präfrontalen Cortex, in der Inselrinde sowie im Mandelkern (Amygdala) des Gehirns zu sehen. Man kann sich das fast so vorstellen, als würde man ein Wespennest mit bloßer Hand entfernen. Der präfrontale Cortex und die Amygdala sind für die emotionale Bewertung von Situationen zuständig, für die Früherkennung von Gefahren und die Konditionierung von Angstreflexen. Die drei Forscher stellten auch fest, dass diese Hirnbereiche umso stärker aktiv wurden, je emotionaler das Thema für den Probanden war.

Man erkennt daran deutlich: Wird jemand mit einer Äußerung konfrontiert, die sein Weltbild angreift, so wird nicht etwa der Teil seines Hirns aktiv, der sich um die rationale und objektive Verarbeitung kümmert, sondern der Teil, der rasche, emotionale und lebensrettende Entscheidungen trifft. Es ist, als hätten wir einen Aufpasser oder strengen Wächter in unserem Hirn, der bei Angriffen auf unsere Überzeugungen sofort Alarm schlägt. Und sobald dieser aktiv geworden ist, spielt es keine Rolle mehr, wie stark die Gegenargumente mit Beweisen untermauert sind: Das Gehirn ist im Alarmzustand und gibt erst wieder Entwarnung, wenn die Angriffe eingestellt werden.

Niemand ist dumm

Es gibt noch einen zweiten Effekt, den man in diesem Zusammenhang beobachten kann. Dieser wurde mir bei den Wahlen zum Europäischen Parlament in Österreich im Mai 2019 erst richtig bewusst. Eine Woche zuvor hatten »Süddeutsche Zeitung« und »Spiegel Online« das sogenannte Ibiza-Video veröffentlicht, das einen handfesten politischen Skandal in Österreich auslöste. In diesem Video waren der ehemalige Vizekanzler und damalige FPÖ-Chef Heinz-Christian Strache und Johann Gudenus, damaliger FPÖ-Klubobmann und Nationalratsabgeordneter, zu sehen. Die beiden wurden von der vermeintlichen Nichte eines russischen Oligarchen in eine Villa auf Ibiza eingeladen. In einer bestimmten Sequenz des Videos erkennt man die eindeutige Bereitschaft zur Korruption, die Absicht, unabhängige Medien für eigene Propaganda zu erwerben und zu instrumentalisieren, und Strategien, wie man die Gesetze zur Parteifinanzierung umgehen könnte. Noch bevor die Ibiza-Bombe platzte und Heinz-Christian Strache infolge der Affäre von allen Ämtern zurücktrat, wurde er in einer symbolischen Geste für die bevorstehende EU-Wahl auf Platz 42, den letzten Platz der freiheitlichen Liste, gereiht. Auch nach seinem Rücktritt änderte sich, da es rechtlich nicht möglich war, nichts mehr an seiner Position auf dieser Liste.

Was dann passierte, ist nur schwer zu verstehen: Heinz-Christian Strache erhielt bei der EU-Wahl 44 751 Vorzugsstimmen, und das, nachdem das Ibiza-Video bereits eine Woche lang bekannt war! Fernsehen, Radio und soziale Medien berichteten immer wieder ausführlich darüber. Es gab, selbst in der FPÖ, niemanden, der das Ganze verteidigte oder für gut befunden hätte. Ganz anders sahen es scheinbar Straches Stammwähler. Ich frage mich heute noch: Was motivierte

44 751 Menschen dazu, diesem Mann nach diesen öffentlich gemachten Entgleisungen eine Vorzugsstimme zu geben? Hatten sie das Video vielleicht nicht gesehen? Möglicherweise nicht – oder sie wollten es einfach nicht wahrhaben. Weil nicht sein kann, was nicht sein darf, und man besser vor bestimmten Dingen die Augen verschließt, um in der eigenen, bequemen Meinungsblase verweilen zu können. Mit ziemlicher Sicherheit hat in dieser Woche der »Aufpasser« im Gehirn der Stammwähler Alarm geschlagen. Politische Meinungen lassen sich selbst in solch krassen Fällen kaum ändern. Darüber hinaus kommt hier noch ein Zusatzfaktor ins Spiel – der »Backfire-Effekt«. Dieser verstärkt die ursprünglichen Ansichten sogar, auch wenn die vielen öffentlich gemachten Fakten und Beweise eher das Gegenteil erwarten ließen. Wäre dieser Effekt mit reiner Parteipropaganda ebenfalls erreicht worden? Ich denke nicht.

In einer solchen Situation sind wir alle aufgerufen, besonders achtsam zu sein und nicht vorschnell zu urteilen. Denn man läuft sehr schnell Gefahr, Menschen wie jene, die Strache trotz alledem ihre Vorzugsstimme gegeben haben, als »dumm« zu bezeichnen. Doch es sind genau diese Aussagen, die den Spalt in unserer Gesellschaft immer weiter vergrößern. Für die meisten von uns ist es vermutlich kaum nachvollziehbar, wie es zu diesem hohen Stimmenanteil für Strache kommen konnte. Umso wichtiger, dass wir uns darum bemühen, die Gründe für ein solches Verhalten zu verstehen. Ich möchte Ihnen, liebe Leserinnen und liebe Leser, in diesem Buch die entsprechenden Einsichten und Werkzeuge dafür an die Hand geben.

Die große Frage dabei: Wenn es also nicht möglich ist, festgefügte Ansichten zu ändern, wie wir es bei den Wählern von Strache und auch bei den Anhängern der Flat-Earth-Theorie gesehen haben – welche Möglichkeiten und Instrumente haben dann politische Kräfte im Parlament, die Gegenseite zu überzeugen? Gibt es da überhaupt eine Chance auf Erfolg? Welche Chance hat dann der Austausch von Argumenten in Sachen Klimakrise – ebenfalls ein emotionales Hochspannungsthema?

Der Backfire-Effekt und die Erkenntnisse von Kaplan, Gimbel und Harris gelten auch für die Funktionäre von Parteien und die Verantwortlichen in Unternehmen. Wenn Sie schon einmal Abgeordnete im Fernsehen beobachtet haben, wird Ihnen schnell klar geworden sein, dass diese nicht angetreten sind, um ihre Meinung eventuell auch einmal zu ändern. Schade eigentlich – Politik als Wettbewerb der besten Ideen ist doch eine schöne Wunschvorstellung! Davon sind wir aber weit entfernt. Ganz im Gegenteil, in den Parlamenten kochen doch fast immer nur die Emotionen hoch. Ich habe oft den Eindruck, dass der ideologische Wächter im Gehirn von Abgeordneten schon in dem Moment aktiv wird, in dem sie durch die Tür des Parlamentsgebäudes gehen. Wie oft müssen dann die Vorsitzenden scharfe Ordnungsrufe erteilen und Abgeordnete verwarnen! Leider geht es bei den erhitzten Debatten im präfrontalen Cortex der Parlamentarier ziemlich rund. Und dem staunenden, politisch interessierten Zuseher wird klar, wie sehr jeder auf seiner Seite der Debatte gefangen ist und warum die Positionen verhärtet bleiben.

Mit unseren Überzeugungen, Weltbildern und Glaubenssätzen, nach denen wir alles ausrichten, haben wir unseren vermeintlichen Platz in der Welt gefunden. Wird nun von außen Druck auf diese Ordnung ausgeübt, dann kommt unser bequemer und vertrauter Ablauf gehörig ins Wanken. Unser Hirn strebt nach jener Sicherheit und Stabilität, die wir brauchen, um die alltäglichen Herausforderungen des Lebens zu meistern. Und da unsere Glaubenssätze meist aufeinander aufbauen, kommt ein Angriff auf einen einzelnen Aspekt schnell einem Angriff auf das gesamte Gefüge gleich.

Vor emotionalen Prozessen im Gehirn ist niemand gefeit. Auch mein Gefüge kam schon öfter gehörig ins Wanken. Ich bin im Jahr 2010 den Toastmasters, einer internationalen Rhetorikorganisation mit weltweit 16 400 Clubs, beigetreten. Dort erlernte ich mein Redner-Handwerkszeug und hielt dann beinahe jede Woche eine Rede in einem anderen Rhetorikclub. Meine Vorbilder in puncto Rhetorik waren ausschließlich Mitglieder dieser Organisation. Ich wollte nicht mal mehr in eine Stadt ziehen, in der es keinen Toastmasters-Club gab, also habe ich kurzerhand selbst einen gegründet, die »Blue Danube Speakers« in Linz. Mein Herz brannte für diesen Club, und ich zeigte dort mit Begeisterung den Neumitgliedern die ersten Schritte zu einem gelungenen Toastmasters-Vortrag. Ich habe keine der europäischen Konferenzen ausfallen lassen, denn die Organisation war für mich wie eine Familie. Ich war sicher: Ich befand mich auf dem Weg zur Rhetorikspitze und hielt auf diesen Konferenzen voller Überzeugung selbst mehrere Rhetorik-Workshops.

Doch 2015 änderte sich alles. Ich bekam von meinem geschätzten Speaker-Kollegen Michael Rossié von der German Speakers Association (GSA) Feedback zu meinem aktuellen Vortrag: »Deine Reden wirken wie klassische Toastmasters-Reden.« Er meinte damit die typischen Toastmasters-Gesten und Stilelemente und den Toastmasters-Grundtenor in meiner Rede, die ich – auch nach den Regeln der Gemeinschaft – so gut wie auswendig gelernt hatte. Ich verstand in diesem Moment instinktiv, dass Michaels Feedback kein Kompliment war.

Gefangen im Schein

Michael blieb jedoch nicht bei seiner Kritik stehen; er zeigte mir auch, wie ich mich verbessern konnte. Und dabei wurde – sicher von ihm nicht beabsichtigt – mein ganz persönliches Toastmasters-Fundament, bestehend aus »Lernen, Freunden und Freude«, ordentlich ins Wanken gebracht. Ich versuchte, mich gemäß den neu gewonnenen Erkenntnissen zu verbessern und meinen eigenen Stil zu entwickeln, wollte aber gleichzeitig den Toastmasters treu bleiben. Denn ich war ja ein »Toastmaster auf Lebenszeit« – so sagte ich es mir jedenfalls.

Erst als ich nach einem Umzug nicht mehr regelmäßig an den Toastmasters-Treffen teilnehmen konnte, entwickelte ich eine – aus heutiger Sicht – gesunde Distanz zu dieser Gruppierung und ihrer Speaking-Philosophie. Mir wurde klar, dass ich Michaels Anregungen nicht wirklich umsetzen konnte, solange ich dem Prinzip »Toastmasters« treu blieb. Dazu waren die Vorstellungen, was man unter einer guten Rede versteht, einfach zu unterschiedlich – und das vergrößerte den Spalt. Ich begann, meine Rhetorik- und Präsentationsfähigkeiten nach und nach außerhalb von Toastmasters zu entwickeln. Heute erkenne ich bei den meisten Mitgliedern sofort genau den Stil, den Michael bei mir anfangs kritisiert hatte. Und ich kann mir nicht mehr vorstellen, selbst noch auf diese Weise öffentlich aufzutreten. Ich durfte mich entwickeln und neu und anders voranschreiten. Heute gehe ich meinen eigenen Weg als Redner und bin auch kein Toastmasters-Mitglied mehr. Aber das zu erkennen hat mein gedankliches Gefüge und mein Weltbild doch sehr durcheinandergerüttelt. Ich kann also gut nachvollziehen, warum Menschen ihren politischen und sonstigen Weltbildern nicht so rasch Adieu sagen können, wie dies vielleicht manches Mal erforderlich wäre.

In meinem Leben könnte ich noch viele andere Beispiele dafür finden, wie ich emotional befangen war und rein rationale Argumente mich nicht zur Einsicht brachten. Ich denke da an den Umzug von meiner geliebten Wahlheimat Linz in die Stadt Wels oder meine neu entdeckte Leidenschaft für die Sprünge auf dem Wakeboard, nachdem ich über viele Jahre ausschließlich die Geschwindigkeiten auf dem Monoski bevorzugt hatte. Ich lebe gerne in Oberösterreich, doch mittlerweile auch häufig zwischendurch in Düsseldorf, und beim Wassersport nutze ich inzwischen die unterschiedlichsten Bretter. Doch ich konnte die vorherigen festen Überzeugungen erst dann ändern, als ich schon länger nicht mehr in Linz lebte und eine Weile auf den Monoski verzichtet hatte. Wir benötigen also immer etwas Distanz, um unsere emotionalen Ansichten grundlegend zu ändern. Keine dieser Einsichten habe ich bis heute bereut, aber sie brauchten Zeit, um zu reifen.

Eine Frage der Kommunikation

Ja, wir sind alle gefangen in unseren Überzeugungen, Glaubenssätzen und Weltanschauungen. Die folgenden Fragen stellen unsere Ansichten auf den Prüfstand.

- Was sind die »flachen Erden« in Ihrem Leben?
- In welchen Situationen schaltet sich Ihr gedanklicher »Wächter« ein und lässt keine rationalen Argumente mehr zu?
- Welchen Glaubenssatz beschützen Sie mit aller Kraft, weil davon abzusehen vielleicht Ihr Weltbild ins Wanken bringen könnte?
- Wann haben Sie zum letzten Mal Ihre Meinung erst infolge einer gewissen zeitlichen oder räumlichen Distanz geändert?
- Und ganz wichtig: Was würde passieren, wenn Sie sich mit einer anderen Meinung bewusst und rational auseinandersetzen und Ihren Aufpasser auf Urlaub schicken? Würden Sie als Persönlichkeit wachsen?

2.

Die eigene Bubble – der Einfluss unserer kommunikativen Umfelder

Unsere eigene Bubble erzeugen wir selbst, indem wir stets nach Bestätigung suchen und mit Andersdenkenden einfach nicht über das fragliche Thema diskutieren.

Menschen haben große Sehnsucht nach der Bestätigung ihrer Ansichten, Glaubenssätze und Ideologien, das liegt sozusagen in ihrer Natur. Wir lesen die Tageszeitung, die unsere Meinung spiegelt, und fühlen uns bei den Freunden besonders wohl, die unsere Ansichten teilen. Hinter diesem Verhaltensmuster steckt der »Confirmation Bias«, auf Deutsch: der Bestätigungsfehler. Diese kognitive Verzerrung wurde von dem Psychologen Peter Wason in den 1960er-Jahren entdeckt. Sie birgt das Risiko, dass wir die für unsere Meinungsbildung wichtigen Informationen einfach ausblenden. Damit umgehen wir (unbewusst) die Gefahr, feststellen zu müssen, dass wir uns möglicherweise geirrt haben. Und wer will das schon?

Wason führte das sogenannte »2-4-6-Experiment« durch; er fragte, welche Zahlen in dieser Zahlenreihe aus der Logik heraus folgen müssten. Auf welche Zahlen würden Sie tippen? Wenn Sie jetzt die Zahlen 8-10-12 im Kopf haben, könnten Sie richtigliegen. Aber ist dem wirklich so? Vergleicht man dieses Experiment mit einer Meinungsbildung, könnte man diese hier abschließen. Ist die Meinung erst einmal gefestigt, möchten wir keine andere Alternative mehr hören. Wir tauschen uns daher über das jeweilige Thema nur noch mit Menschen aus, die das genauso sehen wie wir. Dass in unserem Beispiel auch 7-8-9 eine mögliche Antwort sein könnte, kommt uns gar nicht in den Sinn. Wir sind felsenfest davon überzeugt, dass Menschen, die diese Antwort wählen, einem Irrtum unterliegen. Dabei könnte die Reihenfolge 7-8-9 ebenso korrekt sein, genauso wie 10-16-26. Denn die simple Logik hinter der Zahlenreihe lautet: Jede nachfolgende Zahl ist größer als die vorhergehende.

Eine Meinung, die ich mir über einen längeren Zeitraum durch das sorgfältige Abwägen von Pro- und Kontra-Argumenten gebildet habe, fühlt sich aus meiner Sicht wesentlich besser und »richtiger« an als eine bloß instinktiv gewonnene Meinung, von der ich weiß, dass sie keiner Diskussion mit Andersdenkenden standhalten könnte. Letzteres führt zwangsläufig zum Selbstbetrug und zu unschönen Killerargumenten – zum Beispiel, dass alle AfD- oder FPÖ-Wähler Nazis sind, dass die Mainstream-Medien allesamt zur »Lügenpresse« gehören, dass Angela Merkel eine Diktatorin ist oder dass alle, die sich um das Wohl anderer kümmern, »böse« Gutmenschen sind. Und so weiter …

Geschichte einer Spaltung: Mit Ihnen rede ich nicht!

In Deutschland ereignet sich an etwa jedem dritten Tag eine dramatische Beziehungstat, bei der ein Mann seine Partnerin ermordet.[2] So auch am 27. Dezember 2017 im rheinland-pfälzischen Kandel. Der Täter: ein Flüchtling, dessen Asylantrag abgelehnt worden war. Er konnte sich jedoch weiterhin in Deutschland aufhalten, da er angab, minderjährig zu sein. Die Tat wurde von den meisten Medien und Parteien in ein Licht gerückt, das mit dem eigentlichen Thema nichts zu tun hatte. Statt die Motive der Beziehungstat zu klären, entstand eine generelle Diskussion über Flüchtlinge und deren Gewaltbereitschaft. Manche Medien berichteten übrigens gar nicht über das Ereignis. Es sei nicht ihre Aufgabe, jede der ungefähr 150 tödlich endenden Beziehungstaten zu kommentieren, war ihre Antwort auf diesbezügliche Kritik. Rechte Parteien wiederum instrumentalisierten die Tat für ihre politischen Zwecke und riefen zu Demonstrationen auf. Die ersten wurden von der AfD und der NPD organisiert. In der Folge entwickelte sich nach und nach eine rechtsextreme Szene in Kandel. Die Bürger wehrten sich gegen diese »Übernahme« ihrer Stadt durch die rechtsextreme Bewegung und gründeten das Bündnis »Wir sind Kandel«. Noch eineinhalb Jahre später gerieten die Kontrahenten regelmäßig aneinander. Kandel war somit zum Inbegriff der gesellschaftlichen Spaltung in Deutschland geworden. Den Demonstranten geht es dabei schon lange nicht mehr um die Beziehungstat, sondern einzig und allein um ihre politische Agenda. Die Demonstranten aus der rechten Ecke wollen die »Diktatorin« Merkel loswerden. Der Reporter Aimen Abdulaziz-Said vom YouTube-Kanal »STRG_F« (Funk) versuchte bei der Demonstration des rechten »Frauenbündnis Kandel« mehr über die Motive der Demonstranten zu erfahren. Doch keiner der angesprochenen Teilnehmer war zu einem Interview bereit. Während einer der Gefragten den NDR als »Dreckssender« beschimpfte, brüllt ein anderer im Hintergrund: »Lügenpresse, Lügenpresse, Lügenpresse«.[3] Spaltung pur!

»Lügenpresse« wurde in Deutschland übrigens zum Unwort des Jahres 2014 gewählt – ein Wort, das bereits der Propagandaminister der NSDAP Joseph Goebbels in den 1930er- und 1940er-Jahren verwendete, um die freien Medien pauschal zu diffamieren.[4] Ich bin der Meinung, dass wir alle Wörter dieser Art, zu denen auch »Volksverräter«, »Abendland«, »Bevölkerungsaustausch« und »Widerstand« gehören, dringend aus unserem Vokabular streichen sollten. Auf die Gründe dafür gehe ich im zweiten Teil dieses Buches, das dem Thema Brückenbau gewidmet ist, noch genauer ein. In diesem Kapitel sehen wir uns an, wie sich gedankliche Verbindungen wie »Merkel = Diktatorin« und »freie Presse = Lügenpresse« so stark in manchen Teilen der Bevölkerung festigen konnten. Wieso nehmen so viele Menschen pure Propaganda für bare Münze, ohne diese kritisch zu hinterfragen?

Unzufrieden und gefangen in der Bubble

Was wir hier sehen, ist das Resultat großer Unzufriedenheit. Diese Menschen fühlen sich als Verlierer der Globalisierung und haben sich jener Meinung angeschlossen,
   a) die ihnen am besten gefällt,
   b) die aus ihrer Sicht am plausibelsten ist
   c) und die einem einzigen Phänomen die Schuld für so ziemlich alles zuschiebt: den Flüchtlingen.

Ein Beispiel dafür, dass viele Menschen zu einfachem Schubladendenken neigen und sich zu schnell eine Meinung bilden, die später für sie unverrückbar ist. Sie verbleiben stur in der einmal erdachten Bubble und fühlen sich generell benachteiligt.

Aber auch die Gewinner der Globalisierung, deren Wohlstand in den letzten zehn bis zwanzig Jahren deutlich gestiegen ist, sind oftmals in ihrer Bubble gefangen. Sie wollen nicht verstehen, wie und warum man denn in der heutigen Welt benachteiligt sein kann. Ich muss gestehen, ich gehörte bis vor Kurzem auch zu dieser Gruppe. Das Leben hat es in beruflicher Hinsicht nämlich sehr gut mit mir gemeint. Meine Ignoranz habe ich aufgegeben, nachdem ich die Forschungsergebnisse von Professor Armin Schäfer von der Universität Münster kennengelernt hatte.[5] Schäfer untersuchte den Einfluss vermögender Personen auf die deutsche Politik. Seine Forschungsergebnisse lassen sich wie folgt zusammenfassen:

- Je mehr ärmere Menschen etwas fordern, desto geringer wird die Wahrscheinlichkeit, dass diese Forderungen umgesetzt werden.
- Je größer die Meinungsunterschiede zwischen armen und reichen Menschen sind, desto wahrscheinlicher ist es, dass die Politik das tut, was die Reichen wollen.

Das bedeutet: Ärmere Menschen fühlen sich nicht nur benachteiligt – sie sind es auch! 2015 hatte Andrea Nahles (SPD) als Arbeitsministerin einen Armutsbericht erstellen lassen, in dem von Professor Schäfer genau diese Tatsache bestätigt wurde. Aus dem Bericht geht außerdem hervor, dass auch die Meinung der Mittelschicht tendenziell eher ignoriert wird. Das Schockierende ist allerdings, dass wesentliche Bereiche des Berichtes vom Kanzleramt geschwärzt oder umgeschrieben wurden.[6] Und wir sehen nur durch rechte Parteien unsere Demokratie in Gefahr?

Angela Merkel als Diktatorin zu bezeichnen, ist ebenfalls die Folge eines überzogenen und falschen Bubble-Denkens. Die Kanzlerin kann jederzeit durch ein konstruktives Misstrauensvotum vom Deutschen Bundestag abgewählt werden. »Echte« Diktaturen verfügen meines Wissens nicht über solche Kontrollorgane.

Die Studie von Armin Schäfer verstärkt meinen Eindruck, dass die Probleme mancher Menschen von der Politik und den Mainstream-Medien kaum gehört oder ernst genommen werden. Untereinander, also innerhalb ihrer Bubble, finden diese Menschen natürlich Gehör, denn sie teilen dieselben Sorgen. Sie klagen ihr Leid ausgiebig auf Social Media oder am Stammtisch. Diejenigen, die lauthals »Diktatorin Merkel« oder »Lügenpresse« schreien, versuchen, ihre eigenen Antworten zu finden und stärken sich – unterstützt durch den Confirmation Bias – gegenseitig in ihren Glaubenssätzen. Die Mainstream-Medien, zum Beispiel die »Süddeutsche Zeitung« oder der öffentlich-rechtliche Rundfunk, bestätigen die Glaubenssätze der Menschen, die sich benachteiligt fühlen, ausdrücklich nicht und werden von ihnen daher pauschal als »Lügenpresse« abgestempelt. Wen wundert es da, dass eine Partei, die den Vergessenen ihre Hand reicht und sagt »Wir verstehen dich«, massenhaft Zulauf bekommt? Noch dazu, wenn in einer parteinahen Zeitung genau das geschrieben wird, was diese Menschen lesen möchten?

Ich denke da zum Beispiel an »unzensuriert.at – Der Wahrheit verpflichtet«. Allein schon der Name der Zeitung suggeriert, dass andere Medien, wie in einer Diktatur üblich, zensiert werden. Hinter »unzensuriert.at« steckt die Firma »1848 Medienvielfalt Verlags GmbH«, die von Martin Graf (FPÖ), ehemaliger dritter Nationalratspräsident, in Österreich gegründet wurde. Der langjährige Chefredakteur (bis 2017) Alexander Höferl war auch Leiter des FPÖ-Kommunikationsbüros und wurde 2017 Pressesprecher des in die Kritik geratenen Innenministers Herbert Kickl (FPÖ). Tatsächlich fühlt sich das Medium der Wahrheit nicht ganz so verpflichtet, wie es dies vollmundig im Namen ankündigt. Eine Undercover-Reportage aus dem Jahr 2017 auf RTL von Stefanie Albrecht zeigt dies eindrucksvoll. Frau Albrecht hatte sich bei der Plattform als Redakteurin beworben und konnte so an den Redaktionssitzungen teilnehmen. In einer Sitzung sprachen die Verantwortlichen offen darüber, dass sie die Plattform nicht deswegen betreiben, weil ihnen der unabhängige Journalismus so sehr am Herzen liegt, sondern weil sie politisch rechte Bewegungen durch positive Berichterstattungen unterstützen möchten.[7] Laut eigenen Angaben hatte die Plattform im Jahr 2015 3,6 Millionen Artikelabrufe.[8] Aktuellere oder offiziell bestätigte Daten sind leider nicht bekannt.

Informationswäsche für die politische Agenda

Die Gefahr dieser alternativen Medien liegt in ihrer Bereitschaft zur Manipulation und zur Verbreitung von Falschmeldungen. Das Internet ist voll von Fake News, die immer wieder übernommen, geteilt, zitiert und wiedergegeben werden. Stefanie Albrecht hat im Zuge ihrer Undercover-Reportage *unzensuriert.at* außerdem in flagranti beim Verbreiten solcher Fake News erwischt. Für *unzensuriert.at* kam die Falschmeldung, dass Hamburger Wohnungen zur Unterbringung von Flüchtlingen beschlagnahmt würden, genau recht.[9] Diese Meldung erschien am 16.05.2017 auf der Webseite *philosophia-perennis.com*. Obwohl Philosophia Perennis von den Redakteuren von *unzensuriert.at* als nicht seriös eingestuft wurde, übernahmen sie den Inhalt ohne weitere Überprüfung. Sie veröffentlichten ihren Artikel am 18.05.2017.[10] Der EU-Abgeordnete Harald Vilimsky (FPÖ) teilte diese Information wiederum auf Twitter.[11] Die RTL-Journalistin fand heraus, dass ein Artikel zum Thema Zwangsvermietung erstmals im »Hamburger Abendblatt« vom 02.05.2017 erschienen war.[12] Es ging dabei um die forcierte Vermietung von Wohnungen, die seit fünf Jahren leer standen. Die Maßnahme sollte helfen, den Wohnungsengpass der Stadt zu lösen. Flüchtlinge kamen in diesem Artikel mit keinem einzigen Wort vor und waren definitiv nicht das Motiv für diese Zwangsvermietungen. Fake News, wie sie im Buche stehen!

Es gibt unzählige dieser alternativen Blogs, die auf den ersten Blick seriös wirken. Diese Blogs verlinken untereinander und sorgen für eine sukzessive Verbreitung von Falschmeldungen. Die Herkunft dieser Fake News bleibt meist unklar, da es die Verbreiter mit der Quellenangabe nicht ganz so genau nehmen. Transparenz und journalistische Sorgfalt gehören nicht zu ihrem Anspruch. Ihr Auftrag ist einzig und allein die Durchsetzung ihrer politischen Agenda. Diese wird umgesetzt, koste es, was es wolle. Durch die bewusst implementierte Intransparenz lässt sich der Weg der Falschinformationen verschleiern, damit diese nicht sofort als Fake News erkannt werden. Das Prinzip heißt »Informationswäsche« und funktioniert ähnlich wie Geldwäsche. Es darf unter keinen Umständen herauskommen, wer das Geld bzw. die Fake News in Umlauf gebracht hat. All das stellt aus meiner Sicht eindeutig einen unlauteren Wettbewerb gegen seriöse Medien dar, die die journalistische Sorgfaltspflicht wahren. Hinzu kommt, dass Fake-News-Medien auch nicht davor zurückschrecken, gegen seriöse Journalisten zu hetzen und kritische Mainstream-Medien heftig zu diffamieren.

Genau nach diesem Prinzip kam im amerikanischen Präsidentschaftswahlkampf 2016 das sogenannte Pizzagate[13] zustande, bei dem die Falschmeldung in Umlauf gebracht wurde, dass Hillary Clinton bei einem Pädophilenring in einer Pizzeria aktiv sei. Unzählige Bots und sogar der ehemalige Sicherheitsberater Donald Trumps, Michael Flynn, haben diese Information freigiebig auf Twitter geteilt!

Aber auch den linken Parteien ist scheinbar jedes Mittel recht, um ihre politischen Konkurrenten auszuschalten. Im Umfeld der Sozialdemokratischen Partei Österreichs (SPÖ) – zumindest ein Mitarbeiter wusste darüber Bescheid – wurde im österreichischen Nationalratswahlkampf 2017 eine Facebook-Seite mit dem Titel »Die Wahrheit über Sebastian Kurz« lanciert. Die teilweise rassistischen Postings sollten dem Kandidaten Kurz schaden und den Eindruck erwecken, diese Seite sei von der Freiheitlichen Partei Österreichs (FPÖ) initiiert worden. Ein Impressum gab es nicht. Der damalige SPÖ-Wahlkampfberater war Tal Silberstein; sein Anteil an dieser Aktion wurde nach und nach von diversen Medien aufgedeckt.[14] Silberstein wurde jedoch unabhängig vom Wahlkampf in Österreich wegen Bestechlichkeit verhaftet. Auf diese Weise kam auch die Wahlkampfstrategie der SPÖ ans Licht der Öffentlichkeit.

Ich finde es mehr als problematisch, dass parteinahe Medien ohne Skrupel Falschmeldungen teilen und Politiker diese, wohl wissend, dass es sich um Falschmeldungen handelt, unter ihren Followern verbreiten. Dieses Verhalten zeigt, wie all der Hass und die Spaltung in der Gesellschaft, mit der wir es aktuell zu tun haben, entstehen konnten. Eine Gefahr für die Demokratie. Man muss es sich auf der Zunge zergehen lassen: Diejenigen, die für solche falschen Informationen empfänglich sind, bezeichnen und beschimpfen traditionelle Medien als »Lügenpresse«. Sie wurden offensichtlich bislang nicht gehört und versuchen nun, mit aller Kraft ihre Meinung kundzutun, und akzeptieren mittlerweile gar keine andere Meinung mehr. Ein Teufelskreis, aus dem es kaum einen Ausweg gibt.

Durch die intensive Verbreitung von Fake News ist die Stimmung in der Gesellschaft extrem angespannt. Ein mehr oder minder dramatisches Ereignis, das mit der politischen Agenda einer Gruppierung erst einmal gar nichts zu tun hat, reicht dann schon aus, damit Tausende Menschen auf die Straße gehen und für oder gegen etwas demonstrieren. Sie liefern sich heftige verbale Schlagabtausche, und für mich grenzt es an ein Wunder, dass diese Ausschreitungen – auch dank der Exekutive – bislang größtenteils ohne schwere Verletzungen geblieben sind. Aber seien wir gewarnt: Auf Worte folgen meist Taten! Es liegt an uns, den Menschen, die kein Gehör finden, zuzuhören und mit ihnen in den Dialog zu treten. Ansonsten werden sich immer mehr Gruppen, Interessenvertretungen oder auch Parteien bilden, in denen ein vergiftetes kommunikatives Klima herrscht und keine andere Meinung mehr zugelassen ist. Der Dialog ist der erste Schritt zum Brückenbau!

Das eigene Medienumfeld auf den Prüfstand stellen

Gehören Sie auch zu den Menschen, die voller Überzeugung über sich sagen: »In die Fake-News-Falle tappe ich nicht«? Sind Sie ganz sicher, dass Sie selbst noch nie etwas (eventuell) Unwahres verbreitet haben? Lassen Sie uns das doch etwas genauer anschauen. Die Anzahl an Informationen, die wir tagtäglich bewusst oder unbewusst konsumieren, ist so groß, dass wir unmöglich jede Information einem Faktencheck unterziehen können. Wir vertrauen also unseren bewährten Medien, Freunden oder eben auch Parteien. Doch das reicht leider nicht. Wir sollten auch bei diesen Medien (Zeitung, Radio etc.) deren Motiv für die jeweilige Berichterstattung stets hinterfragen.

Was viele Medien, vor allem im Onlinebereich, antreibt, sind ihre Klickzahlen. Dazu benötigen sie bloß einen »Skandal« – Futter dafür gibt es zuhauf – und eine reißerische Überschrift. Doch nicht alles, was uns als Skandal verkauft wird, ist tatsächlich einer. Das beste Beispiel für eine Skandalisierung von allem und jedem ist sicherlich die deutsche »Bild«-Zeitung mit rund 8,63 Millionen Lesern pro Ausgabe. Ihre reißerischen und polemischen Headlines sind Legende. Als das deutsche Innenministerium 2015 die Kriminalstatistik für Sachsen veröffentlichte, titelte die »Bild«-Zeitung: »Die Wahrheit über kriminelle Asylwerber« und untermauerte den Artikel mit dem Bild eines Drogendealers aus Tunesien.[15] Die »Freie Presse« hingegen schrieb: »Innenministerium legt Zahlen zur Kriminalität von Zuwanderern vor.«[16] In Wahrheit stieg die Kriminalitätsrate im Vergleich zur Zuwanderungsquote verhältnismäßig gering an. Der Großteil der Delikte wird von wenigen Einzeltätern begangen. Viele Menschen in Deutschland beziehen ihre Informationen vorrangig aus der »Bild«-Zeitung und bilden sich daraus ihre Meinung. Das halte ich für höchst problematisch. Eine subjektive und in weiten Teilen polemische Berichterstattung ist keine Basis für eine ausgewogene Meinungsbildung. Die »Bild«-Zeitung hat aus meiner Sicht einen großen Anteil an der aktuellen gesellschaftlichen Spaltung und trägt auch eine Mitverantwortung dafür.

In Österreich werden Regierungsanzeigen gerne in Boulevardmedien geschaltet. Unter Ex-Kanzler Werner Faymann (SPÖ) war dies lange Zeit Usus. Als sein Nachfolger Christian Kern, ebenfalls SPÖ, diese Praxis einstellte, änderte sich die Art der Berichterstattung der Tageszeitung »Österreich«* über Kern schlagartig. Man ließ kein gutes Haar mehr an ihm und machte sich über ihn lustig. Eine dieser abwertenden Schlagzeilen lautete zum Beispiel: »Geheim-Akte: Kern ist eine eitle Prinzessin«. Die nachfolgende Regierung unter Sebastian Kurz nahm die Anzeigenschaltungen in den Medien der Yellow Press wieder auf und siehe da: Dem neuen Kanzler und seiner Regierung wurden in den Medien Rosen gestreut. Meine Empfehlung: Recherchieren Sie immer auch das mögliche Motiv einer Berichterstattung. Wenn es, wie hier, finanzielle Anreize gibt, kann von einer neutralen, unparteiischen Berichterstattung keine Rede sein.

Eine ähnliche Geschichte gibt es auch über die österreichischen Tageszeitung »Kurier«. Diese Zeitung habe ich lange Zeit als bürgerliches und seriöses Magazin eingestuft, und das war sie früher auch. Der ehemalige Chefredakteur Helmut Brandstätter beschreibt in seinem Buch »Kurz & Kickl: Ihr Spiel mit Macht und Angst« jedoch, wie Sebastian Kurz regelmäßig in Redaktionen angerufen und sich massiv beschwert hat, wenn die Berichterstattung nicht so ausgefallen war, wie er und seine Leute es erwartet hatten. Die Journalisten begannen darüber nachzudenken, ob ihnen eine bestimmte Art der Berichterstattung schaden oder nutzen könnte. Eine veritable Gefahr für die Demokratie, denn unsere Medien stellen die vierte Gewalt im Staat dar.

Wir als Leser, Zuschauer und Hörer können einiges gegen diese unheilvolle Entwicklung tun. Wir können die Medien indirekt zur Verantwortung ziehen, indem wir diese unseriöse Berichterstattung einfach ignorieren und ihnen nicht noch zusätzliche Klickzahlen bescheren, denn genau diese sind ja das Ziel. Darüber hinaus hat jeder die Möglichkeit, die Quellen der Journalisten zu überprüfen und kritisch zu hinterfragen, ob die zitierte Statistik auch wirklich das repräsentiert, was sie vorzugeben scheint. (Sie kennen ja sicher den Spruch:

---

* Boulevardblatt, ähnlich wie die »Bild«-Zeitung

»Traue keiner Statistik, die du nicht selbst gefälscht hast«.) Wem das zu aufwendig ist, der kann das Projekt »Zuerst denken – dann klicken« unter *www.mimikama.at* aufrufen.

Hier werden Medienberichte einem intensiven Faktencheck unterzogen. Darüber hinaus lohnt es sich, die Berichterstattung über ein Ereignis in verschiedenen Medien miteinander zu vergleichen.

Unser Freundes- und Bekanntenkreis

Nicht nur unser Medienumfeld beeinflusst unsere Meinungsbildung, sondern auch unser Freundes- und Bekanntenkreis. Am liebsten diskutieren wir doch mit den Menschen über Politik, die unser Weltbild und unsere politische Einstellung teilen. Ein solches Gespräch verläuft in der Regel angenehm und bestätigt uns in unserer Weltsicht. Doch da gibt es ja noch die »Anderen« – Menschen mit einer politischen Meinung, die aus unserer Sicht vollkommen inakzeptabel ist. Je nach Standpunkt sehen wir den anderen – überspitzt gesagt – entweder als »Nazi« oder als »Gutmensch«. In unserer tief gespaltenen Gesellschaft befassen wir uns erst gar nicht mit diesen Menschen; wir lassen sie einfach weiterziehen und verlieren sie aus den Augen. Einzige Ausnahme sind unsere engen Verwandten – aber die kann man sich ja auch nicht aussuchen, richtig? In diesem Fall wird einfach nicht über Politik gesprochen, wir halten uns zurück, weil wir wissen, dass solche Diskussionen sowieso nichts bringen. Es herrscht sozusagen Waffenstillstand. Im Grunde genommen ist der andere – ob Onkel, Tante oder Cousin – ja ein netter Mensch. Wäre da nur nicht die kontroverse politische Einstellung.

Für das Ausbleiben einer wirklich fruchtbaren und konstruktiven politischen Diskussion gibt es also mehrere Gründe. Wir diskutieren entweder mit Gleichgesinnten, die ohnehin unsere Meinung teilen, oder / und wir gehen der politischen Diskussion mit Menschen, die völlig anderer Ansicht sind, aus dem Weg. Dann gibt es noch jene Menschen, die auf der politischen Links- / Rechts-Achse sozusagen neben uns stehen, die nicht gleich, aber vielleicht ähnlich ticken. Könnte eine Diskussion mit Politikern oder Sympathisanten der grünen und der roten Partei Früchte tragen? Oder mit einem Liberalen und einem Grünen? In der Regel entstehen auch hier keine verwertbaren Resultate, weil wir letztlich immer für unsere Position kämpfen. Diese kognitive Verzerrung heißt »Motivated Reasoning«. Wir sind gezwungen, ständig Argumente für unsere und gegen die andere Position zu suchen, und bringen diese Argumente auch in Stellung. Stellen Sie sich vor, Sie haben ein neues Auto gekauft und sind glücklich damit. Sie werden nun einen Teufel tun, Argumente zu finden, die gegen Ihr neues Auto sprechen. Oder denken Sie an ein Fußballspiel. Warum ist der Trainer einer Mannschaft ungeeignet, auch den Schiedsrichter zu stellen? Nun, er ist genauso befangen wie Sie als Fan und wird immer aus seiner Position heraus kommunizieren und handeln.

Hier komme ich noch einmal auf meine ureigenste Motivation für dieses Buch zurück: Ich möchte ein erhöhtes Bewusstsein für unser kommunikatives Umfeld schaffen – wir sollten in einer Diskussion auch die Argumente der anderen anhören, statt nur unsere eigenen Argumente in Stellung zu bringen und auf diese Weise unsichtbare Mauern zu errichten. Das schafft nur Spaltung! Wir sollten darüber hinaus auch die bequeme Bestätigung durch Gleichgesinnte etwas kritischer betrachten. Denn nur weil wir von ihnen Seelenbalsam bekommen, müssen wir nicht alle zusammen recht haben. Es könnte auch ganz anders sein!

Eine Frage der Kommunikation

Wir sehen nur, was wir sehen wollen – diese Haltung ist nur allzu menschlich, führt uns aber in puncto Kommunikation und Information oft in eine Sackgasse. Die folgenden Fragen helfen Ihnen, Ihren Medienkonsum kritisch zu beleuchten.

- Welche (politischen) Motive verfolgen die Blogs oder YouTuber, die Sie regelmäßig konsumieren bzw. denen Sie folgen?
- Können Sie sicherstellen, dass die Medien, die Sie konsumieren, neutral und objektiv sind?
- Durch welches Medium könnten Sie Ihre Tageszeitung (Ihren Radiosender usw.) eine Zeitlang ergänzen oder ersetzen?
- In welchem Ausmaß werden Sie durch die Meinungen Ihrer Freunde und Bekannten beeinflusst?
- Wann haben Sie das letzte Mal »Mauern« in einer Diskussion mit anderen errichtet, indem Sie ausschließlich Ihre Argumente ins Spiel gebracht haben?

3.

Social Media – Dichtung und Wahrheit

Einen coolen Spruch unter ein Bild setzen kann jeder,
ob er richtig, sinnvoll oder wahr ist, steht auf einem
anderen Blatt.

Können Sie sich noch an den 25. Mai 2018 erinnern? Ein Datum, das alles verändern sollte. Wir haben diesem Tag, an dem die Europäische Datenschutzgrundverordnung (DSGVO) in Kraft trat, mit einer Mischung aus großen Bedenken und viel Respekt entgegengesehen. Für die meisten Webseitenbetreiber, speziell für Besitzer eines Onlineshops, brachte die Ankündigung der neuen Verordnung extreme Unsicherheit über die damit verbundenen Maßnahmen mit sich. Mittlerweile haben wir Klarheit gewonnen und durften – nachdem sich die erste Panik gelegt hatte – feststellen, dass die Welt nicht aus ihren Angeln gehoben wurde. Bei der DSGVO geht es unter anderem darum, dass Internetnutzer der Verwendung ihrer persönlichen Daten proaktiv zustimmen müssen. Außerdem muss der Webseitenbetreiber auf Anfrage eines Nutzers jederzeit eindeutig darüber Auskunft geben können, wie dessen Daten verwendet werden und was gespeichert wurde. Jeder Nutzer hat außerdem das Recht, seine Daten, sofern sie nicht zu einer Vertragserfüllung benötigt werden, löschen zu lassen.

Auf den Punkt gebracht, gibt die Implementierung der DSGVO Internetnutzern wesentlich mehr Rechte an ihren persönlichen Daten, als dies bisher der Fall war. Und es war allerhöchste Zeit, diese Maßnahmen einzuführen. Doch hat sich dadurch wirklich etwas geändert? Sind unsere Daten nun sicherer als vor dieser Verordnung?

Geschichte einer Spaltung: Manipulation auf Social Media

Das Brexit-Referendum am 26. Juni 2016 wurde mit Spannung erwartet. Die meisten Beobachter gingen davon aus, dass die Abstimmung zwar knapp, aber doch eindeutig für einen Verbleib in der EU ausfallen würde. Wie wir heute wissen, haben sie sich geirrt. Am Tag nach dem Referendum ging eine Schockwelle durch Europa. Eine langjährige Partnerschaft wurde abrupt beendet – und die Folgen dieser Trennung waren nicht absehbar.

In ihrem TED Talk »Facebook's role in Brexit – and the threat to democracy« beschreibt die Journalistin Carole Cadwalladr, welche Rolle Facebook bei diesem Referendum gespielt hat.[17] Die Reporterin hatte sich für ihre Recherche in die kleine Stadt Ebbw Vale in Wales begeben. Dort gibt es kaum Ausländer. In den 1960er-Jahren arbeiteten 14 500 Menschen in den Stahlwerken der Stadt. Später, in den 1980ern, wurden diese Werke eines nach dem anderen geschlossen. 2002 machte auch der größte Arbeitgeber der Stadt dicht, was in einer hohen Arbeitslosenzahl resultierte. Heute sieht das anders aus. Die EU hat über die Jahre viel Geld in diese Region gepumpt. Nur 40 Kilometer von Ebbw Vale entfernt wurde – mit einer ordentlichen Portion EU-Subventionen in Höhe von 7,3 Millionen Pfund – der Coleg Gwent City of Newport Campus errichtet. Kostenpunkt circa 33,5 Millionen Pfund.[18] Heute nutzen 24 000 Studierende dieses größte Weiterbildungszentrum in Wales, 81 400 Menschen fanden dadurch einen neuen Job, und bislang haben sich 282 600 Personen durch eine dort absolvierte Ausbildung weiter qualifiziert.[19] Direkt in der Stadt wurde auch das Ebbw Vale Sportzentrum renoviert – Kostenpunkt etwa 15 Millionen Pfund –, finanziert aus einem 350 Millionen Pfund starken Regenerations-Fond der EU.[20] Die EU stellte der Stadt viele Millionen Pfund für

Straßenverbesserungen zur Verfügung und investierte in einen neuen Bahnhof. Sie hat diese Stadt und die Region reich beschenkt. Und doch gibt es dort die höchste Anzahl an Brexit-Befürwortern! Carole Cadwalladr fragte im Zuge ihrer Recherchen einen Passanten nach seinem Abstimmungsverhalten. Der Mann antwortete, dass er für den Brexit gestimmt habe, denn die EU habe absolut gar nichts für ihn getan. Er habe, wie so viele andere, die gefühlte Bevormundung durch die EU und die hohe Einwanderungsrate satt. Er und die anderen Brexit-Befürworter wollten ihre Souveränität zurück.

Diese Eindrücke hatte der Mann allerdings nicht persönlich, durch eigene Erfahrungen, gewonnen. Sie gründeten sich vielmehr auf seinen Facebook-Feeds. Das Datenanalyse-Unternehmen Cambridge Analytica hatte damals, in der Zeit vor dem Referendum, von 87 Millionen Menschen aus den USA und dem Vereinigten Königreich ein politisches Profil erstellt, in dem das Verhalten und die Vorlieben dieser Menschen wenig gesetzeskonform ausgewertet wurden. Das Ziel: Man wollte ihre Ängste besser verstehen und damit Menschentypen identifizieren, die leicht zu beeinflussen und zu überzeugen sind. Ausgestattet mit diesen Profilen konnte man auf Facebook gezielt entsprechend manipulative Anzeigen schalten. In den letzten Tagen vor dem Referendum hat die Kampagne »Vote Leave« über 750 000 Pfund illegal über eine andere Kampagneneinheit gewaschen, wie die Wahlkommission später herausfand, um Lügen wie folgende zu verbreiten: »Turkey's 76m people are joining the EU – Good News?« (76 Millionen türkische Einwohner kommen in die EU – Gute Neuigkeiten?). Ein EU-Beitritt der Türkei stand damals wie heute definitiv nicht zur Debatte – und trotzdem wurde diese Unwahrheit verbreitet.

Die Kampagne »Leave.EU« wiederum ignorierte beinhart die Regeln der Wahlkommission. Gegen Arron Banks, einen der Sponsoren, wurde von der britischen Sicherheitsbehörde National Crime Agency eine Untersuchung eingeleitet, weil unklar war, aus welchen Quellen und aus welchem Land das in die Kampagne investierte Geld stammte. Zwischen den Brexit-Kampagnen und der Firma Cambridge Analytica, die den gigantischen Datenskandal bei Facebook zu verantworten hat, wurden immer wieder Verbindungen nachgewiesen.[21] Auch die

Wahl von Donald Trump zum US-Präsidenten wurde – wie wir heute
wissen – durch ähnliche Techniken, Firmen, Strategien und Daten
beeinflusst.

Facebook und Cambridge Analytica haben über diese beiden Wahlentscheidungen – in Großbritannien und in den USA – einen riesigen
Keil in die Gesellschaft getrieben. Diese Wahlentscheidungen werden
das Leben von mehreren Generationen beeinflussen. Die Wahlkampfstrategen konnten über den Datenklau quasi in die Köpfe der Wähler
blicken und die Wahlen somit unrechtmäßig beeinflussen. Sie haben
ihr perfides Ziel, durch Manipulation ein Wahlergebnis zu verändern,
eindeutig erreicht.

Carole Cadwalladr formuliert es in ihrem TED Talk sehr treffend:
Es geht in dieser Sache nicht um links oder rechts, um Brexit oder
No Brexit, um Donald Trump oder Hillary Clinton. Es geht einzig
und allein darum, ob es in Zukunft wieder faire Wahlen geben kann,
ohne dass ein Geldgeber aus dem Ausland die Möglichkeit hat, diese
zu beeinflussen. Staaten und Institutionen haben kaum eine rechtli-
che Handhabe, um die gezielte Einflussnahme im Internet auf Wahlen
zu kontrollieren oder ganz zu verhindern. Außerdem wurden in den
meisten Ländern die entsprechenden Gesetze meist noch nicht an die
neuen technischen Möglichkeiten angepasst bzw. ändern sich die Me-
thoden und Tools zur Einflussnahme oft schneller, als man passende
Gesetze schaffen kann. Großbritannien und der Brexit waren in dieser
Hinsicht ein Experimentierfeld – das sollte uns allen eine Lehre sein.

Verantwortungslos mit unseren Daten

Der Medienwissenschaftler Bernhard Pörksen bezeichnet unser Verhalten im Umgang mit digitalen Medien als »mentale Pubertät«. Ich
möchte diesen guten Gedanken weiterentwickeln. Pubertät bedeutet
letztlich Erwachsenwerden, mit allem, was dazugehört – unter anderem lernen wir, Verantwortung zu übernehmen. Das ist ein Prozess,

der nicht von heute auf morgen stattfindet und zu dem das Kennenlernen und Austesten von Grenzen dazugehört. Cambridge Analytica hat, wie wir gesehen haben, die Grenzen im Wahlkampf intensiv getestet und weit überschritten. Facebook hat der britischen Zeitung »The Observer« übrigens mit einer Klage gedroht, sollte die Redaktion die Erkenntnisse über die erfolgte Einflussnahme veröffentlichen. »The Observer« berichtete dennoch. Facebook hat die Verantwortung für dieses Debakel erst relativ spät übernommen. Im Januar 2020 wurde ein Tool namens »Aktivitäten außerhalb von Facebook«* veröffentlicht, mit dem nachvollziehbar ist, welche Apps oder Webseitenbetreiber Daten über Nutzer sammeln und an Facebook weitergeben. Öffnen Sie dieses Tool doch einmal in Ihren Facebook-Einstellungen; Sie werden schockiert sein, welche Anbieter dort genannt werden. Auf jeden Fall ist Facebook nach den Skandalen transparenter und vielleicht ja auch »erwachsener« geworden.

Apropos Erwachsenwerden. Wie sieht es denn in diesem Kontext mit uns Nutzern aus? Agieren wir im Umgang mit Social Media und den Apps, die wir verwenden, auf eine erwachsene Art und Weise? Leider ganz und gar nicht, finde ich.

Können Sie sich noch an FaceApp erinnern, eine App, mit der man sich bzw. ein Foto von sich altern lassen konnte? Im Juli 2019 nahm diese App den ersten Platz in den Download-Charts ein. Weltweit wurde sie in jenem Monat auf Android über 50 Millionen Mal heruntergeladen.[22] Für das iPhone werden wohl ähnliche Zahlen gelten. Der KI-Algorithmus (KI = Künstliche Intelligenz) von FaceApp war genial, man konnte tatsächlich nicht erkennen, dass die ältere Version einer Person durch einen Algorithmus erstellt worden war. Das ist wohl auch der Grund für den Erfolg der App. In dieser Zeit war mein Facebook-Newsfeed jedenfalls voll mit Freunden, die sich künstlich hatten altern lassen. Es ist wohl zu verlockend, zu sehen, wie man in 30 Jahren aussehen könnte. Obwohl zahlreiche Medien vor dem mit der App verbundenen Sicherheitsrisiko warnten, ließen sich viele Nutzer von der Verwendung von FaceApp nicht abhalten. Die Daten-

---

* Englisch: OFA – Off-Facebook Activity

schutz- und Nutzungsbedingungen der App waren definitiv nicht DSGVO-konform, denn die Daten konnten an beliebige Standorte transferiert werden, an denen Wireless Lab (der Entwickler der App) eine Einrichtung hat – darunter auch Russland.[23] Außerdem muss der Nutzer vor der Verwendung der App den Zugriff auf die Kamera und alle Fotos gewähren und man stimmt auch der Verwendung der Fotos für kommerzielle Zwecke zu. Die App erkennt automatisch alle Fotos, auf denen ein Gesicht zu sehen ist, und markiert diese Vorauswahl. Das Foto mit dem Gesicht, das man altern lassen möchte, wird auf den Server in Russland übertragen.[24] Mir wird mulmig, wenn ich mir das vorstelle. Warum ist so vielen Menschen für ein wenig virtuellen Spaß das alles egal?

Wir haben ja bereits gesehen, wohin der Missbrauch von Daten zum Beispiel im Wahlkampf führen kann. Cambridge Analytica sammelte alle relevanten Daten über einen einfachen Persönlichkeitstest mit dem Namen »thisisyourdigitallife«. Die erhaltenen Informationen reichten aus, um ein klares Persönlichkeitsprofil erstellen zu können. Damals war es durch die bloße Teilnahme an dem Test sogar noch möglich, einen unkomplizierten Zugriff auf die Daten der Facebook-Freunde zu erhalten.[25] FaceApp benutzten etwa 370-mal so viele Menschen wie den Test von Cambridge Analytica, an dem »nur« 270 000 Menschen teilnahmen.[26] Diese neuen Dimensionen sind erschreckend. Die wichtige Frage in diesem Zusammenhang lautet jedoch: Was genau passiert mit den Daten, die durch FaceApp generiert wurden? Welche anderen Fotos, die die Nutzer der App auf ihren Smartphones gespeichert hatten, wurden durch Wireless Lab ebenfalls ausgewertet? Was war das tiefere Motiv? Die verwendete Gesichtserkennungssoftware ist intelligent und die bei der Nutzung automatisch eingeräumten Rechte sind umfangreich. Damit ließe sich ein erheblicher Schaden anrichten. Die Nutzer wissen es nicht und werden es vermutlich nie wissen. Ich finde das alles extrem bedenklich und könnte mir vorstellen, dass bereits der nächste Skandal im Raum steht.

Es ist höchste Zeit, dass wir als Social-Media-Nutzer dieser Art von pubertärem Verhalten ein Ende setzen. Wie das geht? Zum Beispiel, indem wir etwas genauer nachdenken, bevor wir völlig unbekannte Programme bedienen und diesen sorglos unsere intimsten Gedanken und Überzeugungen sowie unsere Fotos anvertrauen. Es ist höchste Zeit, die Verantwortung für die eigenen Daten vollumfänglich zu übernehmen. Und es ist vor allem höchste Zeit, dass wir die dahinterliegenden Manipulationen erkennen und durch das neu gewonnene Wissen daran mitwirken können, diese für immer zu beenden.

Die geheime Agenda und der »Belief Bias«

Leider sind wir von dieser aktiven Verantwortung noch meilenweit entfernt. Denn noch stärker als durch FaceApp lassen sich Facebook-Nutzer durch bestimmte Facebook-Gewinnspiele begeistern. User, die noch nie etwas gewonnen haben, wittern ihre große Chance auf den Luxusurlaub, ein neues Auto oder das Haus ihrer Träume. Die Teilnahme an einem solchen Gewinnspiel ist einfach: Nutzer müssen der Seite folgen, den entsprechenden Beitrag liken und kommentieren und die Seite teilen. Und schon ist man Teilnehmer des Gewinnspiels. Diese Facebook-Seiten kommen so innerhalb kürzester Zeit zu einer enormen Menge von Followern, und das ist natürlich genau die Strategie hinter diesen Aktionen. Der unschöne Haken dabei: Bei vielen dieser Gewinnspiele gibt es gar keine Gewinner! Fanseiten, die wie jene von renommierten Unternehmen aussehen, wie zum Beispiel von Edeka, Migros oder BMW, entpuppen sich bei näherer Betrachtung als bloße Fake-Seiten. Originalbilder, Texte und Logos dieser Unternehmen werden unberechtigterweise in diese Seiten hineinkopiert. Der Nutzer lässt sich davon hinters Licht führen und gibt gutgläubig seine Daten an. Doch kurz vor dem Ende der Teilnahmefrist werden diese Gewinnspiele gelöscht. Nachdem die Seite genügend Follower aufgebaut hat, geht es an die eigentliche Agenda und das ultimative Ziel dieser Aktionen, nämlich aus den Daten der leichtgläubigen Follower Gewinn zu generieren. Den meisten Facebook-Nutzern sind diese Praktiken nicht bekannt. In der Hoffnung auf einen attraktiven

Gewinn nehmen sie blauäugig an der Aktion teil, ohne sich über die Konsequenzen im Klaren zu sein.

Diese Gewinnspiele haben dieselbe harmlose Anmutung wie der Persönlichkeitstest »thisisyourdigitallife«, mit dem der Cambridge-Analytica-Skandal begann. Auch bei diesem Test ging es nur darum, leichtgläubige bzw. rasch zu überzeugende Menschen zu identifizieren. Die so leichtfertig hergegebenen Daten werden in der Regel an Callcenter verkauft, deren meist aggressiven Marketingaktivitäten man in der Folge kaum entkommen kann. Noch brisanter wird es, wenn eine solche Seite als Ganzes verkauft wird und sukzessive ihre inhaltliche Ausrichtung ändert, ohne dass diejenigen, die sie geliked haben, dies mitbekommen. Diese Gefahr sehe ich auch, wenn wir Facebook-Seiten von Interessensgemeinschaften folgen, die uns zunächst mit ihren (politischen) Aussagen aus der Seele zu sprechen scheinen.

Um die Problematik zu verdeutlichen, habe ich kürzlich eine vermeintlich harmlose Seite in wenigen Sekunden identifiziert. Die Seite trägt den Titel »Solidarität mit der Polizei« und hat kein Impressum eingetragen.[27] Sie hatte im Mai 2020 beinahe 31 000 Fans. Neun dieser Fans stammen aus meinem Facebook-Freundeskreis. Ich vermute, dass diese neun Personen völlig unterschiedliche politische Positionen vertreten. Die Selbstdarstellung der Seite liest sich wie folgt:

»›Solidarität mit der Polizei‹ ist eine unabhängige Fanseite, die sich inhaltlich mit Themen rund um die österreichische Bundespolizei, sicherheitspolitischen und gesellschaftspolitisch relevanten Themen beschäftigt. Die Administratoren der Seite sind eine lose Interessengemeinschaft, zusammengesetzt aus Personen des öffentlichen Lebens in Österreich, die sich der Republik Österreich und ihrer Bundesverfassung verpflichtet fühlen und denen die ideelle Unterstützung der österreichischen Bundespolizei besonders am Herzen liegt.«

Das ist – vermutlich bewusst – mehr als schwammig formuliert. Die politische Ausrichtung der Seite geht daraus nicht hervor. Was soll mit der Formulierung »sich mit gesellschaftspolitischen Themen beschäftigen« konkret ausgedrückt werden? Wir wissen es nicht. Und da sind wir schon beim springenden Punkt. Auf den ersten Blick wirkt die Seite für jemanden wie mich, der die Exekutive für ein wesentliches Organ in einer Demokratie ansieht, attraktiv. Ich würde mich also grundsätzlich solidarisch mit den Inhalten der Seite sehen und wäre daher ein passender Abonnent dieses Auftritts. Und die meisten User setzen an dieser Stelle ja auch wenig reflektiert ein »Like« oder abonnieren diesen Inhalt.

Wenn ich jedoch auf die Zeitleiste der Beiträge auf dieser Seite blicke, wird mir mulmig. Einer der letzten geteilten Beträge (Oktober 2019) ist ein YouTube-Video und trägt den Titel: »ARD Reportage: Klimaschwindel ein SOZIALISTISCHES Machtprojekt«[sic].[28]

Auf YouTube selbst findet man dazu folgende Beschreibung: »Diese Reportage wurde am 22. Mai 2007 beim Staatsfunk ARD ausgestrahlt.« Staatsfunk, aha. Hier sollten beim Lesen erste Alarmglocken schrillen. Der Begriff »Staatsfunk« wird häufig im gleichen Atemzug verwendet wie »Lügenpresse«. Alleine dadurch drängt sich bereits eine erste Ahnung über die wahre politische Agenda dieser Seite auf. An anderer Stelle der Timeline wird gezielt gegen Migranten und Einwanderer Stimmung gemacht. Die Beiträge werden regelmäßig und emsig kommentiert. Meine neun Facebook-Freunde, die diese Seite geliked hatten, und viele andere Abonnenten sind sich vermutlich nicht darüber im Klaren, in welchem Ausmaß die im Hintergrund dieser Seite handelnden Personen die politischen Ansichten ihrer Abonnenten manipulieren.

Warum halte ich das für so gefährlich? Nun, die Seite gibt zunächst einen durchaus plausiblen Grund vor, warum man sie liken sollte. Viele der Postings auf der Seite sind auch plausibel.

Plausibel bedeutet jedoch weder wahr noch faktisch richtig!

Daniel Kahneman, Nobelpreisträger für Wirtschaftswissenschaften 2002, beschreibt in seinem Bestseller »Schnelles Denken, langsames Denken« zwei Systeme in unserem Gehirn, ein schnelles und ein langsames. Das langsame System ist in der Lage, Fakten zu überprüfen, und benötigt für diese grundlegende Analyse viel Zeit und Konzentration. Dieses System arbeitet zum Beispiel auf Hochtouren, wenn wir wissenschaftlich arbeiten. Ganz anders sieht es laut Kahneman mit dem schnellen System aus.

Versuchen Sie, möglichst rasch herauszufinden, ob die fett gedruckte Schlussfolgerung korrekt ist:[29]

Alle Rosen sind Blumen.
Einige Blumen verwelken schnell.
Deshalb verwelken einige Rosen schnell.

Und, wie haben Sie sich entschieden? Falls Sie für die dritte Aussage optiert haben, darf ich Ihnen mitteilen, dass diese Schlussfolgerung falsch ist. Denn die Argumentationskette besagt nicht, dass Rosen zu jenen Blumen zählen, die schnell verwelken. Die meisten Menschen stimmen aber mit der angebotenen Schlussfolgerung überein, weil sie scheinbar plausibel ist. Dieser Effekt lässt sich auf den »Belief Bias« (Überzeugungsfehler) zurückführen, der besagt, dass wir Aussagen schneller glauben, wenn sie plausibel scheinen – auch wenn sie faktisch falsch sind. Das »schnelle System« entscheidet einfach zu rasch und benötigt viel weniger geistige Ressourcen. Ideal, um mit der Vielfalt an Informationen, die in den diversen Facebook-Feeds an uns vorüberrauschen, klarzukommen und diese nicht zu hinterfragen. Wir stimmen mit einigen Postings aufgrund ihrer Plausibilität überein und merken nicht, wie wir subtil Schritt für Schritt in eine bestimmte Richtung manipuliert werden. Niemand ist in der Lage, jedes Posting auf seine argumentative Gültigkeit zu überprüfen. Viel zu oft werden uns plumpe Lügen, verziert mit schönen Bildern, aufgetischt, die uns das Hirn vernebeln und die Wahrheit nicht mehr erkennen lassen. Und dann beginnen sich Dichtung und Wahrheit auf alarmierende Weise zu mischen.

Daher haben die Betreiber von Facebook-Seiten, die mit Manipulationsversuchen arbeiten, mit so vielen Nutzern so leichtes Spiel. Wir sehen daran, wie gefährlich es sein kann, den fragwürdigen Inhalten von Facebook-Seiten ohne Impressum und klar definierter politischer

Agenda blind zu folgen. Die dort vertretenen Ansichten können nach und nach extremer und zugespitzter ausfallen, ohne dass die willigen Follower es sofort merken.

Die erwähnte Seite »Die Wahrheit über Sebastian Kurz« aus dem österreichischen Wahlkampf 2017 ist ein Paradebeispiel für diese Art der »schwarzen« Kommunikation. Die damalige Aktion kann man nur als perfide bezeichnen, handelte es sich doch um einen Manipulationsversuch aus dem Umfeld der SPÖ, mit dem klaren Ziel, den schwarzen Peter der FPÖ in die Schuhe zu schieben.

Es sind solche Seiten, die dazu beitragen, den Spalt in unserer Gesellschaft weiter zu vergrößern!

Genau deswegen habe ich für mich diese beiden Grundregeln für meine Facebook-Aktivitäten eingeführt:

1. Ich folge lieber einer Seite zu wenig als einer falschen Seite zu viel.
2. Ich prüfe das Impressum der jeweiligen Seite. Sind der Ansprechpartner, seine Herkunft, E-Mail-Adresse und vor allem eine Anschrift unbekannt, werde ich der Seite nicht folgen.

Die Filterblase

Das Ziel der Internetgiganten ist klar: Wir sollen ihre Services möglichst lange möglichst intensiv nutzen. Und dafür gibt es verschiedene Strategien. Facebook etwa versucht ständig herauszufinden, mit welchen Beiträgen wir am meisten interagieren. Deswegen bekommen wir Inhalte von Bekannten, mit denen wir zwar auf Facebook befreundet sind, mit denen wir aber seit Jahren keinen aktiven virtuellen Kontakt pflegen, kaum angezeigt, die Beiträge der Freunde, mit denen wir intensiv interagieren, hingegen schon. Dies ist für Facebook sehr einfach zu messen, erkennt der Konzern doch genau, wer mit wem täglich in Kontakt ist. Facebook analysiert auch, über welche Beiträge wir uns ärgern, über welche wir staunen, welche wir lustig finden, mögen oder lieben. Seit Facebook 2016 die sogenannten Facebook Reactions einführte, hat das Netzwerk weitere präzise Messinstrumente an der Hand, um zu erkennen, wie welcher User auf welche Nachricht von wem reagiert. Das wird algorithmisch ausgewertet und wir, die Nutzer, sehen nur noch das, was aus der Sicht von Facebook für uns am relevantesten ist. Der große Rest wird uns einfach nicht angezeigt.

Genau deswegen halten wir uns ja so gerne auf dieser Plattform auf – alle Interaktionen sind perfekt auf uns und unser Verhalten abgestimmt. Und all das andere, was wir nie zu Gesicht bekommen? Eli Pariser nennt dieses Phänomen in seinem 2011 erschienenen gleichnamigen Buch »Filter Bubble« (Filterblase). Aus seiner Sicht besteht die große Gefahr darin, dass wir nicht wissen, welche Informationen uns vorenthalten werden. Wir bekommen vorrangig jene Inhalte angezeigt, die wir für gut befinden, und auch jene, über die wir uns ärgern.

Blickt man in den Newsfeed einer Person mit einer völlig anderen (politischen) Weltanschauung, wird einem schnell klar, woher diese kommt. Manche Newsfeeds gleichen einem Forum reiner Verschwörungstheorien und sie enthalten oft extreme Ansichten. Da werden beispielsweise Vergewaltigungen als News verkauft, die es nie gegeben hat, oder man verdreht einfach die Tatsachen.

Es geht in diesem Zusammenhang natürlich nicht nur um Facebook. Auch Google, die Mutter aller Suchmaschinen, kennt uns wie seine eigene Westentasche und zeigt uns vorrangig das, was wir für richtig und interessant halten könnten. Machen Sie doch einmal einen Faktencheck auf Google und geben Sie einen bestimmten Suchbegriff ein. Dann bitten Sie drei Ihrer Freunde, auf deren Computern nach demselben Suchbegriff zu forschen. Surprise, Surprise, die Suchergebnisse fallen völlig unterschiedlich aus.

Ich habe schon öfter probiert, dieser Suchschablone zu entkommen und auf eine Suchmaschine umzusteigen, die mich nicht auf diese Weise trackt und mir »neutrale« Ergebnisse liefert. Doch meistens finde ich mit diesen Suchmaschinen nicht mehr sofort das, was ich suche – oder das Ergebnis befindet sich frühestens auf der vierten Ergebnisseite. Ein Beispiel: Google hat verstanden, dass ich mich sehr für Finanzwirtschaft interessiere, und zeigt mir sofort auf der ersten Seite Wissenswertes über Anleihen, wenn ich nach »Bond« suche. Nutze ich eine andere Suchmaschine, muss ich mich erst mühsam durch alle Treffer wühlen, die sich mit »James Bond« beschäftigen. Daher greife ich doch immer wieder auf Google zurück, auch wenn es beunruhigend ist, wie transparent wir alle inzwischen geworden sind.

Im Prinzip profitieren wir in puncto Trefferquote alle davon, dass die News- und Suchfeeds individualisiert und punktgenau sind. Im Jahr 2011 arbeitete Google mit 57 Signalen, die halfen, auszuwerten, ob wir wirklich wir sind. Heute muss diese Zahl erheblich größer sein. Ich versuche zumindest die Tracker zu blockieren*, damit ich für diese Konzerne nicht vollkommen »nackt & bloß«, also ein komplett transparenter Bürger, bin. Um das zu erreichen, nutze ich persönlich »Ghostery**«. Man kann es als Browser-Plugin verwenden oder als Browser für das Smartphone. Trotz dieser Maßnahmen werden wir immer noch bekannt und wiedererkennbar sein, doch zumindest vermeiden wir damit unsere völlige virtuelle Entblößung. Ich bin sicherlich nicht der einzige Nutzer, der es vorziehen würde, ein größeres Feld an Informationen angeboten zu bekommen und nicht bloße jene Dinge, von denen ein Algorithmus denkt, dass sie mich zu interessieren haben. Facebook und Google dazu zu bringen, die entsprechenden Algorithmen abzuschalten, wird wohl nicht gelingen und kann auch nicht die Lösung sein. Denn die Masse an Irrelevantem, die dann als Information verkleidet auf uns einprasseln würde, wäre mit Sicherheit nicht verkraftbar. Was wir von den Konzernen als Nutzer jedoch einfordern dürfen und sollten, ist eine klare Darlegung, aufgrund welcher Algorithmen unsere Feeds zustande kommen.

Und damit schließt sich der Kreis zu Cambridge Analytica und zum Brexit. Durch die Summe all der Manipulationen und Vorgaukelun-

---

* Tipps und Tricks, wie Sie sich davor und vor Manipulation schützen können, finden Sie unter *www.patricknini.com/buch*
** Siehe *ghostery.com* oder suchen Sie im Internet einfach nach »Ghostery Alternativen«.

gen, die ich hier beschrieben habe, bekamen jene Menschen, die als leicht zu überzeugen identifiziert wurden, gezielte Falschmeldungen als bezahlte Werbung angezeigt. Diese Menschen teilten – von Ärger, Wut oder auch Freude angetrieben – diese Beiträge als Reaktion auf ihrer persönlichen Facebook-Seite und sicherlich auch auf den Seiten der bereits erwähnten »Interessensgemeinschaften«. In Kombination mit dem »schnellen Denken«, das die Wahrheit danach ausrichtet, was das Gehirn ohne weiteren Faktencheck für am plausibelsten hält, kommt es dadurch bereits zu einer beträchtlichen Verfälschung der Fakten. Wenn wir dann noch die drastische Wirkung der Filterblase hinzufügen, also den Algorithmus, der Menschen genau das anzeigt, worüber sie sich am meisten ärgern oder freuen, ergibt das eine ziemlich explosive und gefährliche Mischung für unser aller Miteinander. Die gesellschaftliche Spaltung ist vorprogrammiert – und die Verantwortung dafür liegt einzig und allein bei uns!

Eine Frage der Kommunikation

Augen auf beim Datentransfer! Wie kritisch, naiv, sorglos oder aufmerksam Sie mit Ihren kostbaren Daten umgehen, lässt sich mit ein paar Fragen herausfinden.

- An welchen Online-Persönlichkeitstests und -Gewinnspielen haben Sie zuletzt teilgenommen?
- Welchen Seiten auf Facebook sollten Sie nach den Erkenntnissen aus diesem Kapitel besser nicht mehr folgen?
- Sind Sie kürzlich (oder auch vor einiger Zeit) verantwortungslos mit Ihren Daten umgegangen? Und wenn ja, wo?
- Wie sehr treibt Sie Ihr schnelles Denken durch das Internet? Wo könnten Langsamkeit und mehr Reflexion angebracht sein?
- Welche weiteren Informationen oder »Wahrheiten« könnten Ihnen durch die Filterblase verborgen bleiben?

4.

Political Correctness – Fluch oder Segen?

Das Ziel politischer Korrektheit ist nicht Schikane,
sondern ein Bewusstsein dafür, welche Folgen
die eigenen Worte haben können.

Haben Sie das auch schon einmal erlebt? Da gibt es Leute, die anderen aufgebracht »Du Gutmensch!« zuzischen – und damit Menschen meinen, die die politische Korrektheit aus ihrer Sicht auf die Spitze treiben: »Man wird doch wohl noch Neger sagen dürfen.« »Was ist an einem Schwulenwitz denn so schlimm?« Und überhaupt, was soll das Ganze: »Dürfen wir jetzt nicht einmal mehr von Vater oder Mutter sprechen und müssen diese nun aus Rücksicht auf andere Menschen neutral Elternteil nennen?« In solchen Aussagen stecken viel Frustration und eine gehörige Prise Aggression in Bezug auf Menschen, die politische Korrektheit in scheinbar exzessivem Ausmaß einfordern. Zwischen diesen beiden Positionen – dem Gefühl der Frustration und der Forderung nach politischer Korrektheit – liegt ein tiefer Spalt, über den keine Brücke zu führen scheint.

Geschichte einer Spaltung: Diskriminierung, die zum Äußersten führt

Der neunjährige Jamel Myles saß während der Autofahrt mit seiner Mutter angstvoll auf der Rückbank. Sollte er, sollte er nicht? Aber er hatte doch in diesen Ferien einen Entschluss gefasst, nun gab es kein Zurück mehr. Er nahm all seinen Mut zusammen und sagte mit fester Stimme: »Mama, ich bin schwul.« Der kurze Moment, bis seine Mutter auf sein Statement reagierte, muss sich für Jamel wie Stunden angefühlt haben. Glücklicherweise war ihre Reaktion eindeutig und positiv. »Ich hab dich immer noch lieb«, sagte sie zu ihrem Sohn. Dieser Tag änderte alles für Jamel. Er musste nichts mehr verheimlichen. Zu Hause fühlte er sich frei, ganz er selbst zu sein, und seine Mutter war stolz auf ihn. Auch Jamel war stolz auf sich und entschied sich daher, sich im neuen Schuljahr auch in seiner Schule zu outen. Vier Tage nach seinem Outing am 23. August 2018 war Jamel tot. Er hatte Selbstmord begangen.[30]

Selbstmord ist eine der häufigsten Todesursachen unter Jugendlichen. Jamel Myles nahm sich das Leben, weil er nach dem couragierten Outing von seinen Mitschülern gnadenlos gemobbt worden war. Seiner älteren Schwester erzählte er kurz vor seinem Tod, die Mitschüler der Joe-Shoemaker-Grundschule in Denver hätten ihn mit eindeutigen Worten aufgefordert, sich umzubringen. Der Schwester wird die Tragweite dieser Aussage nicht bewusst gewesen sein. Wie schlimm das Mobbing gewesen sein muss, das einen fröhlichen Jungen in den Selbstmord trieb, mag man sich gar nicht vorstellen. Mich berührt diese tragische Geschichte tief. Es gibt auf dieser Welt nichts, absolut nichts, was diesen Selbstmord rechtfertigen kann.

Die Brisanz dieses Themas wurde mir zum ersten Mal richtig bewusst, als in der German Speakers Association (GSA), meinem Berufsverband, ein im Newsletter verbreiteter Witz über Homosexuelle bei einigen Mitgliedern eine Welle der Empörung auslöste, die ich zunächst nicht verstand. Der Witz war im Rahmen einer Rubrik über »Humortechniken für Speaker« als Beispiel erwähnt worden. Mein

Kollege Christoph Burkhardt wies als Reaktion auf diesen Witz darauf hin, dass sich 90 Prozent der LGBT*-Jugendlichen in ihrer Schule unsicher fühlen und unter ihnen das Risiko, Selbstmord zu begehen, viermal höher ist. Das veränderte meinen Blick auf die speziell in einem solchen Fall erforderliche politische Korrektheit.

Auch in der German Speakers Association entwickelte sich nach der ersten Empörungswelle ein intensiver Diskussions- und Nachdenkprozess. Keiner der Verantwortlichen ist homophob oder Ähnliches, aber niemandem war – genauso wenig wie mir – die volle Tragweite dieses Witzes bewusst. Ich bin beeindruckt, wie die GSA-Gremien mit dieser Situation umgegangen sind, und sehr froh, dass in der Organisation ein ernsthafter Reflexionsprozess entstanden ist. Uns allen wurde klar, warum ein solcher Witz ein absolutes No-Go ist. Er hat weder im beruflichen noch im privaten Umfeld etwas zu suchen. Wer dennoch Witze dieser Art verbreitet, trägt massiv zu einer Spaltung bei.

In seinem Artikel auf der Plattform »Medium«[31] schrieb Christoph: »Und während viele Menschen mit den Schultern zucken werden, werde ich das nicht tun. Weil Worte Konsequenzen haben.« Christoph führte weiter aus: »Ein Vater findet es lustig und wiederholt ihn (Anmerkung: den Witz) am Esstisch. Sein 14-jähriger Sohn bringt den Witz in seine Schule, wo er ihn seinen Freunden erzählt. Einer von ihnen ist heimlich schwul und entscheidet sich in dieser Nacht, nie zu sagen, dass er schwul ist, er entscheidet, dass es besser ist, so zu tun, als wäre er jemand, der er nicht ist.« Und das kann niemand wollen.

Der Spagat zwischen Akzeptanz und Meinungsfreiheit

Die gleichgeschlechtliche Ehe ist seit Jahrzehnten ein Thema mit hohem Erregungspotenzial und hat schon zu einigen Großdemonstrationen geführt – allesamt Indizien für eine tiefe gesellschaftliche

---

* Lesbian, Gay, Bisexual and Transgender

Spaltung. In Paris demonstrierten im Jahr 2013, als die Debatte ihren Höhepunkt erreicht hatte, 340 000 Menschen gegen die Legalisierung der gleichgeschlechtlichen Ehe. Die Gegner fürchteten den Verlust des klassischen Familienbildes: Vater, Mutter und Kind.

Einer dieser Gegner war Dominique Venner, ein rechtsnationaler französischer Schriftsteller. Venner äußerte sich in seinem Blog mehr als skeptisch über die gleichgeschlechtliche Ehe, er befürchtete den »Verlust der Werte der Familie«. Es seien, so Venner weiter, drastische und außergewöhnliche Gesten notwendig, um diese aus seiner Sicht falsche Entwicklung aufzuzeigen. Am 21. Mai 2013 setzte er selbst ein solches Signal, indem er sich in der Pariser Kathedrale Notre-Dame in Anwesenheit von 1500 Menschen vor dem Altar erschoss. Marine Le Pen, die Vorsitzende der französischen rechtsextremen Partei Rassemblement National (vormals Front National), riss den schon vorhandenen Graben zwischen Gegnern und Befürwortern der gleichgeschlechtlichen Ehe noch weiter auf, als sie Venner Respekt für seine Tat zollte. Denn er habe ja nur versucht, »Frankreich aufzuwecken«.

Diese Diskussion wird seit Jahren zutiefst politisch und polemisch geführt, obwohl es im Grunde ja nur darum geht, dass ein Teil der Gesellschaft vollständig akzeptiert und nicht ausgegrenzt werden möchte. Die Gegner der gleichgeschlechtlichen Ehe vergessen aber, dass infolge einer Legalisierung weder mehr noch weniger heterosexuelle Paare heiraten würden, nur weil homosexuellen Paaren dieser Schritt nun ebenfalls erlaubt ist. Warum also steht nicht endlich die Akzeptanz der Betroffenen im Vordergrund?

Die folgende Tatsache lässt die Diskussion zu diesem Thema noch einmal in einem völlig anderen Licht erscheinen. Die Forscher der Johns Hopkins Bloomberg School of Public Health haben 2017 festgestellt, dass, nachdem das Gesetz zur gleichgeschlechtlichen Ehe in den gesamten USA galt, der Prozentsatz selbstmordgefährdeter Jugendlicher in 32 Bundesstaaten um sieben Prozentpunkte zurückgegangen war. Es sind seitdem landesweit jährlich insgesamt 134 000 weniger Selbstmorde in dieser Altersgruppe zu verzeichnen![32] Die Legalisierung trägt also eindeutig dazu bei, ein teilweise immer noch mit einem Tabu behaftetes Thema sichtbarer und für die Betroffenen leichter lebbar zu machen. Trotzdem sind im kommunikativen Umgang damit immer noch höchste Diplomatie und Feingefühl, also »Political Correctness«, erforderlich.

Umso wichtiger, dass es keine Bühne mehr für abwertende Witze gibt. Leider haben das längst nicht alle verstanden. Die Unbelehrbaren glauben oft, mit diesen Witzen der aus ihrer Sicht total überzogenen »Political Correctness« ein Schnippchen zu schlagen. Oder sie argumentieren, dass man unter dem Deckmantel des Humors doch alles sagen dürfe. Oh nein, das darf man nicht!

Verstehen Sie mich nicht falsch, Humor und Meinungsfreiheit sind hohe Güter, die wir nicht antasten dürfen. Ich rufe aber jeden Menschen dazu auf, sich zu fragen, ob die eigene Meinung zu bestimmten Themen noch zeitgemäß ist – und sich darüber hinaus zu überlegen, welche Konsequenzen die eigenen Worte auf andere Menschen haben können. Worte sind wie Pfeile, die punktgenau dort treffen, wo es besonders schmerzt. Das beginnt beim leichtfertig erzählten Witz am Küchentisch und kann bei einem Mitschüler wie Jamel Myles enden, der sich infolge unbedachter, verletzender Worte zu einem drastischen Schritt entschließt. Schweigen oder offen kommunizieren, wer man ist und wie man ist, ist leider oft noch eine Gratwanderung.

Geschichte einer Spaltung: Als Minderheit leben – für immer?

Robert kennt all diese Witze aus seinem Freundeskreis nur zur Genüge. Lachen kann er darüber nicht. Robert hat im Laufe seiner Pubertät die Entdeckung gemacht, dass er sich nicht als eindeutig heterosexuell bezeichnen kann. Heute, als junger Mann von 29 Jahren, beschreibt er sich selbst als bi-neugierig. Robert lebt immer wieder sehr schöne Beziehungen mit Frauen. Doch dann gibt es auch diese Neugierde, sich auch auf andere Art und Weise zu erfahren. Robert trägt dieses Geheimnis schon seit Jahren in sich. Niemand weiß davon. Weder seine Eltern noch seine Freunde oder Kollegen. Robert denkt über dieses Dilemma

*oft intensiv nach. Er weiß, er würde nicht zögern, sich zu outen, wäre
er eindeutig homosexuell. Aber so, wie die Dinge bei ihm nun einmal
liegen, lebt er seit Jahren mit dieser inneren Spaltung. Und schweigt.
Denn er weiß, er würde mit Sicherheit anders angesehen, anders wahrgenommen werden. Man würde ihn auf diese Tatsache des »Nirgend-
wo-Dazugehörens« reduzieren, ihn mit abwertenden Blicken durchboh-
ren und ihm bestimmte Witze um die Ohren hauen. Robert gehört zu
einer jener Minderheiten, die sich aus Vorsicht nicht öffentlich beken-
nen und ihren inneren Zwiespalt geheim halten. So ein Thema sollte
heute in aufgeklärten Gesellschaften kein Problem mehr darstellen, und
doch ist es so. Da gibt es noch viel zu tun.*

Menschen, die sich diskriminiert fühlen (könnten), in Sprach-Watte packen?

Viele Menschen fühlen sich in ihrer Ausdrucksweise durch das allgegenwärtige »Gespenst« der politischen Korrektheit eingeschränkt und
werfen dieser aus ihrer Sicht unnötigen »Sprachpolizei« gerne »Zen-
sur« oder die Einschränkung der Meinungsfreiheit vor. Und manchmal bekommt man tatsächlich den Eindruck, man dürfe keine Begriffe
mehr verwenden, die ein äußeres Merkmal, eine Einschränkung, eine
sexuelle Orientierung, eine Geschlechtsidentität oder eine körperliche
Geschlechtsvariation beschreiben. Bereits eingeführte Begriffe könnten vielleicht doch diskriminierend sein, und daher werden ständig
neue – möglichst neutrale, nicht diskriminierende – Formulierungen
gesucht. So lange, bis selbst die Befürworter einer politisch korrekten
Ausdruckweise sich in diesem unübersichtlichen Dschungel von Be-
griffen verirren und nicht mehr wissen, was man denn wann wie noch
sagen darf und was nicht.

Denken Sie nur an die Formulierung »Menschen, die anders be-
gabt sind«, die mittlerweile als eine von mehreren Alternativen für
»Menschen mit geistiger Behinderung« verwendet wird. Es ist definitiv erwiesen, dass Menschen mit geistigen Einschränkungen oft über

andere Begabungen verfügen, zum Beispiel über einen ausgeprägten Ordnungssinn oder ein künstlerisches Talent. Somit trifft die »andere Begabung« für viele zu, jedoch nicht für alle. Es wirkt, als dürfe man nicht mehr aussprechen, was offensichtlich ist.

Dürfen wir also künftig nur noch in Euphemismen (also: beschönigend, mildernd, verschleiernd) sprechen? Wenn das nicht funktioniert, spricht man in der Wissenschaft von einer »Euphemismus-Tretmühle« – ein Begriff, der von Steven Pinker, einem Harvard-Professor für Psychologie, geprägt wurde. Sie besagt, dass das beschönigende Wort irgendwann den vermeintlich negativen Begriffsinhalt (Konnotation) des ersetzten Wortes annimmt, sodass man auch dieses wieder ersetzen muss.

Stufe	Wort	Bedeutung – Wertung
1	Krüppel	Der Gekrümmte – wertneutral bis ins 20. Jhdt.; dann stark diskriminierend.
2	Invalide	Schwach, hinfällig – geht auf das lateinische »invalidus« zurück; im Mittelalter war dies eine Bezeichnung für »Verwundeter«. Das Wort wird inzwischen fast nur noch in Verbindung mit der Invalidenversicherung verwendet. Es reduziert den Menschen darauf, durch die Behinderung keine Chance auf eine Erwerbstätigkeit zu haben, und ist daher ebenfalls als diskriminierend zu werten.
3	Behinderter	Wird meist als diskriminierend erachtet, weil der Fokus auf der Behinderung liegt.
4	Mensch mit Behinderung	Legt den Fokus auf das Wort »Mensch« und ergänzt es durch die Behinderung.
5	Mensch mit besonderen Bedürfnissen	Beschönigt das Wort Behinderung durch »besondere Bedürfnisse«.

Tabelle 1: So wurden Begriffe / Formulierungen mit der Zeit ersetzt.

Wie schwierig und heikel die »richtige« Bezeichnung einer Gruppe von Menschen sein kann, habe ich selbst vor einigen Jahren in der Schweiz erlebt, wo ich ein Seminar für die »Miss Handicap Organisation« gehalten habe. Dort habe ich von den Teilnehmern gelernt, dass es den Menschen mit einer Einschränkung vor allem darum geht, als Mensch wahrgenommen zu werden, der eben auch eine Behinderung hat. Mir wurde auch klar, dass sie nach sozialer Inklusion streben. Menschen mit einer Behinderung wünschen sich also keine spezielle Behandlung, sie wollen einfach dazugehören. In Zügen sollte es nach ihrem Wunsch keine eigenen Behindertenbereiche mehr geben, sondern Wagons, die so gestaltet sind, dass Menschen mit Behinderung überall sitzen können. Bei Neubauten sollte es demzufolge keine Rollstuhlrampen neben den Stufen geben, sondern einen ebenerdig gestalteten Eingangsbereich, den alle nutzen können. Das Stichwort lautet »barrierefrei« (nicht »behindertengerecht«!). Dieses Wort ist für mich ein positives und sehr anschauliches Beispiel, wie politisch korrekte Sprache sinnvoll und logisch eingesetzt werden kann.

Meine Teilnehmer aus dem Miss-Handicap-Seminar bevorzugten die »People First«-Sprache. Sie möchten als Mensch mit einer Behinderung wahrgenommen werden. Andere wiederum kritisieren diesen Ansatz – man könne die Behinderung schließlich nicht ablegen wie eine Handtasche, sondern sie sei für immer Teil des Seins. Diese Menschen haben ihre Einschränkung akzeptiert und definieren sich darüber. Manche Betroffene ziehen zum Beispiel das Wort »blind« der Formulierung »Menschen mit Sehbehinderung« vor. Dieser Ansatz heißt im Unterschied zur »People First«-Sprache »Identity First«-Sprache.

Sie sehen: Es gibt kein Patentrezept, wie wir jemanden bezeichnen »sollten«, denn Menschen gehen mit ihren Einschränkungen, ihrer sexuellen Orientierung, ihrer Geschlechtsidentität oder einer körperlichen Geschlechtsvariation höchst unterschiedlich um. Sie haben ihre Besonderheit angenommen, akzeptiert, können damit leben oder vielleicht auch nicht. Das soll nun nicht als »Fluch der politischen Korrektheit« gelten (dass wir also den Gedanken einer politisch korrekten Sprache verwerfen sollten), ganz im Gegenteil. Es kommt aber darauf an. Wir brauchen nur etwas Fingerspitzengefühl und müssen in jeder

Situation erneut herausfinden, welche Ansprache sich für welche Person eignet. Am besten fragt man direkt, wie das jeweilige Gegenüber gerne angesprochen werden möchte. Nach meinen Erkenntnissen aus dem Miss-Handicap-Seminar bin ich sicher, dass eine solche Frage positiv aufgenommen wird. Sie steht für Offenheit und Feingefühl angesichts eines heiklen Themas.

Doch wo Licht ist, wird der Schatten nicht fehlen. Die Wendung »Menschen mit besonderen Bedürfnissen« ist ein Paradebeispiel dafür, wie politische Korrektheit zum Fluch werden kann. Diese Formulierung hat aus meiner Sicht doch sehr wenig mit Inklusion zu tun, vielmehr zeigt der Hinweis auf »besondere Bedürfnisse« explizit, dass diese Menschen eben anders sind und nicht dazugehören. Unter anderem wegen solchen gut gemeinten (aber nicht gut gemachten) Wortschöpfungen kursieren über politisch korrekte Sprache unzählige Witze, die man oft gar nicht sofort als solche erkennt. Ein Beispiel gefällig? Die Bezeichnung »Menschen mit gravitativer Benachteiligung« für übergewichtige Personen. Ich halte diese Entwicklung für höchst bedenklich. Denn dadurch wird ein wichtiges Thema von vielen nicht mehr ernst genommen oder sogar ins Lächerliche gezogen. Bei jenen Menschen wiederum, die sich im Vergleich zu den Minderheiten benachteiligt und abgehängt fühlen, entsteht enormer Frust, den wiederum rechte Parteien lustvoll bedienen. Sie bekommen dadurch regen Zulauf und treiben die Befürworter und Gegner der politischen Korrektheit noch weiter auseinander. Damit pflügen sie einen weiteren Spalt in die Gesellschaft.

Man wird das wohl noch sagen dürfen

Das Gegenteil der Euphemismus-Tretmühle ist die Dysphemismus-Tretmühle. Ein Dysphemismus ist die abwertende Beschreibung einer Sache, eines Sachverhalts, einer Person etc., das heißt, man verwendet das negativ konnotierte Wort bewusst. Doch da Sprache lebendig ist, muss das nicht immer so bleiben. Ein gutes Beispiel für die wechselnde Konnotation eines Wortes ist die Verwendung von »schwul«. Dieser Begriff ist heute gängig für männliche Homosexuelle, wurde aber in der Vergangenheit hauptsächlich abwertend verwendet und galt als Beschimpfung. Homosexuelle Menschen haben sich das Wort zurückerobert; sie verwenden und akzeptieren es nun selbstverständlich und mit Stolz. Dadurch ist die ursprünglich abwertende Konnotation über die Zeit verschwunden. Das bringt uns zu einer wichtigen Frage: Wer bestimmt eigentlich darüber, ob und wann abwertende Worte verwendet werden »dürfen«? Wie merkt man, ob die negative Konnotation noch vorhanden ist? Ich denke, wir alle haben diese oder ähnliche Aussagen schon einmal gehört: »Man wird ja wohl noch Neger sagen dürfen – ich meine das ja gar nicht böse. Außerdem haben wir das in der Schule so gelernt.« Lassen Sie uns politische Korrektheit am Beispiel dieses Begriffes erörtern. Betrachten Sie »Neger« bitte stellvertretend für andere Begriffe, die Minderheiten diskriminieren.

Die Aussage »Das habe ich in der Schule so gelernt« erinnert mich übrigens an den Sänger Andreas Gabalier, der sich weigert, die österreichische Bundeshymne mit dem neuen Text »Heimat großer Töchter und Söhne« zu singen, nur weil er es vor langer Zeit in der Schule ohne die Töchter gelernt hat. Doch seit Herrn Gabaliers Schulzeit hat sich die Welt verändert. Sich ständig auf das zu berufen, was »wir« in der Schule gelernt haben, zeigt eine unglaubliche Ignoranz gegenüber den wichtigen gesellschaftlichen Fortschritten, die inzwischen stattgefunden haben, und ist das absolute Gegenteil von lebenslangem Lernen.

Politische Unkorrektheit hat viel mit Schubladendenken zu tun. Hans Rosling beschreibt dies sehr eingängig in seinem Bestseller »Factfulness«. Schubladendenken verhindert einen objektiven Blick auf die Fakten und beeinflusst unsere Meinungsbildung in eher unguter Weise. Rosling beschreibt unter anderem die Instinkte der Kluft, der Angst, der Verallgemeinerung, des Schicksals und den Instinkt der Schuldzuweisung. Diese Instinkte machen einen objektiven Blick auf eine Sache unmöglich. Wir sollten daher extrem achtsam sein, niemals pauschal urteilen und damit aufhören, Menschen mit einem bestimmten Merkmal in ein und dieselbe Lade zu verfrachten.

Die Menschen, die das Wort »Neger« noch immer unreflektiert verwenden, berufen sich gerne darauf, dass sie das doch nicht böse meinen, weil es aus der Historie heraus ja nur »schwarz« bedeutet. Sticht dieses Argument? Das Wort geht auf das lateinische *niger* zurück und bedeutet »dunkel«. Es ist aber äußerst zweifelhaft, dass es jemals ein Wort ohne Wertung und frei von Rassismus war, da das Wort spätestens mit Einsetzen der Sklaverei an das Weltbild der damaligen Zeit gekoppelt war und diese Menschen als minderwertig angesehen wurden.[33] Sie galten im Gegensatz zu den Weißen als triebgesteuert, infantil, faul und primitiv. Sogar der große Aufklärer Voltaire hat sich 1755 in einem Essay abwertend über »Neger« geäußert und ihnen unter anderem mangelnde Intelligenz zugeschrieben. Sehr viel später in der Geschichte stärkten die unfassbar grausame Diktion der Nationalsozialisten wie auch ihre unmenschlichen Taten den diskriminierenden Charakter des Wortes erheblich.

Interessant dabei ist, dass »Neger« bis in die 1970er-Jahre im deutschsprachigen Raum recht unbefangen verwendet wurde. Möglicherweise war zu dieser Zeit die Geschichte des Wortes noch nicht im Bewusstsein von allzu vielen Menschen angekommen. Erst vor einigen Jahren wurde in der deutschen Übersetzung von Astrid Lindgrens »Pippi Langstrumpf«-Reihe (erste Übersetzung 1949) der »Negerkönig« durch den »Südseekönig« ersetzt – und auch diese Entscheidung war nicht unumstritten. Ich persönlich bin absolut dafür, in den neuen Auflagen älterer Publikationen heute nicht mehr angebrachte Ausdrücke anzupassen bzw. diese auszutauschen. Oder sollen unsere Kinder in 25 Jahren noch immer die Entschuldigung haben, sie hätten gewisse Ausdrücke ja in der Schule so gelernt?

Der Duden hält mit einem »besonderen Hinweis« dazu sinngemäß fest: »Die Bezeichnung *Neger* gilt im öffentlichen Sprachgebrauch als stark diskriminierend und wird deshalb vermieden.« Die negative Konnotation ist also noch vorhanden. Die deutsche Bundeszentrale für politische Bildung veröffentlichte 2007 einen Formulierungsratgeber für Journalisten, in dem sie angibt, dass die Hautfarbe nur genannt werden sollte, wenn sie zum Verständnis der Mitteilung benötigt wird.[34] Die Hautfarbe ist dabei jedoch nur eines von vielen äußeren

Merkmalen. Hier stellt sich die Frage, wann ein äußeres Merkmal, eine körperliche Einschränkung, eine sexuelle Orientierung, eine Geschlechtsidentität oder eine körperliche Geschlechtsvariation überhaupt von Relevanz ist.

Die Größe einer Nase ist beispielsweise nur dann von Bedeutung, wenn es darum geht, dass sich jemand die Nasenscheidewand korrigieren lässt. Ansonsten ist es egal, wie klein oder groß das Riechorgan ist. Auch die Hautfarbe sollte keine Rolle spielen. Leider sieht die gelebte Praxis anders aus. Die Hautfarbe kommt immer dann aufs Tapet, wenn jemand Klischees und Schubladendenken bedienen möchte. Andere Merkmale, wie eben auch die Nase, werden nie in diesem Sinne verwendet.

Dafür gibt es viele vollkommen inakzeptable Witze, die Menschen mit schwarzer Hautfarbe diffamieren und sich gesammelt auf einer Webseite ohne Impressum finden (daher gibt es hier auch keine Quellenangabe). Der Inhaber ist nicht einmal im Whois-Record der Domain ersichtlich.* Es gibt dort eine Kategorie »Negerwitze«, die wie folgt beschrieben wird: »In dieser Kategorie geht es jedoch explizit um Negerwitze, also Witze über Schwarze, welche bereits seit Ewigkeiten existieren und gerade in der heutigen Zeit, wo politische Korrektheit oftmals zelebriert wird, enorm erfrischend sind und worüber übrigens auch viele Schwarze lachen können. Denn keiner dieser Witze ist in der Tat beleidigend gemeint, sondern soll Klischees über Schwarze auf eine witzige, abwechslungsreiche und kreative Art und Weise thematisieren, was in vielen dieser Witze auch eindrucksvoll getan wird.«

Einer dieser derben Witze stellt eine geschmacklose gedankliche Verbindung zwischen »Negern« und den Flüchtlingen her, die über das Mittelmeer nach Europa kommen und oftmals nicht gerettet werden können. Angesichts der Flüchtlingskrise und den sehr unterschiedlichen Meinungen zur Seenotrettung trifft dieser verächtliche Witz einen wunden Punkt in der Gesellschaft und trägt so einmal mehr zur Spaltung bei. Auf dieser Webseite gibt es mehr als 100 Texte

---

* Mit dem Whois-Protokoll (Whois: Who is / Wer ist) können Eigentümerdaten zu Internet-Domains und IP-Adressen abgefragt werden.

dieser grausamen, herabwürdigenden Art. Ich will mir gar nicht vorstellen, wie viele davon an den diversen Stammtischen landauf, landab erzählt werden und so die bestehende Spaltung weiter vergrößern.

Ich frage mich, warum dieses Portal überhaupt noch existiert. Es verbreitet aus meiner Sicht puren Rassismus. Ich habe diese Seite mittlerweile dem Verfassungsschutz in Deutschland gemeldet.

Der Psychologe Jonas Hampl schrieb 2013 in einem »Zeit«-Artikel: »Man wird schwarz geboren, aber zum Neger gemacht. Durch Ausgrenzung, Abweisung, Beschimpfung. Durch bittere Erfahrungen und Enttäuschung durch Leute, von denen man eigentlich dachte, sie wüssten es besser.« Er ist froh, seinen Kindern nicht mehr vorlesen zu müssen, dass Pippis Vater ein »Negerkönig« ist.[35]

Oft reicht es nicht aus, statt eines unpassenden, diskriminierenden Wortes einen Euphemismus zu verwenden; letztendlich geht es doch darum, jegliches rassistische und diskriminierende Gedankengut zu erkennen und aus unserer Gesellschaft zu verbannen! Darf man nun keine Witze mehr machen, in denen ein Mensch vorkommt, der zu einer Minderheit gehört? Natürlich ist das möglich, aber nur, wenn nicht ein äußeres Merkmal, eine Einschränkung, eine sexuelle Orientierung, die Geschlechtsidentität, die körperliche Geschlechtsvariation oder gewisse damit verbundene Klischees der Grund für den Witz sind.

Politische Korrektheit ist keine Autoimmunerkrankung des Westens, wie böse Zungen meinen. Es handelt sich dabei auch nicht um ein Sprechverbot oder um die Einschränkung der Redefreiheit. Politische Korrektheit bedeutet schlicht und ergreifend, Minderheiten stets respektvoll zu begegnen und das auch sprachlich zum Ausdruck zu bringen. Wenn man sie auf diese Weise definiert und lebt, ist sie auf jeden Fall mehr Segen als Fluch!

Eine Frage der Kommunikation

Ganz schön kompliziert, die Sache mit der Political Correctness – aber auch ganz schön wichtig! Diese Fragen helfen Ihnen, Ihre persönliche Einstellung zu bestimmen.

- Ist politische Korrektheit für Sie Fluch oder Segen?
- Machen Sie vielleicht auch – eher en passant und ohne viel darüber nachzudenken – manchmal Witze, die eine Minderheit in Ihrem Umfeld verletzen könnten?
- Enthält Ihr aktiver Wortschatz eventuell Begriffe, deren negative Konnotation Ihnen gar nicht bewusst ist?
- Für welche umstrittenen Begrifflichkeiten würden Sie gerne einen Euphemismus einführen? Bei welchem Begriff würden Sie einen Dysphemismus gerechtfertigt finden?
- Passiert es Ihnen auch manchmal, dass Sie Menschen aufgrund eines äußeren Merkmals, einer Einschränkung, einer sexuellen Orientierung, einer Geschlechtsidentität oder einer körperlichen Geschlechtsvariation in eine Klischee-Schublade stecken?

5.

Skrupellos – wie uns Unternehmen manipulieren

Erst an der Gesamtheit der Kommunikation und an den Taten von Unternehmen und ihren Lobbyorganisationen erkennt man deren wahre Agenda.

1928 legte Edward Bernays (1891 – 1995) mit seinem Buch »Propaganda« den Grundstein für die gezielte Meinungsmache, die bis heute von Unternehmen betrieben wird. Er schreibt: »Wenn wir den Mechanismus und die Motive des Gruppendenkens verstehen, wird es möglich sein, die Massen, ohne deren Wissen, nach unserem Willen zu kontrollieren und zu steuern.«[36]

Diese Aussage hat heute, nach über 90 Jahren, mehr Gültigkeit denn je. Neben der Politik nutzen auch Unternehmen propagandistische Werkzeuge für ihre Zwecke. Wobei sich das mittlerweile anders nennt. »Propaganda« hat, insbesondere als Folge der Verwendung des Begriffs durch die Nationalsozialisten, eine durchgängig negative Konnotation und wurde in der Wirtschaft durch den Begriff »Public Relations« (PR) ersetzt. Man sollte die beiden Begriffe jedoch etwas genauer differenzieren. »Propaganda« wird heute überwiegend kritisch für eine politische oder militärische Beeinflussung verwendet. PR, übersetzt »Öffentlichkeitsarbeit«, ist ein Teilbereich des Marketings und wendet sich vorwiegend an Journalisten. Bernays, der für viele namhafte Unternehmen tätig war und einige legendäre Werbekampagnen initiiert hat, wandte sich auch an Journalisten. Das Besondere: Er war der Erste, dessen PR auch einen Nachrichtenwert hatte, sodass viele Medien seine Themen gerne aufgriffen und darüber berichteten. Bernays hatte schon früh erkannt, dass Menschen nicht durch rationale, sondern eher durch irrationale Überlegungen beeinflussbar sind und daher über die Emotionen getriggert werden müssen.

In den 1920er-Jahren war die Kampagne der Firma Beech-Nut, die lediglich die Absatzzahlen ihres Bacons (Speck) erhöhen wollte, ein großer Erfolg. Bernays organisierte mit Unterstützung eines angesehenen Arztes eine Umfrage unter 5000 Medizinern, in der bestätigt wurde, dass ein Frühstück mit Speck und Eiern gesünder und kräftigender ist als ein leichtes Frühstück mit Kaffee, Brot und Orangensaft. Das hatte genug Nachrichtenwert, um die Medien darüber berichten zu lassen – und sogar das Frühstücksverhalten der Amerikaner wurde dadurch verändert.[37] Speck und Eier dürfen heute bei keinem klassischen amerikanischen Frühstück fehlen. Einen ähnlichen Effekt hat die Werbung für Frühstückscerealien. Obwohl wir heute wissen, dass diese Produkte in den meisten Fällen reine Zuckerbomben sind, gehören sie, vor allem für Kinder, zum Frühstück dazu. Rationale Argumente haben keine Chance, eine geschickte Marketingkampagne sorgt für anhaltende Begeisterung für dieses ungesunde Produkt.

Ich möchte in diesem Kapitel aufzeigen, auf welche Weise Unternehmen und Lobbyorganisationen uns – die Kunden, die Konsumenten – manipulieren, um ihre Profitgier auf Kosten unseres Planeten zu befriedigen. Wenn Sie diese These für übertrieben halten, bitte ich Sie einfach nur ums Weiterlesen. Eigentlich sind wir uns doch alle einig, dass wir unseren Kindern und Enkelkindern einen Planeten hinterlassen sollten, auf dem auch diese nächsten Generationen noch ein lebenswertes Leben leben können. Wären da nicht die rein wirtschaftlichen Interessen. Viel zu viele Unternehmen treiben einen Keil in die Gesellschaft, indem sie unsere Umwelt nachhaltig schädigen – nur weil der Profit über Moral und Ethik steht. Deswegen müssen Millionen Menschen auf die Straße gehen. Sie demonstrieren gegen diese Praktiken und gegen die Leibeigenen der Unternehmer – die Politiker.

Wenn wir weitermachen wie bisher, stehen die Chancen, dass auch unsere Enkelkinder ein so lebenswertes Leben haben wie wir, eher schlecht. Wir befinden uns gerade in einer echten Systemkrise. Wirtschaften wie bisher, ohne Rücksicht auf den Planeten? Das kann nicht mehr lange gut gehen. Doch auch hier gibt es einen Konflikt zwischen den Parteien, die das alte System verteidigen, und jenen, die ein neues System fordern. Die Klimakrise ist eine Tatsache, die sich nicht wegdiskutieren lässt! Die österreichische Journalistin Corinna Milborn hat in einem Facebook-Posting vom 27. September 2019 dazu deutliche Worte gefunden. Ein Zuschauer hatte sie auf ihre journalistische Aufgabe hingewiesen, in der Diskussionssendung »Pro & Contra«, die sie auf dem Fernsehsender Puls4 moderiert, auch die Kontra-Argumente beim Thema Klimakrise zu beleuchten. Ihre Antwort lautete wie folgt:

»Nein, lieber anonymer E-Mail-Schreiber, es ist NICHT meine Aufgabe als Journalistin, beide Seiten zu zeigen, wenn es um die Existenz der Klimakrise geht. Es gibt auch erschreckend viele Menschen, die meinen, die Erde sei flach, und ich lade sie trotzdem nicht ins Fernsehen ein, um ›die andere Seite‹ zu zeigen. Weil ich weiß, dass die Erde rund ist. Es ist wissenschaftlich erwiesen. Ja, wir diskutieren über verschiedene Wege des Umgangs mit der Klimakrise. Nein, wir diskutieren nicht darüber, ob sie existiert und ob sie menschengemacht ist. Das ist nämlich ebenfalls wissenschaftlich erwiesen.« [sic]

In einer Systemkrise und angesichts einer drohenden gesellschaftlichen Spaltung werden Menschen, die sich mit deutlichen Worten äußern, dringend gebraucht. Menschen wie Martin Luther King oder Nelson Mandela waren Vorreiter und haben sich gegen etablierte Systeme gestellt, die ausgedient hatten. Zum Glück herrscht heute in vielen Ländern Meinungsfreiheit, und wer sich zum Thema Klimakrise entsprechend äußert, hat keine Konsequenzen wie Gefängnis oder Folter zu befürchten.

Bestandsaufnahme zur aktuellen Klimakrise

Um den Ernst der Lage zu verdeutlichen, erlauben Sie mir eine kurze Bestandsaufnahme zur aktuellen Situation. Bewusst verwende ich das Wort »Klimakrise«, denn der häufig benutzte Begriff »Klimawandel« verharmlost die Situation, in der wir uns gerade befinden. Sollten Sie zu jenen Menschen gehören, die die Klimakrise bisher auf die leichte Schulter genommen haben, dann sind diese Zeilen speziell für Sie bestimmt. In diesem Unterkapitel werden unter Umständen Ihre innersten Überzeugungen infrage gestellt. Ich will Sie damit nicht beeinflussen, sondern möchte erreichen, dass wir von der gleichen wissenschaftlichen Grundlage ausgehen.

Die Wissenschaft ist einheitlich zu dem Schluss gekommen, dass wir nur mehr knapp zehn Jahre Zeit haben, um die Klimakrise zu meistern und Schlimmeres auf unserem Planeten zu verhindern. Es geht um das Überleben von Menschen! Nicht von allen Menschen, aber von sehr vielen. Warum lässt sich das so eindeutig feststellen? Die Ergebnisse wissenschaftlichen Arbeitens sind, anders als »Meinungen« und unbelegte »Fakten«, für jeden nachvollziehbar und können jederzeit wiederholt werden. Sie werden unzählige Male auf den Prüfstand gestellt, und zwar von Menschen, die weder (partei)-politisch noch finanziell motiviert sind. Ich zwinge Ihnen hier also nicht meine Meinung auf, sondern lege überprüfbare Fakten auf den Tisch.

In diesen knappen zehn Jahren müssen wir das Zwei-Grad-Ziel erreichen, das im Pariser Klimaabkommen 2015 vereinbart und von allen Staaten unterzeichnet wurde. Die USA sind leider aus dem Abkommen ausgestiegen. Es geht, kurz gesagt, darum, die Erderwärmung im Vergleich zur vorindustriellen Zeit bis 2100 auf deutlich unter zwei Grad zu begrenzen. Um dieses Ziel zu erreichen, dürfen wir weltweit insgesamt nur noch 500 Milliarden Tonnen CO_2 emittieren. Im Moment emittieren wir weltweit jährlich 40 Milliarden Tonnen – Tendenz steigend. Nach Adam Riese haben wir dieses Kontingent also in circa zwölf Jahren aufgebraucht bzw. bei steigendem Ausstoß auch früher. Forscher von der University of Washington in Seattle rechnen damit, dass dieses Ziel nur mit einer Wahrscheinlichkeit von einem Prozent erreichbar ist.[38] Physikalisch sei es leicht möglich, jedoch fehle der politische Wille.

Sehen wir uns daher auszugsweise an, was eine globale Erwärmung um zwei Grad bedeutet:

- Hohe gesundheitliche Beeinträchtigungen (durch Hitze, Unterernährung, Infektionskrankheiten).
- Mehr Schäden durch Naturkatastrophen.
- Bis zu 1,7 Milliarden Menschen sind von Wasserknappheit betroffen.
- Bis zu 30 Millionen Menschen sind von Hunger bedroht.

Zwei bis vier Grad globale Temperaturerhöhung bedeuten zusätzlich zu hohen Schäden durch Naturkatastrophen:

- Bis zu 3 Millionen Menschen mehr sind durch Küstenüberflutungen gefährdet.
- Bis zu 2 Milliarden Menschen sind von Wasserknappheit betroffen.
- Weitere gesundheitliche Beeinträchtigungen wie z. B. Herzerkrankungen und Atemerkrankungen nehmen zu.
- Weitgehender Verlust der biologischen Artenvielfalt.
- Unumkehrbarer Kippeffekt durch das Abschmelzen des Eises in Grönland und der Antarktis.

Vier Grad globale Temperaturerhöhung bedeuten zusätzlich:

- Alle Systeme (biologisch, physikalisch, sozial), insbesondere aber die Menschen, sind mit der Anpassung an die neuen Bedingungen überfordert.
- Bis zu einem Fünftel der Weltbevölkerung drohen Überschwemmungen.
- Bis zu 15 Millionen Menschen mehr sind durch Küstenüberflutungen gefährdet.

- Bis zu 3,2 Milliarden Menschen sind von Wasserknappheit betroffen.
- Bis zu 120 Millionen Menschen mehr sind vom Hunger bedroht.
- Ein weltweites Artensterben setzt ein.

Die vollständige Liste finden Sie hier: *https://www.nabu.de/umwelt-und-ressourcen/klima-und-luft/klimawandel/11420.html*

Das Schmelzen der Eisschichten in Grönland und der Antarktis hat zur Folge, dass

a) weniger Sonnenlicht reflektiert werden kann (Eis-Albedo-Rück-kopplung) und somit mehr Sonnenenergie auf die Erde eintrifft;
b) auch der Permafrostboden schmilzt, der insgesamt 1700 Milliarden Tonnen Kohlenstoff speichert und langsam freisetzt.[39]

Beides ist ein nicht mehr aufzuhaltender und unumkehrbarer Kipp-effekt, der wahrscheinlich bereits bei zwei Grad Erwärmung eintreten wird.

Ich habe diese Fakten deshalb so detailliert beschrieben, weil es angesichts dessen völlig verantwortungslos ist, Geschäftspraktiken aufrechtzuerhalten oder eine politische Agenda zu verfolgen, die uns von diesem so wichtigen Ziel – unter zwei Grad zu bleiben – abhalten können. Diese Geschäftspraktiken waren über einen langen Zeitraum hinweg in Ordnung, jetzt ist jedoch ein Systemwechsel gefordert! Kritiker könnten mir an dieser Stelle vorwerfen: »Ja, zeigen Sie nur mit dem Finger auf die anderen, die Manager, die Politiker, die es richten sollen. Sie gehen ja auch Ski fahren und machen Flugreisen.« Mir liegt es fern, die Schuld für die Missstände nur bei anderen zu suchen. Ich möchte Nachdenkprozesse anregen und eine Debatte auslösen! Ich bin definitiv mit meiner CO_2-Bilanz noch nicht dort, wo ich sein könnte, aber ich versuche mich regelmäßig zu verbessern. Und das ist es, was ich mir auch von anderen wünsche.

Die kritischen Stimmen werden lauter: »Wie soll denn Deutschland (oder jedes andere Land) das schaffen, wenn die anderen Staaten nicht mitmachen?« Viele Menschen vermuten, dass Indien und

China sehr viel mehr CO_2 emittieren als Deutschland. Das mag stimmen. Durch die hohe Bevölkerungsdichte haben diese Länder jedoch einen wesentlich geringeren Pro-Kopf-CO_2-Ausstoß als Deutschland oder Österreich (Ausnahme Schweiz).[40] Das vergleichsweise kleine Deutschland steht übrigens auf Platz 6 der Liste der größten globalen CO_2-Emittenten.[41]

Ich finde es tragisch, wenn Unternehmen all diese dramatischen Fakten wissentlich ignorieren und Menschen gegeneinander ausspielen, damit ressourcenbelastende Geschäftsmodelle überleben. Diese Manipulationen von Unternehmen, Lobbyagenturen und Verbänden erzeugen eine noch nie dagewesene Spaltung in unserer Gesellschaft.

Geschichte einer Spaltung: Koste es, was es wolle

Wie wir alle wissen, präsentiert sich der Zukunftstrend E-Mobilität als ökologische Alternative zum Verbrennungsmotor. Abgesehen vom Herstellungsprozess des Autos und der Batterie dachte ich immer, dass es sich dabei tatsächlich um eine ökologische Alternative handelt. Bis ich »Datteln 4« kennenlernte. Datteln ist eine Stadt im nördlichen Ruhrgebiet, dessen Steinkohlekraftwerksblöcke Datteln 1 bis 3 im Jahr 2014 stillgelegt wurden. Dort hat der Kraftwerksbetreiber Uniper am 30. Mai 2020 sein neues Steinkohlekraftwerk Datteln 4 mit einer Bruttoleistung von 1100 Megawatt (MW) in Betrieb genommen. Zum Vergleich: Datteln 1 & 2 hatte jeweils eine Bruttoleistung von 100 MW und Datteln 3 eine von 119 MW.[42] Mir war bis vor Kurzem nicht klar, dass im Land der Dieselfahrverbote und in Zeiten von Fridays for Future noch neue Steinkohlekraftwerke in Betrieb gehen. Dazu kommt: Datteln 4 ist leider nicht das letzte neu geplante Steinkohlekraftwerk weltweit!

In diesem Kraftwerk könnten täglich 8000 Tonnen Steinkohle verbrannt werden.[43] Die Kohle soll per Schiff aus Südafrika, Russland und Kolumbien importiert werden.[44] (Anmerkung: Die Schifffahrt macht zwei Prozent der globalen CO_2-Emissionen aus.[45]) Im Vollbetrieb hätte das Kraftwerk einen jährlichen Kohlendioxidausstoß von 8,4 Millionen Tonnen. Das entspricht beinahe 3 Prozent der gesamten deutschen CO_2-Emissionen aus dem Energiesektor.[46] Durch die Verwendung von Strom aus einem solchen Kohlekraftwerk werden Elektroautos und E-Scooter erst recht wieder zu mobilen »Dreckschleudern«!

Datteln wird auch der größte Einspeisepunkt für Bahnstrom. 40 Prozent des dort erzeugten Stroms sollen für die Deutsche Bahn produziert werden und damit 25 Prozent des Gesamtstrombedarfs der Bahn decken. Gleichzeitig bemüht sich die Deutsche Bahn rührend um ihr grünes Image und betreibt die Fernverkehrsparte rein rechnerisch (!) mit 100 Prozent Strom aus erneuerbaren Energien.

Die Pläne für das neue Steinkohlekraftwerk sind seit 2005 bekannt. Das Jahr erwies sich als das wärmste seit mehr als einem Jahrhundert.[47] Von Anfang an stellten sich Umweltschützer und Anwohner gegen das Projekt Datteln 4, dessen Baubeginn für 2007 geplant war. Zu Recht, denn 2007 veröffentlichte der Zwischenstaatliche Ausschuss für Klimaänderungen der Vereinten Nationen einen Bericht (Vierter Sachstandsbericht des IPCC), der die Verantwortung des Menschen für die Klimakrise erneut bestätigte.[48] Von da an gab es immer mehr Proteste und Klagen seitens der Klimaschützer, die das Projekt immer weiter verzögerten. 2009 wurde der Bau durch das Oberverwaltungsgericht Münster gestoppt; zu diesem Zeitpunkt war das Projekt bereits zu 60 Prozent fertiggestellt.[49]

Bis heute will niemand zugeben, dass das Projekt von Anfang an ein Fehler war; die Planer haben die Faktoren Nachhaltigkeit und Umwelt damals vollständig ausgeblendet. Diese Fehlentscheidung zuzugeben, zählt offensichtlich nicht zu den Stärken jener Personen, die dieses Kraftwerksprojekt zu verantworten haben. Daher setzt man nun alles daran, die damalige Entscheidung zu verteidigen und versunkene Kosten (sunk costs) zu vermeiden.

Der neue CEO des Konzerns, Andreas Schierenbeck, setzte sich energisch für die Eröffnung des Steinkohlekraftwerks ein und blendete die harsche Kritik daran aus. Seine Aussage vor Journalisten zu seinem Start im Konzern: »Für jemanden wie mich, der bei allen Dingen *zunächst die Fakten betrachtet, erscheint das ziemlich absurd.«[50] Der Kraftwerksbetreiber wurde nun erst recht nicht müde, das Projekt als umweltfreundliche Alternative zu den erneuerbaren Energien zu verkaufen, während sich die Proteste verschärften. Es handelt sich inzwischen nicht mehr um einen Konflikt, der mit ein paar Verhandlungen und Zugeständnissen aus der Welt zu schaffen wäre. Es geht auch nicht mehr nur um den Widerstand von ein paar (Tausend) Klimaschützern oder Anwohnern. Es geht darum, die Tatsache einer menschengemachten Klimakrise endlich anzuerkennen und die lächerlichen zehn Jahre, die uns noch bleiben, so effizient wie möglich zu nutzen, um das Schlimmste zu verhindern. Die Geschichte und vor allem die Proteste rund um das Kraftwerk Datteln 4 zeigen eine nie dagewesene Spaltung in der Gesellschaft.* »Koste es, was es wolle«, scheint die Devise der Betreiber zu sein.

Lobbyismus at its best – dreist und skrupellos!

Der Industrie und ihren Lobbyverbänden scheint jedes Mittel recht, die Vorhaben der Politiker für mehr Klimaschutz zu bekämpfen. Die klassischen Argumente lauten: Wir sichern Arbeitsplätze und bieten Versorgungssicherheit. Die Sorge um Arbeitsplätze erscheint fast schon verlogen, schließlich war es die Industrie, die zwischen 1990 und 2016 ganze 89 Prozent der Jobs abgebaut hat. 1990 waren 115 000 Menschen im Bereich fossiler Brennstoffe in Beschäftigung, 2016 waren es noch etwa 13 000.[51] Im Bereich erneuerbare Energien sind bereits 330 000 Menschen tätig. Auch im Hinblick auf die Versorgungssicherheit haben die Erneuerbaren die Nase vorn: Die Netzreserve ist auch dann sichergestellt, wenn keine Sonne scheint oder kein Wind bläst. Es gibt sogenannte Reservekraftwerke (in der Regel keine Kohlekraftwerke), die hochgefahren werden können, wenn der Strombedarf nicht vollständig gedeckt werden kann. Im Winter 2018/19 war dies an 25 Tagen nötig, und die Kraftwerke produzierten 6600 MW.[52] (Im sehr milden Winter 2019/20 war es an zwei Tagen erforderlich.[53])

Das Problem besteht eher darin, dass Wind- und Solarkraftwerke in den Mittagsstunden zu viel Strom produzieren und Kohlekraftwerke dadurch unwirtschaftlich werden.[54] Außerdem kann dieser Strom zu Spitzenzeiten weder von Norden nach Süden transportiert noch gespeichert werden; daher erfolgt während dieser Spitzenzeit eine Abschaltung. Ich werde wütend, wenn ich so etwas lesen muss, während man gleichzeitig für Kohlekraftwerke die Werbetrommel rührt.

Das Argument Versorgungssicherheit haben wir somit eindeutig entkräftet. Und für die 13 000 im Bereich fossiler Brennstoffe tätigen Menschen fände sich doch sicherlich eine würdige Beschäftigung. Wo ein politischer Wille ist, sollte sich zum Wohle des Planeten doch auch ein Weg auftun. Die Fokussierung auf erneuerbare Energien und der Ausbau der Infrastruktur hin zu mehr Kleinkraftwerken könnte viele neue Jobs entstehen lassen.

Die Industrielobby ist noch viel dreister, wie das folgende Beispiel zeigt. Am 19. September 2018 titelte die »Süddeutsche Zeitung«: »So wollen Lobbyisten strengere Klimaziele verhindern«. Der Artikel ist lesenswert und hier zu finden:

https://www.sueddeutsche.de/wirtschaft/klimawandel-lobby-klima-ziele-1.4134469[55]

Die EU-Kommission wollte aufgrund der Brisanz der Lage im Jahr 2018 die Klimaziele deutlich anheben. BusinessEurope, der europäische Industrieverband, dem auch die österreichische Industriellenvereinigung (IV), der Bundesverband der Deutschen Industrie e.V. (BDI) und die Fédération des entreprises suisses – Economiesuisse angehören, erstellte daraufhin ein internes Strategiepapier, in dem für den Umgang mit dieser Situation vier Optionen ausgearbeitet wurden:

1) Option 1: Falls das Vorhaben nicht in die Tat umgesetzt wird, wird man sich »eher positiv« gestimmt verhalten.
2) Option 2: Alternativ würde man sich mit den »üblichen Argumenten« gegen das Papier stellen. Ein übliches Argument wäre zum Beispiel die Wettbewerbsfähigkeit.
3) Option 3: Diese wurde »challenge the process« genannt und würde das Vorhaben der EU-Kommission infrage stellen – bei-

spielsweise, ob die Ziele oder die Folgen korrekt berechnet wurden.

4) Option 4: Auf die Schwierigkeiten der Umsetzung hinweisen.

Das Papier wurde nach dem Prinzip des Motivated Reasoning verfasst, das wir in Kapitel zwei kennengelernt haben. Die Motivation bestand in diesem Fall darin, die Klimabemühungen der EU zu torpedieren. In Anbetracht all dessen, was wir über die Klimakrise wissen, kann ich die Vorgehensweise von BusinessEurope und seiner Teilorganisationen nur als höchst verwerflich und unmoralisch bezeichnen. Und natürlich zieht der BDI auch alle Register, um den »Green Deal« von Ursula von der Leyen, bis 2050 keine neuen Treibhausgase zu emittieren, schlecht zu machen.[56]

Das Unternehmen Vattenfall* geht noch einen Schritt weiter und finanziert den Verein »Pro Lausitzer Braunkohle«. Wie viel Geld dabei fließt, ist nicht bekannt. »Astroturfing« ist der Fachbegriff dafür, wenn Vereine wie dieser den Eindruck erwecken möchten, dass sich die Bürger für etwas stark machen. Dabei ist diese Gegend in der Entscheidung zwischen dringend benötigten Arbeitsplätzen und Umweltschutz tief gespalten. Der Verein arbeitet dabei mit Argumenten, wie sie bereits von Klimaleugnern bekannt sind, indem er die menschengemachte Klimakrise infrage stellt und behauptet, dass in der Wissenschaft kein Konsens herrscht.[57] Der Verein soll mit seiner »kleinen Klimaschule« sogar über den Klimawandel aufklären und erhielt dafür von der brandenburgischen Landesregierung bis 2019 40 000 Euro jährlich.[58] Klaus Freytag, der Lausitzbeauftragte der Landesregierung unter Ministerpräsident Dietmar Woidke (SPD), verteidigte diese Spenden mit dem Hinweis: »Das (Anmerkung: die Klimaleugnungsthesen) müssen wir aushalten.«[59]

Ich kann mir sehr gut vorstellen, dass, wenn wir diese umfassende Systemkrise erst einmal überwunden haben, Vorgehen wie dieses als kriminell erachtet werden. Menschen, die es in der Hand hätten, die Dinge zu ändern, sehen dabei zu, wie der Planet im großen Stil zer-

---

* Vattenfall hat den Tagebaubetrieb in der Region mittlerweile verkauft.

stört wird. Und nur wenige Menschen innerhalb des Systems sprechen sich gegen diese Praktiken aus und handeln entsprechend. Das ist der eigentliche Skandal.

Der Kraftwerksstreit in Datteln steht für mich stellvertretend für die Ignoranz der Konzerne und die dringend nötigen Veränderungen von Managementphilosophien, die längst ausgedient haben. Manche Politiker wie der Ministerpräsident von Nordrhein-Westfalen, Armin Laschet (CDU), lassen sich von den Lobbyorganisationen in die Zange nehmen, denn auch er vertritt die Meinung, das Kraftwerk in Datteln sei ein Beitrag zum Klimaschutz, weil dadurch ältere und größere Dreckschleudern vom Markt verschwinden würden. Die Alt-Kraftwerke, die angeblich ersetzt werden sollen, wurden jedoch bereits 2014 abgeschaltet.[60]

Greenwashing – es lebe die Scheinheiligkeit!

Die Konzerne haben längst erkannt, dass ihren Kunden und Mitarbeitern das Thema Umweltschutz am Herzen liegt und dass daraus Profit zu schlagen ist. Das Problem dabei: Sie möchten auf diesen neuen Zug aufspringen, ohne den anderen Zug zu verlassen, und spielen daher ein doppeltes Spiel mit einer mehr als perversen Doppelmoral.

Uniper, der Kraftwerksbetreiber von Datteln 4, lud am 30.12.2019 zum Wechsel des Jahrzehnts ein Video auf YouTube hoch,[61] in dem sich das Unternehmen äußerst besorgt um unseren Planeten zeigt und sich für grüne Energie und Nachhaltigkeit ausspricht. Uniper möchte offensichtlich sein bisheriges schlechtes Umweltimage loswerden – ist jedoch ein Paradebeispiel für aalglattes »Greenwashing«. Das Video vermittelt den Eindruck, dass Uniper den Wechsel von konventionellen Energien zu grünen Technologien beschleunigen will, während die Lobbyverbände des Unternehmens das genaue Gegenteil zur Aufgabe haben. Als ich meine Meinung in Bezug auf Datteln 4 auf deren YouTube-Kanal deutlich äußerte, musste ich feststellen, dass dort kurze Zeit später die Kommentarfunktion deaktiviert wurde und mein

Kommentar verschwunden war. Transparenz sieht anders aus. Heiße Luft, Vernebelungsaktionen und ein geschicktes Verweben von Tatsachen und Halbwahrheiten ergeben ein unschönes Gesamtpaket, das ausschließlich dazu dient, die Gesellschaft zu manipulieren und sie schlussendlich zu spalten.

Der Begriff »Greenwashing« wurde 1986 von Jay Westerveld geprägt, als er in einem Hotel ein Schild entdeckte, auf dem die Gäste gefragt wurden, ob sie im Zuge ihres Aufenthalts täglich neue Handtücher wünschten oder nicht. Westerveld vermutete hinter diesem Ansatz – der heute in allen Hotels gang und gäbe ist – kein ökologisches Interesse, sondern rein ökonomische Gründe. Heute wird der Begriff »Greenwashing« meist dazu verwendet, um Pseudo-Umweltmaßnahmen zu beschreiben und anzuprangern.

Greenpeace definierte in diesem Zusammenhang vier Kriterien, um zu erkennen, ob es sich bei bestimmten Aktionen von Unternehmen um reines Greenwashing handelt oder ob echtes ökologisches Interesse dahintersteckt:

1) Umweltschädliches Kerngeschäft führen
2) Mehr Investitionen in die Werbung als in den Umweltschutz tätigen
3) Mit Lobbyverbänden gegen Umweltschutz und die entsprechende Gesetzgebung ankämpfen
4) Mit Selbstverständlichkeiten wie der Einhaltung oder der nur minimalen Unterschreitung der gesetzlichen Vorgabe des CO_2-Ausstoßes werben

Natürlich tut man mit Punkt 1) so manchem Konzern, der es mit dem Umweltschutz tatsächlich ernst meint, vielleicht unrecht. Ob es sich um Greenwashing oder echte Initiativen handelt, erkennt man erst an den konkreten Taten und der Gesamtheit der Unternehmenskommunikation – und das zu beurteilen ist gar nicht so einfach. Auch den Mitgliedern der Initiative »Klimaschutz-Unternehmen« wird oftmals Greenwashing vorgeworfen. Die Initiative wurde vom Bundesministerium für Umwelt, Naturschutz und nukleare Sicherheit, dem Bundesministerium für Wirtschaft und Energie sowie dem Deutschen Industrie- und Handelskammertag (DIHK) ins Leben gerufen. Die Mitglieder müssen in einem strengen Aufnahmeprozess ihre Klimaschutzaktivitäten nachweisen und beweisen. Bedauerlich ist, dass weder Energie- noch Automobil- oder Ölkonzerne in diesem Zusammenschluss vertreten sind.

Aldi Süd ist Mitglied und konnte durch die Optimierung der Logistik bereits einiges an CO_2 einsparen. Gleichzeitig hat Aldi Süd Bier in Plastikflaschen im Angebot. Einige Mitarbeiter des Schwesterunternehmens Hofer KG in Sattledt (Österreich) fliegen im Wochenrhythmus nach Düsseldorf, um ihrer Arbeit bei Aldi Süd in Mülheim an der Ruhr nachzugehen. In diesen Bereichen hat das Unternehmen sicherlich noch Optimierungspotenzial. Ich glaube allerdings nicht, dass wir gleich von Greenwashing sprechen müssen, wenn ein Unternehmen seine Umweltaktivitäten noch nicht zu 100 Prozent perfekt ausrichtet. Gerade in Zeiten eines eklatanten Systemwechsels ist es schwierig, in allen Bereichen nachhaltig und sauber zu wirtschaften. Angesichts der heftig tickenden Klima-Uhr ist es erst einmal wichtig, dass so viele Unternehmen wie möglich in diese Richtung agieren. Über den größten Hebel zur Veränderung verfügen die Energiekonzerne. Sie haben gleichzeitig die größte Verantwortung, der sie mit Worten und Taten dringend nachkommen müssen. Pseudoaktivitäten, die unter Greenwashing fallen, werden auf diesem Weg definitiv nicht ausreichen.

Eine Frage der Kommunikation

Es lohnt sich, genauer hinzusehen, was Unternehmen und Lobby-organisationen uns Tag für Tag an »Informationen« servieren. Diese Fragen helfen Ihnen, die Spreu vom Weizen zu trennen.

- Wann könnten Sie das letzte Mal einer Greenwashing-Aktion auf den Leim gegangen sein, ohne es zu merken?
- Auf welche Weise wäre es Unternehmen möglich, angesichts der Klimakrise noch mehr Verantwortung zu übernehmen?
- Was für Argumente könnte man gegen die typischen Industrie-lobby-Verbände bzw. deren Argumente vorbringen?
- Welche leeren Worthülsen haben Sie zuletzt von Politikern und Managern gehört, mit denen diese Fehlentscheidungen aus der Vergangenheit zu rechtfertigen versuchten?

Teil II

BRÜCKEN BAUEN

In Teil I ging es darum, wie manipulative und verantwortungslose Kommunikation auf vielen Gebieten einen Spalt in die Gesellschaft treiben kann. Egal ob in Politik oder Wirtschaft – es entsteht stets eine große Kluft, die zwei Lager gnadenlos voneinander trennt. Sie sind fest entschlossen, gegeneinander anzutreten und sich gegenseitig nichts zu schenken. Mit manipulativen Mitteln rücken sie aus, um die Bevölkerung für ihre jeweilige – allein gültige – Agenda zu gewinnen. Und die Menschen? Sie laufen Gefahr, einem eklatanten Trugschluss zu erliegen. Ich möchte im Folgenden aufzeigen, was dieser Trugschluss bewirkt; und ich möchte das Bewusstsein dafür stärken, wie wir alle durch eine individuelle, verantwortungsvolle Kommunikation Brücken bauen können.

Verantwortungsvolle Kommunikation führt letztlich zu verantwortungsvollem Handeln, und nur dieses kann die Gesellschaft insgesamt weiterbringen. Rückblickend ist stets klar erkennbar, wer in früheren Epochen verantwortungsvoll kommuniziert hat. Es waren Führungspersönlichkeiten wie Martin Luther King und Nelson Mandela, die die Zeichen ihrer Zeit klar erkannten und immens zur Entwicklung einer mehr und mehr geeinten Gesellschaft beitrugen. Nun kann oder will natürlich nicht jeder die große Bühne betreten, um sich Gehör zu verschaffen und zum Einigungsprozess beizutragen. Doch das ist auch nicht nötig. Wichtig ist, zu erkennen, was »verantwortungsvoll kommunizieren« bedeutet und wie es funktioniert – und darauf basierend Botschaften achtsam und verantwortungsvoll zu teilen. Das kann jede Bürgerin und jeder Bürger. Aus meiner Sicht ist es eine der wichtigsten Aufgaben, manipulative Botschaften und Fake News zu erkennen und ihnen keine Bühne zu bieten. In diesem Sinne: Lassen Sie uns Brücken bauen!

6.

Wozu das alles? – Warum sich Reflexion lohnt

Reflektieren bedeutet, Sachverhalte bewusst aus anderen Blickwinkeln und auf anderen Ebenen zu betrachten und die gewonnenen Erkenntnisse ernst zu nehmen.

Unter den Menschen, die viel Verantwortung tragen und in der Öffentlichkeit stehen, sticht Joe Kaeser, der CEO von Siemens, besonders hervor. Das Unternehmen ist wegen seiner Vorreiterrolle bei der Erzeugung von Kraftwerkskomponenten durchaus scharfer Kritik ausgesetzt. Doch es »versteckt« sich zumindest nicht vor den relevanten Fragen unserer Zeit. Kaeser selbst ist, zum Beispiel infolge seiner Äußerungen über die AfD oder die Seenotrettung, schon oft deutlich von den Aktionären des Unternehmens kritisiert worden. Seine Kritiker meinen, ein CEO sei den Kapitalgebern verpflichtet und solle sich ausschließlich seiner unternehmerischen Aufgabe widmen. Doch darf sich jemand tatsächlich nicht mehr frei äußern, nur weil er eine bestimmte Position innehat? Ich finde, dass gerade die Menschen, die aufgrund ihrer exponierten Stellung in der Gesellschaft verstärkt gehört werden, jederzeit frei und ohne jegliche Skrupel ihre Meinung äußern sollten. Auch wenn sie Industriekapitäne sind. Gerade wenn sie Industriekapitäne sind. Kaeser geht hier mit gutem Beispiel voran und setzt sich persönlich für Klimainitiativen ein. Siemens hat sich den Klimaschutz auf die Fahnen geschrieben und möchte bis 2030 klimaneutral sein.[62] Die junge Generation hört und sieht beobachtend zu und nimmt Kaeser bereits beim Wort. Da lohnt sich ein genauer Blick!

Geschichte vom Brückenbau: Wenn es zur Chefsache wird

2019/20 wüteten in Australien mehrere Monate lang die schlimmsten Buschbrände, die das Land je erleben musste. Sie breiteten sich über eine Fläche von etwa 107 000 Quadratkilometern aus[63], rund 2000 Häuser brannten ab[64] und viele Menschen verloren ihr Zuhause. Das Paradoxe: In einem Land, in dem Klimakatastrophen schon immer am stärksten spürbar waren, ist eine rechtskonservative Regierung an der Macht, die die Klimakrise weiterhin leugnet[65] und sich für die Kohle- und Bergbauindustrie stark macht. So wurde das umstrittene Kohlebergwerk »Carmichael Mine« der indischen Adani-Unternehmensgruppe bewilligt, das bis zu 60 Millionen Tonnen Kohle pro Jahr aus der gleichnamigen Mine fördern kann. Der Bau des Kohlebergwerks hat bereits begonnen und es wird eines der größten Bergwerke dieser Art sein. Zum Vergleich: Das erwähnte deutsche Steinkohlekraftwerk Datteln 4 kann 8000 Tonnen Kohle pro Tag verbrennen. Das entspricht insgesamt 2,92 Millionen Tonnen pro Jahr. Mit der in »Carmichael Mine« gewonnenen Kohle könnte Datteln 4 also mehr als 20 Mal betrieben werden! In Australien wurde mehr als zehn Jahre lang gegen das Projekt demonstriert. Vergeblich.

Um die produzierte Kohle auf dem Schiffsweg nach Indien zu transportieren, müssen außerdem 189 Kilometer Schienen zum Hafen Abbot Point verlegt werden.[66] Es handelt sich dabei um 500 Schiffsladungen jährlich, die über 60 Jahre lang durch das Great Barrier Reef verschifft werden.[67] Und hier kommt Siemens ins Spiel. Das Unternehmen stellt nicht nur Infrastruktur für Kraftwerke her, sondern auch Signalanlagen für Zugstrecken. Die erforderliche Technik für die Gleisanlagen des umstrittenen australischen Kohlebergewerks soll von Siemens geliefert werden. Da dieses Projekt mit der geplanten Klimaneutralität des Konzerns absolut unvereinbar ist, sieht er sich heftigster Kritik ausgesetzt. Fridays for Future erinnerte Siemens an seine klimatechnische Verantwortung und forderte den Konzern auf, diese Projektbeteiligung aufzugeben. Joe Kaeser hat sich diese Kritik zu Herzen genommen und das Projekt zur Chefsache gemacht. Am 15. Dezember 2019 twitterte er:

> »I want to thank everyone for reaching out on the #Adani project in Australia. I was not aware of and take your concerns seriously. I will diligently look into the matter and get back to you soon. @Siemens view & decision may or may not change. But you deserve an answer.«[68]

Das Posting wurde von ihm angepinnt, sodass es auf seinem Twitter-Account (@joekaeser) über einen Monat lang als erstes sichtbar war. Fridays for Future hatte den Druck auf die Unternehmensleitung derart erhöht, dass sich Joe Kaeser entschied, die Klimaschutzaktivistin Luisa Neubauer zum Gespräch einzuladen. In der Woche vor diesem Gespräch organisierten die Anhänger der Fridays-for-Future-Bewegung 40 Demonstrationen gegen diesen Siemens-Auftrag, versendeten 70 000 E-Mails an den Konzern und sammelten im Rahmen einer Petition 60 000 Unterschriften.[69] Das Gespräch zwischen Kaeser und Neubauer fand am 10. Januar 2020 statt. Neubauer erklärte nach dem Treffen, dass Joe Kaeser über die desaströsen Konsequenzen der Kohleförderung durch die Adani-Mine Bescheid wisse. Kaeser sei klar, dass die Emission aus dieser Mine im schlimmsten Fall das Ziel gefährden könnte, die Erderwärmung auf maximal zwei Grad zu begrenzen, und dass die Auswirkungen auf die Umwelt absolut zerstörerisch seien. Laut Neubauer hatte Joe Kaeser zugegeben, dass es ein Fehler war, diesen Vertrag zu unterzeichnen.[70]

Als Resultat dieses Meetings bot Joe Kaeser Luisa Neubauer ein Aufsichtsratsmandat im Unternehmen Siemens Energy an, um ihr Einblicke in die Geschäftswelt zu ermöglichen und sie aktiv mitgestalten zu lassen. Ein schlauer Schachzug! Neubauer lehnte das Angebot mit der

Begründung ab, diese Tätigkeit lasse sich mit ihrer Rolle als Klima-
aktivistin nicht vereinbaren. Sie bot im Gegenzug an, für diese Position
jemanden aus der Bewegung Scientists for Future vorzuschlagen. Dies
wiederum wurde von Siemens abgelehnt.[71]

Ich schreibe diese Zeilen exakt acht Stunden nachdem sich Sie-
mens in einer außerordentlichen Vorstandssitzung entschieden hat,
das Adani-Projekt fortzuführen und die Gleisanlagen zu liefern. Das
Unternehmen möchte, so die Begründung, weiterhin als verlässlicher
Partner gelten. Ich bin überzeugt, dass sich Siemens diese Entscheidung
nicht leichtgemacht hat, denn in diesem hoch brisanten Fall standen
die Stakeholder-Interessen und die Interessen der globalen Community
in einem krassen Gegensatz zueinander. Siemens weiß, dass sich die
Demonstranten ein anderes Ergebnis erhofft hatten und die Protest-
bewegung ein neues Level erreichen wird. Die Stellungnahme von Joe
Kaeser dazu finden Sie in einem 1777 Wörter langen Statement.[72]

Durch den Dialog einen Brückenpfeiler setzen

Vielleicht wundern Sie sich, dass diese Geschichte hier so ausführlich
erzählt wird, noch dazu in dem Teil, der sich mit dem Thema Brückenbau und der Wichtigkeit von Dialogen beschäftigt. Siemens hat
sich doch schließlich dazu entschlossen, alle Protestsignale zu ignorieren und das höchst umstrittene Projekt wie vereinbart zu beliefern.
Ich persönlich glaube Joe Kaeser, wenn er sagt, dass er von diesem
Projekt nichts wusste, weil der Vertrag von Prokuristen unterschrie-
ben wurde (Aufträge dieser Größenordnung benötigen bei Siemens
keine Unterschrift des CEO). Ich glaube Kaeser auch, dass er diese
Entscheidung bereut und dass er, wäre es sein eigenes Unternehmen
gewesen, anders gehandelt hätte. Wie auch immer die Situation zustande kam, solche Fehler passieren in Konzernen häufig. Allerdings
geben nur wenige Unternehmen diese Fehler offen zu. Die meisten
breiten stattdessen den Mantel des Schweigens über die kritischen Tatsachen aus und forcieren eine Außendarstellung, die nur das Positive

zulässt. So arrangieren sich leider viele Unternehmen ihr Weltbild, wie es ihnen gerade in den unternehmerischen Kram passt. Man denke nur an den CEO von Uniper mit seinem Projekt Datteln 4.

Einen Fehler offen zuzugeben, ist der erste wichtige Schritt in Richtung Brückenbau. Siemens hat, so sehe ich es, in diesem Konflikt den ersten Brückenpfeiler exemplarisch und mutig eingeschlagen. Das Unternehmen stand schließlich vor der Wahl zwischen Pest und Cholera: entweder (mit dem Erfüllen des Vertrages) ein riesiges Glaubwürdigkeitsproblem in Sachen Klimaengagement riskieren oder (im Fall eines Rückzugs) die Stakeholder und Kunden an der Zuverlässigkeit des Unternehmens zweifeln lassen. Keine leichte Entscheidung. Ich finde: Es ist ein Zeichen von Stärke und Charakter, ein solches Thema zur Chefsache zu machen, sich in den offenen Dialog zu begeben und mit der eigenen Person für diese folgenreiche Entscheidung zu stehen.

Denn dadurch wurde der bereits vorhandene Graben zwischen Siemens und den Klimaaktivisten noch tiefer und die Protestbewegung gewann an Stärke. Eine Brücke, die diese Gräben verbindet, ist nicht in Sicht. Doch Joe Kaeser hat durch sein transparentes und selbstkritisches Verhalten und das Angebot zum Dialog zumindest einen ersten wichtigen Brückenpfeiler eingeschlagen. Und das lässt hoffen.

Die nachfolgende Aussage der Siemens-Führung darf man, wie ich finde, jedoch so nicht stehen lassen: »Bei dem Projekt boten auch Wettbewerber an. Demnach geht das Projekt weiter, auch wenn wir die Anlage nicht liefern« (aus dem Englischen übersetzt). Das ist ungefähr so, als arbeite man als Geldeintreiber für eine dubiose Organisation, mit dem Hintergedanken: Wenn ich es nicht mache, würde es jemand anderes tun. Mit Sicherheit hätte Adani im Fall einer Absage einen anderen Lieferanten für die Schienenanlage gefunden und von Siemens Schadenersatz gefordert (doch diese Ausgabe hätte das Unternehmen sicherlich verkraftet). Interessant dabei ist, dass Wettbewerber wie Alstrom oder Hitachi zusammen mit 60 anderen Unternehmen, darunter Banken und Versicherungen, eine Beteiligung am Kohleprojekt Adani explizit ausgeschlossen hatten![73]

Dass sich ausgerechnet ein Unternehmen wie Siemens, das im

Kraftwerkssektor tätig ist, für die Umwelt einsetzt, ist löblich. Mir gefallen die Anstrengungen, die der Konzern unternimmt, um in diesem Bereich voranzukommen. Mehr ist natürlich immer möglich. Joe Kaeser gab in seiner Stellungnahme selbst zu:»Ich weiß, wir sind weit weg von perfekt. In Bezug auf das Projekt hätten wir es vorher besser wissen sollen« (aus dem Englischen übersetzt). Und hier schließt sich der Kreis zu dem, was ich in Kapitel fünf bereits beschrieben habe: Besser viele Unternehmen, die sich (noch) nicht perfekt für das Klima einsetzen, als weniger Unternehmen, die sich gar nicht dafür einsetzen. Bei Siemens ist das Umdenken jedenfalls schon im Gange.

Um einen Fehler wie die Adani-Beteiligung nicht zu wiederholen, führte das Unternehmen ein Nachhaltigkeitskomitee mit externen Mitgliedern ein, das die Ohren auch am Puls der jungen Generation hat. Es soll dazu beitragen, dass Umweltbedenken weit früher als bisher geprüft werden können. Ob es sich dabei um Greenwashing oder um eine wirkungsvolle Maßnahme handelt, wird sich zeigen. Reflektiert und verantwortungsvoll handeln bedeutet, nicht erst auf den Widerstand einer Umweltorganisation oder einer anderen NGO zu reagieren, sondern Aspekte, die die gesamte Gesellschaft betreffen, von Beginn an mit zu berücksichtigen. Wir dürfen hoffen, dass sich die Maßnahmen von Siemens bald als ein weiterer, wichtiger Brückenpfeiler entpuppen.

Die Entscheidung von Joe Kaeser hat auf jeden Fall einen hohen symbolischen Wert für ähnliche künftige Konflikte – und genau deshalb ist sie so wichtig. Sie hat jedoch leider auch andere Konzerne darin bestärkt, sich nicht von Klimaaktivisten einschüchtern zu lassen. Ich hoffe jedoch, dass das letzte Wort in der Sache noch nicht gesprochen ist. Würden sich Konzerne wie Siemens zukünftig gegen Projekte wie das Adani-Kohlebergwerk entscheiden, könnte dies zu einem Umdenken in den Vorstandsetagen anderer Unternehmen führen. Das wäre höchst wünschenswert und ein starkes Zeichen des Brückenbaus!

Brückenbau ohne Doppelmoral

Im Rahmen des Carmichael-Mine-Projekts sollen laut Adani 1500 direkte und 6750 indirekte Jobs entstehen, die sicherlich im Zuge der Automatisierung auch in naher Zukunft wieder abgebaut werden.[74] Wenn man sich schon unbedingt mit neu geschaffenen Arbeitsplätzen profilieren möchte, warum werden dann nicht Jobs geschaffen, die längerfristig Bestand haben und zukunftsfähig sind? Auf dem Sektor der erneuerbaren Energien arbeiten bereits jetzt schon viel mehr Menschen als im Bereich der fossilen Energie. Das würde erst recht dafür sprechen, eher in nachhaltige Projekte zu investieren als in andere. Man könnte mit der Argumentation von Adani ja auch 6750 Jobs durch Drogenhandel schaffen, wenn man wollte – nur, will man das? Das ist moralisch höchst verwerflich und kann nicht das Ziel sein. Millionen von Menschen würden durch den vermehrten Missbrauch von Drogen zu Schaden kommen – genauso wie Menschen durch die langfristigen Klimafolgen des Adani-Projekts zu Schaden kommen werden.

Bei jedem Systemwechsel verändert sich auch die Art der Arbeitsplätze. So werden in Zukunft Jobs entstehen, von denen wir heute noch gar nichts wissen, und andere, die nicht mehr zeitgemäß sind, weil ihr Fortbestehen beispielsweise einen großen Schaden für das Klima zur Folge hätte, werden verschwinden. Reflektiert handeln bedeutet auch, sich diese Tatsachen einzugestehen. Diese »schädigenden« Arbeitsplätze müssen nicht um jeden Preis erhalten werden, sie dürfen, ja sie müssen verschwinden. Man sollte sie aber vorausschauend durch neue Arbeitsplätze in förderungswürdigen Bereichen ersetzen, damit die betroffenen Arbeitnehmer auch in Zukunft sinnvoll eingesetzt werden und ein würdevolles Leben führen können. Heute gibt es ja, überspitzt formuliert, auch keine Laternenanzünder oder Rattenfänger mehr – weil wir uns als Gesellschaft weiterentwickelt haben und diese Jobs nicht mehr nötig oder erwünscht sind. Wir werden uns ganz sicher auch im Hinblick auf die Klimakrise weiterentwickeln und ein Gesellschaftsmodell finden, im Rahmen dessen nachhaltiges Handeln und Arbeiten belohnt wird.

Eines muss uns klar sein: Verschiedene Interessen werden immer wieder in Konflikt zueinander stehen, aber gerade beim Brückenbau darf es keine Doppelmoral geben. Auf der einen Seite sehen wir die Konzerne, die sich ihr eigenes Weltbild sorgfältig zurechtlegen und sich mit ein paar windigen Floskeln aus der (Klima-)Affäre ziehen möchten. Auf der anderen Seite sehen wir Konzerne, die Fehler zugeben, Verantwortung übernehmen und immer versuchen, die nachhaltigste Lösung zu finden. Für uns als Gesellschaft ist es wichtig, zu erkennen, wie dieser gesellschaftliche Spalt zustande kam, welche Weltbilder miteinander in Konflikt stehen – und vor allem festzustellen, wo sich jeder von uns selbst befindet! Ist man in einer Bubble gefangen oder nicht?

Dialog ist dabei die Basis des ersten Brückenpfeilers. Der offene Dialog kann auch in anderen Zusammenhängen ein gutes Mittel sein, beispielsweise wenn es um Diskriminierung, Hass oder Hetze geht. Man sollte sich jedoch mit diesen brisanten Themen nicht erst dann auseinandersetzen, wenn das Fass bereits am Überlaufen ist und dadurch der öffentliche Druck steigt. Das muss sehr viel früher geschehen! Es gilt, das jeweilige »Issue« rechtzeitig abzufangen, bevor es sich zur veritablen Krise ausweitet. Das entspricht verantwortungsvollem, vorausschauendem Verhalten, es erspart Organisationen und Konzernen aufwendige Krisenkommunikation und erhält vor allem deren Glaubwürdigkeit.

Die Stimme der Aktionäre

Selbstverständlich müssen Konzerne ihren Shareholdern Rechenschaft ablegen. Ihre Aufgabe ist es nun einmal, für diese Gewinn zu erzielen. Diese Tatsache machte die Entscheidung für Siemens sicher nicht einfacher. So schrieb Siemens in seiner Stellungnahme: »Wir machen auch Profite für unsere Shareholder – bevorzugt für jene, die unsere Langzeit-Vision, wie man unternehmerisch verantwortungsvoll handelt, teilen.« Profit als Rechtfertigung für alles?

Tatsächlich agieren die meisten Konzerne so, als wären sie ausschließlich ihren Shareholdern verpflichtet und ihr einziger Zweck bestünde darin, Geld zu verdienen. Die moralischen Fragen unserer Zeit, und damit meine ich hauptsächlich den Umweltschutz, sind scheinbar zweitrangig. Doch auch Shareholder sind »die Gesellschaft«. In einer tief gespaltenen Gesellschaft finden sich mit Sicherheit beide Ansätze – der profitorientierte, aber auch der nachhaltig orientierte – unter den Shareholdern. Warum scheint dann doch immer der Profit das oberste Ziel zu sein? Ganz einfach, weil die Beteiligungen an diesen Unternehmen meist über Fonds, wie zum Beispiel Pensionskassen oder Rentenversicherungen erfolgen – deren reiner Zweck es ist, Kapital zu vermehren.

Die meisten investitionswilligen Menschen sind überzeugt, dass sie auf die Wahl des Portfolios keinen Einfluss nehmen können. Doch das ist nur bedingt richtig. Bei Interesse lässt sich durchaus herausfinden, ob ein Investment den persönlichen Werten entspricht. Auf  der Plattform *www.cleanvest.org* kann jeder prüfen, ob ein Investment sich beispielsweise um den Artenschutz sorgt und auf Beteiligungen in den Feldern Waffen, Atomenergie, Öl & Gas oder Kohle verzichtet. Darüber hinaus können Investoren auf dieser Plattform angeben, ob etwa grüne Energie oder Bildung ein wichtiges Auswahlkriterium sein soll. So haben Anleger doch eine Möglichkeit, das Geschehen eigenverantwortlich mitzubestimmen.

Es steht jedem frei, seine Investmententscheidungen intensiv zu reflektieren und die Frage nach dem persönlichen »Warum« und »Wozu« zu beantworten. Wenn als Resultat dieser Reflexion feststeht, in welchen Bereichen man Teil des Systems ist, kann man beginnen, den Status quo durch zukünftige Investitionen in mehr Nachhaltigkeit zu verändern. Verstehen Sie mich bitte nicht falsch, ich will hier keine Investmentempfehlung abgeben, bin aber fest davon überzeugt, dass Nachhaltigkeit langfristig mehr Gewinn bringen wird. Und ein Investment in die Zukunft sollte ohnehin immer langfristig gedacht sein – alles andere ist reines Zocken.

Wer als Anteilseigener auch ein Stimmrecht besitzt, wie das beispielsweise bei Stammaktien der Fall ist, kann dieses Recht ausüben und bei der Aktionärs-Hauptversammlung mitbestimmen.* Ja, es ist nur *eine* Stimme, aber Sie finden unter den restlichen Aktionären mit Sicherheit Gleichgesinnte und werden dadurch stärker. Im Fall von Uniper oder Siemens wäre es durch ein geeintes Vorgehen vielleicht möglich, den Vorstand nicht zu entlasten und dadurch indirekt dem Handeln in der Vergangenheit seine Zustimmung zu verweigern. Um dem noch mehr Gewicht zu verleihen, könnten Sie Ihr Stimmrecht auch an die »kritischen Aktionäre« (*www.kritischeaktionaere.de*) de-

legieren.[75] Es handelt sich dabei um eine Gruppe von Aktionären, die sich für nachhaltiges Wirtschaften, Kohleausstieg und Menschenrechte einsetzen und die es gewohnt sind, sich auf wichtigen Hauptversammlungen kritisch zu Wort zu melden.

Wenn Sie der Meinung sind, dass ein bestimmter Konzern sich seine Werte betreffend noch im Mittelalter befindet, können Sie dadurch ohne große Mühe den Druck erhöhen. Durch dieses Vorgehen tragen Sie und im Idealfall viele andere zu einem weiteren Brückenbau bei. Nachhaltiges Wirtschaften stünde dann irgendwann nicht mehr im Konflikt mit den Interessen der Shareholder.

Konzernen wird oft vorgeworfen, dass nachhaltiges Wirtschaften ganz unten auf ihrer Liste steht und der Erfolg nur daran gemessen wird, wie hoch der Gewinn für die Aktionäre ist. Führungskräfte wiederum werden von den Aktionären belohnt, indem der Bonus anhand des Shareholder-Values bestimmt wird, also über den Aktien- bzw. den Unternehmenswert. Die erwähnten Beispiele zeigen, dass sich Aktionäre sehr wohl kritisch äußern und nachhaltiges Wirtschaften einfordern können. Aktionäre sind wie gesagt schließlich ebenfalls Teil der Gesellschaft und, so hoffe ich, damit meist an einer langfristig sinnvollen Investition interessiert.

Sie sehen: Wenn Sie ein aktiver Teil des Brückenbaus sein wollen, dann haben Sie in Ihrer Rolle als Wähler, Mitarbeiterin, Kunde, Kon-

---

* Nicht aber bei Vorzugsaktien, diese werden bei der Ausschüttung bevorzugt behandelt, enthalten jedoch kein Stimmrecht. Im Falle einer Unternehmensübernahme sind für den Käufer jedoch Stammaktien interessant, da man mit diesen die Richtung des Unternehmens mitbestimmen kann.

sumentin, Führungskraft oder Investorin mehr Möglichkeiten, als Sie vielleicht denken. Voraussetzung dafür ist allerdings immer die intensive Beschäftigung mit einer bestimmten Situation oder einem bestimmten Sachverhalt. Nach dem Abschluss Ihrer Überlegungen können Sie eine fundierte Entscheidung dafür oder dagegen treffen. Die folgende Geschichte ist ein gutes Beispiel für diese Freiheit des Denkens und Handelns, die uns jederzeit zur Verfügung steht – wir müssen es nur wollen.

Geschichte vom Brückenbau: Verantwortungsvolles Handeln anmahnen

Eine Freundin, nennen wir sie Miriam, ist Juristin und suchte vor einiger Zeit einen neuen Job. Im Zuge ihrer Onlinerecherchen stieß sie auf eine Stelle, die wie für sie geschaffen schien. Position, Verant-wortungsbereich, Anforderungen – alles passte perfekt. Miriam bewarb sich jedoch nicht, da es sich um ein Unternehmen der Kunst-stoff-Verpackungsindustrie handelte und sie die Vermüllung des Planeten nicht unterstützen und schon gar nicht juristisch verteidigen wollte. Einige Wochen später kam ein Headhunter auf sie zu, der sie für ein renommiertes Unternehmen anwerben wollte. Wie in solchen Fällen üblich, wurde der Name des Unternehmens erst im zweiten Gespräch genannt. Und siehe da – es handelte sich um die Position bei dem Verpackungsunternehmen. Miriam wollte die Gespräche sofort abbrechen, aber der Headhunter überzeugte sie davon, dass das Unternehmen sich der Nachhaltigkeit verpflichtet hätte und dem Aspekt Recyclingfähigkeit höchste Priorität eingeräumt würde. Da auch die Website des Konzerns und alle Unternehmensbroschüren diesem Gedanken entsprechend formuliert waren, stimmte Miriam einem persönlichen Termin mit der Unternehmensleitung zu. Die Gespräche verliefen äußerst positiv, der Nachhaltigkeitsgedanke schien in dieser Organisation tatsächlich eine tragende Rolle zu spielen. Miriam konnte dieser Haltung viel abgewinnen und beschloss, ihre

Fähigkeiten in den Dienst der »guten Sache« zu stellen. Sie nahm das Angebot an.

Nach sechs Monaten im Unternehmen wusste sie, dass sie einem perfekt inszenierten Märchen aufgesessen war. Die Nachhaltigkeits-bemühungen dieses Unternehmens fanden nur auf dem Papier und in den Köpfen der Unternehmensleitung statt. Miriam sprach ihre Vor-gesetzten und vor allem die HR-Abteilung darauf an und mahnte das öffentlich kommunizierte verantwortungsvolle Handeln auch in den Prozessen des Unternehmens an. Es gab halbherzige Commitments, aber im Grunde blieb es bei den bisherigen Abläufen. Nach neun Monaten kündigte Miriam. Die ausgezeichnete Bezahlung und ein sicherer Arbeitsplatz waren für sie von geringerer Bedeutung als ihre persönlichen Werte. An dieser augenscheinlichen Spaltung des Unter-nehmens, das eine klare Gesinnung von »Mehr Schein als Sein« lebte, wollte sie nicht weiter teilhaben. Heute arbeitet sie als Juristin in einem Unternehmen, in dem Versprechen auch Taten folgen und keine bloßen Greenwashing-Aussagen darstellen. Denn auch solche Unternehmen gibt es, man muss sie nur finden wollen.

Sie sind gefragt – auf in die Reflexion

Diese Geschichte zeigt uns, dass niemand seine persönlichen Moral-vorstellungen und Werte beim Eintritt in ein Unternehmen aufgeben sollte. Gibt ein Unternehmen ein Nachhaltigkeitsversprechen ab – egal in welchem Bereich –, sind die Mitarbeiter aufgerufen, dieses Verspre-chen tagtäglich mitzutragen und entsprechende Maßnahmen einzu-fordern, sollte es nicht in jeder Hinsicht eingehalten werden. Ich kann nur alle Menschen, die sich am Brückenbau beteiligen wollen, drin-gend dazu auffordern, in dieser Hinsicht persönliche Verantwortung zu übernehmen und, wenn notwendig, auch drastische Schritte zu unternehmen, so wie es Miriam couragiert getan hat. Miriam spürte in diesem Unternehmen die persönliche Verantwortung für das The-ma Umweltschutz deswegen so stark, weil Verpackungen nachweislich einen großen Teil der Ozeanverschmutzung ausmachen. Sie musste diese Entscheidung einfach treffen, um nicht ein Teil des Systems zu werden, das diese Verschmutzung verursacht.

Wir alle können unser Scherflein dazu beitragen, ein Teil des Wandels in Richtung einer geeinten Gesellschaft zu sein. Einer Tatsache sollten wir uns dabei bewusst sein: Von selbst wird sich nichts verändern, denn in der Politik gelten thematische und zeitliche Horizonte meist nur bis zur nächsten Wahl. Bei der österreichischen Nationalratswahl 2017 waren die Wahlstrategen auf das Thema Flüchtlingskrise aufgesprungen. Im Herbst 2019 erlebten wir das Aufspringen auf den Zug der Klimakrise. Die globale Erwärmung ist jedoch schon seit 30 Jahren ein brennendes Thema!

Immer noch verschließen sich viel zu viele Politiker der Wahrheit, sie zeigen wenig Mut und geben angesichts der ihnen Kontra gebenden Lobbyisten klein bei. Ich finde in diesem Zusammenhang eine Aussage des mittlerweile emeritierten Hochschullehrers und ehemaligen Präsidenten des ifo Instituts für Wirtschaftsforschung, Hans-Werner Sinn, sehr einprägsam. Der Ökonom war oft in beratender Funktion für Regierungen tätig. Er ist der Meinung, dass es wenig erfolgversprechend ist, Politiker über Missstände zu informieren, denn diese interessierten sich nicht für die entsprechenden Antworten. Aus seiner Sicht muss vielmehr die Bevölkerung informiert werden, denn diese gibt den Politikern erst den Auftrag zum Regieren.

Sie sind also gefragt! Reflektieren Sie, bilden Sie sich Ihre Meinung, indem Sie das Thema aus unterschiedlichen Perspektiven betrachten, und handeln und kommunizieren Sie vor allem entsprechend.

Eine Frage der Kommunikation

Wir haben, sei es im Job oder als Anteilseigner, viel mehr Möglichkeiten der Mitsprache und der Einflussnahme, als wir denken. Finden Sie heraus, was Sie tun können, um Verantwortung zu zeigen.

- Wie können Sie in Ihrem Unternehmen und in Ihrer individuellen Rolle Verantwortung für die wichtigen Fragen unserer Zeit übernehmen?
- Welche weiteren Mittel, mit denen Sie Brücken bauen können, stehen Ihnen in Ihrem privaten wie beruflichen Umfeld zur Verfügung?
- Wie kann man aus Ihrer Sicht die verschiedenen Interessen, die eine Spaltung der Gesellschaft herbeiführen könnten, in Einklang bringen?

7.

Kommunikative Stützpfeiler – andere besser verstehen

Brückenbau erfordert viel Geduld und – mehr noch – Verständnis für die andere Seite. Offenheit und der Wille zum Zuhören tragen dazu bei.

In Kapitel fünf habe ich mich deutlich für eine Wirtschaft und Politik ausgesprochen, die sich verstärkt für Klimaschutz einsetzt, damit das Zwei-Grad-Ziel vielleicht doch noch erreicht wird. Auch wenn es im Moment nicht danach aussieht. Der größte Feind der aktuellen Klimabewegung sind eindeutig diejenigen Unternehmen, die grundsätzlich ein klimaschädliches Geschäft betreiben, wie die klassischen Automobil- oder Energiekonzerne. Die Klimabewegung stößt in manchen Teilen der Gesellschaft auf starken Widerstand. Das gilt auch für die Gewerkschaften, deren wichtigste Mission darin zu bestehen scheint, jegliche Art von Arbeitsplätzen zu erhalten, egal welche Auswirkungen auf die Umwelt damit verbunden sind. Ich habe mir oft die Frage gestellt, ob es moralisch korrekt ist und einen Akt verantwortungsvoller Kommunikation darstellt, die Jobs in den genannten Bereichen zu verteidigen. Und wie verhält es sich mit den Menschen, die dort tätig sind? Wie kann man einen Job ausüben wollen, der mit dafür sorgt, unseren Planeten ins Verderben zu stürzen? Eine Antwort auf diese Fragen habe ich gefunden, als ich mir das »Steigerlied« angehört habe,

das anlässlich der Schließung der letzten Zeche in Deutschland gesungen wurde. Dieses Video[76] hat mich tief berührt: *https://www.youtube.com/watch?v=HUhwJJxpFGY*

Geschichte vom Brückenbau: Schicht im Schacht

Das Steigerlied ist das Volkslied der Bergleute und hat in manchen Regionen den Status einer Hymne. Insbesondere im Ruhrgebiet ist das Lied allseits bekannt. Dort wurde im Dezember 2018 im Bergwerk Prosper-Haniel feierlich das letzte Stück Kohle zu Tage gebracht. Dieses Stück wurde Bundespräsident Frank-Walter Steinmeier von einem Bergarbeiter mit Stolz und Demut übergeben. Auch der ehemalige EU-Kommissionspräsident Jean-Claude Juncker war bei dieser Zeremonie anwesend. Jedem einzelnen Bergarbeiter wurde Respekt gezollt und man sprach allen Anerkennung für ihren Einsatz zum Wohle Deutschlands aus. In seiner Rede würdigte Steinmeier die Leistungen der Bergleute und dankte ihnen für die harte und schmutzige, vor allem aber auch gefährliche Arbeit unter Tage. Das letzte Stück Kohle symbolisiere ein Stück der Geschichte Deutschlands und den Beginn des Wiederaufbaus 1945, ergänzte er.

Danach stimmten die Bergleute und alle anwesenden Gäste das Steigerlied an. Die meisten hatten Tränen in den Augen, denn an diesem Tag gaben sie einen großen Teil ihrer Identität ab. Diese war geprägt von Zusammenhalt und Solidarität. Eine Epoche, die mehr als 150 Jahre angedauert hatte und in der ganze Generationen im Bergbau tätig waren, ging an diesem Tag zu Ende. Der Bergmann Holger Kenda wurde in den Wochen während und nach der Schließung von einem Fernsehteam begleitet[77] und erzählte in dem Beitrag von seinen 33 Jahren im Bergbau.[78] Er schilderte die Schließung als ein sehr schwieriges emotionales Ereignis, das vor allem von der Frage »Wie geht es weiter?« geprägt war. Kenda beschreibt, wie sehr diese Arbeitsstätte ihm und seinen Kumpeln Lebensinhalt und Berufung war und dass die meisten sich keine andere Arbeit vorstellen könnten. In der Fortsetzung der

Reportage, einige Wochen nach der Schließung der Zeche, befand sich Holger Kenda im Vorruhestand. Sehr berührend schilderte er, dass aufgrund seines physischen Zustandes nach so vielen Jahren unter Tage eine andere Arbeit für ihn gar nicht mehr möglich war. Er zeigte den Zuschauern auch, was mittlerweile mit der Zeche Lohberg, nur 13 Kilometer von Prosper-Haniel entfernt und schon seit längerer Zeit geschlossen, geschehen war. Anstelle des Kraftwerks wurde ein Freizeitgelände mit Windrädern und einem Park errichtet, um erneuerbare Energien zu erzeugen. Wo vormals Asche und Steine herrschten, erstreckte sich nun eine grüne Oase.

Ein weiteres Beispiel einer solch positiven Transformation ist die Zeche Ewald, nahe Prosper-Haniel gelegen. Dort wurden ein Gewerbepark und ein Revuetheater angesiedelt, beides begrünt und umgeben von einem Wasserband. Was für eine schöne Lösung, die Bauwerke von damals und gleichzeitig auch das Erbe der Region auf diese Weise zu erhalten! Heute wird das ehemalige Bergwerksgebiet durch Unternehmen und ihre Mitarbeiter und sogar durch Künstler neu und inspirierend entwickelt und lebt so auch im Herzen der Bergleute als lebendiges Konstrukt weiter. Danach gefragt, wie die Bergleute auf die Klimakrise und die dadurch notwendigen Maßnahmen, zum Beispiel die Schließung von Bergwerken, reagierten, lautete ihre Antwort: Sie wollen keine Verhinderer sein, sondern möchten die Zukunft aktiv mitgestalten.

Mir ist zwar klar, dass die Zechen vor allem aufgrund ihrer geringen Wirtschaftlichkeit geschlossen wurden, doch zeigt sich darin auch eine andere, positive Seite der Klimabewegung. Diese Bergleute, die direkt betroffen sind und durch diese Maßnahmen ihre bislang sicheren Arbeitsplätze verlieren, sind wohlgemerkt nicht diejenigen, die sich gegen die Klimabewegung stellen. Sie sind nicht auf Konfrontation oder Konflikte aus. Sie laufen nicht auf Demos und sie sind auch nicht Teil der mächtigen Lobbyorganisationen, die alte Geschäftsmodelle vehement verteidigen. Bei diesen Menschen stehen die Solidarität und der Zusammenhalt im Vordergrund. Sie möchten jedoch eine Perspektive geboten bekommen. Diese Menschen arbeiten meist seit Generationen im Bergbau, und ihre Identität ist mit ihrem Beruf eng verbunden. Sie verdienen eine Brückenperspektive. Durch den Respekt, der den Bergleuten in der gemeinsamen Zeremonie gezollt wurde, ist definitiv eine Brücke entstanden. Diese Geschichte stellt für mich ein eindrucksvolles Erfolgsbeispiel einer Brückenlegung mit Zukunftspotenzial dar.

Kommunikation als verbindender Stützpfeiler

In diesem Buch geht es nicht per se um Konfliktmanagement. Prallen jedoch unterschiedliche Ansichten heftig aufeinander, können tiefe Gräben entstehen. Um diese zu überbrücken, brauchen wir unter anderem eine adäquate Kommunikation als Bindeglied zwischen konträren Meinungen. Dabei muss es sich nicht unbedingt um unterschiedliche politische Meinungen oder Ideologien handeln. Es gibt zum Beispiel in jedem Unternehmen bestimmte Sichtweisen, die nur die Belegschaft dieses Betriebs teilt, nicht aber ein Außenstehender, denn diese Meinungen basieren auf einem eindeutigen Betriebsweltbild. Gerade deswegen lohnt es sich, die Botschaften von Vorgesetzten stets kritisch zu hinterfragen. Im Falle der geplanten Zechenschließungen hätten die Führungskräfte ja auch gegen die Politiker Stimmung machen – »Die sind gegen euch!« – und die Mitarbeiterschaft damit zutiefst spalten können. Die Führung ging jedoch anders, nämlich verbindend, vor. Es war von Anfang an der Wille vorhanden, den erforderlichen Weg der Schließung gemeinsam und vereint zu gehen.

Erst wenn ein Wille vorhanden ist – und das fordert von beiden Seiten höchstes Einfühlungsvermögen –, kann über einen Dialog ein für alle gangbarer Weg entstehen. Erst durch das kommunikative Miteinander, durch die Fähigkeit, auch andere Standpunkte zu verstehen, können sich kommunikative Stützpfeiler entwickeln, die weiteren Spaltungen entgegenwirken. Davon sind wir in manchen Bereichen leider noch weit entfernt. Die Fridays-for-Future-Generation zum Beispiel möchte die »alten Industrien« lieber heute als morgen zu Grabe tragen und spricht das auch offen aus. Ihr Frust ist verständlich, denn nur so ist es möglich, das Zwei-Grad-Ziel zu erreichen. Trotzdem kann auch in einer solchen, bereits verhärteten Situation ein sinnvoller Konsens nur durch Verständnis von beiden Seiten und einen offenen Dialog erzielt werden. Die Vertreter der »alten Industrie« müssen sich, ganz nach dem Vorbild von Joe Kaeser von Siemens, in den Dialog begeben. Das erfordert Mut und den absoluten Willen zur Veränderung.

Dass der Wille der Verantwortlichen mit der Aussage »How dare you?« übermäßig stark strapaziert wurde, liegt auf der Hand. Mit diesem mehrmals wiederholten Satz, den Greta Thunberg im September 2019 beim UN-Klimagipfel in New York in die Welt schleuderte, stellte sie ein bis dahin fest verankertes Weltbild infrage und damit die Verantwortlichen aus Industrie und Politik an den Pranger. Die logische Konsequenz konnte nur der sofortige Aufbau einer massiven Verteidigungshaltung der auf diese Weise Angegriffenen sein. Die harschen Worte »How dare you?« ließen jegliches Verständnis für die Situation der Führenden in Industrie und Politik vermissen. So hat Greta Thunberg mit ihrem – durchaus wichtigen – Beitrag meiner Meinung nach eher neue Gräben aufgerissen, statt tragfähige kommunikative Stützpfeiler zu setzen. Wieder einmal erkennen wir hier die Macht der Worte und wie wichtig es ist, in kommunikativen Prozessen andere Standpunkte zu verstehen.

Verständnis dort, wo es angebracht ist

Wenn ich von »Verständnis« spreche, geht es natürlich nicht darum, klimaschädliches Verhalten im großen Stil gutzuheißen, wie wir es beispielsweise 2019 bei der Klimakonferenz auf Sizilien beobachten durften. Unvergessen sind die Bilder von sage und schreibe 110 Privatjets am Flughafen von Palermo, mit denen Prominente und Unternehmer zu dieser Konferenz angereist waren.[79] Ein Bild mit krasser Symbolkraft, sind doch 10 Prozent der reichsten Menschen der Welt für 50 Prozent des CO_2-Ausstoßes verantwortlich.[80]

Der aufrüttelnde Satz »How dare you?« darf sich daher keinesfalls an all die hart arbeitenden Menschen richten, die gerade mal ihr Auskommen finden und sich als Highlight einmal im Jahr einen Urlaub gönnen. Hier geht es um eine kommunikative Gratwanderung, für die alle Beteiligte eine gute Portion Diplomatie und Fingerspitzengefühl brauchen. Dennoch: Die Jugend hat alles Recht der Welt auf diesen strengen Weckruf. Ändert eure Verhaltensweisen, jetzt sofort, bevor es zu spät ist!

Mich hat dieser Ruf erreicht. Ohne die aufrüttelnden Botschaften von Greta Thunberg hätte ich mit Sicherheit heute einen höheren CO_2-Verbrauch. Und auch bei vielen Bekannten und Freunden ist dadurch etwas in Gang gekommen. Die kontinuierliche Aufklärung und das stetige Wiederholen der immer gleichen Botschaft über einen langen Zeitraum hinweg haben viele Menschen zum Umdenken bewegt. Leider noch nicht alle. Einige Unbelehrbare fühlen sich in ihrem Denken und Handeln gegängelt und kritisiert. Das löst bei ihnen heftige Trotzreaktionen aus und verhärtet die Fronten. Auf jeden Fall hat Greta Thunberg die Umwelt und unseren Umgang damit auf die kommunikative und wertemäßige Agenda des Planeten gesetzt. Von dort ist dieses Thema – trotz intensiver Bemühungen mancher Gruppierungen – definitiv nicht mehr wegzudenken. Und das ist gut so. Wenn wir es jetzt schaffen, ohne Trotz und im Hinblick auf das große gemeinsame Ziel an einem Strang zu ziehen, dabei klar und wahr, aber auch diplomatisch kommunizieren und so viele Menschen wie möglich ins Boot holen, kann es gelingen, tragfähige Stützpfeiler zu bauen und uns als Gesellschaft im besten Sinne weiterzuentwickeln.

Mutig nach vorne schauen

Einer der für mich genialsten Brückenbauer war Nelson Mandela. Er kämpfte mit ganzer Seele für Freiheit und gegen das Regime der Apartheid in Südafrika. 27 Jahre lang saß dieser große Mann in Haft und war der Willkür der politischen Macht ausgesetzt. Diesen aussichtslos scheinenden Kampf »David gegen Goliath« konnte Mandela schluss-endlich durch seine Ausdauer, vor allem aber durch die Macht seiner Worte gewinnen. 1993 erhielt er gemeinsam mit Frederik Willem de Klerk den Friedensnobelpreis und im Jahr darauf wurde er zum ersten schwarzen Präsidenten Südafrikas gewählt. Eine größere Spaltung der Gesellschaft als jene damals in Südafrika ist kaum vorstellbar. Eine Kluft zwischen Menschen mit schwarzer und weißer Hautfarbe, ge-setzlich legitimiert durch die Regierung. Mandela trat sein politisches Amt an, um die Unterdrückung zu beenden und die Gesellschaft zu vereinen. Das gefiel nicht allen. Lebten doch viel zu viele weiße Men-schen ausgezeichnet in diesem System staatlich etablierter Unterdrü-ckung – auf Kosten der Menschen mit anderer Hautfarbe.

Ich sehe hier zahlreiche Parallelen zu den Herausforderungen un-serer Zeit. Der Wohlstand einiger kommt durch deren umweltschäd-liches Verhalten auf Kosten anderer, insbesondere der zukünftigen Generationen, zustande. Alles ganz legal. Einige Parteien und Organi-sationen schüren die Angst der Menschen vor dem Verlust dieses Wohlstands und hetzen sie gegen die Klimabewegung auf. Um die Gesellschaft zu einen und ihnen ein gemeinsames Ziel zu geben, braucht es mehr couragierte und visionäre Persönlichkeiten wie Nel-son Mandela und vor allem sein einzigartiges kommunikatives Ge-schick zum Brückenbau.

Geschichte vom Brückenbau: Invictus – eine wahre Begebenheit

Die Apartheid war zwar im Jahr 1994 zu Ende gegangen, der gesell-schaftliche Spalt blieb dennoch in den meisten Köpfen tief verankert. Nelson Mandela stand vor der gigantischen Aufgabe, die Gesellschaft zu vereinen. Keine Brücke der Welt schien lang und stabil genug, um die Distanz zu überwinden. Dennoch machte sich der neue Präsident auf den Weg, den ersten Brückenpfeiler einzuschlagen, indem er den Menschen, die ihm 27 Jahre Haft beschert hatten, verzieh.

Er erkannte außerdem, dass Sport die Gesellschaft einen kann, und nutzte dazu die Emotionen rund um die Rugby-Union-Weltmeisterschaft, die 1995 in Südafrika stattfand. Die Nationalmannschaft der Südafrikaner, die »Springboks«, konnte kaum Erfolge vorweisen, da sie aufgrund der Apartheid jahrelang international boykottiert worden war. Alle Spieler des Teams, bis auf einen, waren weiß, sodass viele Südafrikaner schon aus Prinzip andere Nationen anfeuerten. Niemand setzte Hoffnung in die Mannschaft, die sowieso nur deswegen dabei war, weil die Weltmeisterschaft im eigenen Land stattfand. Mit einer Ausnahme: Nelson Mandela. Er suchte den Dialog mit Francois Pienaar, dem Kapitän der Springboks. Mandela überzeugte ihn von der Idee der neu vereinten Nation und führte ihm die Chance vor Augen, die sich durch den kollektiven Glauben an einen Sieg der Mannschaft bot. Er sagte der Mannschaft seine hundertprozentige Unterstützung zu und setzte damit einen weiteren Brückenpfeiler.

Diese Symbolkraft überzeugte nach einer Tour der Mannschaft durch das gesamte Land schließlich auch die schwarze Bevölkerung. Und das Märchen wurde wahr: Die Springboks kamen, begeistert unterstützt von den Fans, bis ins Finale des Turniers, besiegten dort die »All Blacks« aus Neuseeland und gewannen den Weltmeistertitel. Die Szene, in der Nelson Mandela der Mannschaft um Francois Pienaar gratuliert, geht unter die Haut.[81] Rückblickend sagte Mandela im Jahr 2000: »Sport hat die Kraft, die Welt zu verändern. Er hat die Kraft zu inspirieren. Er hat die Kraft, die Menschen in einer Art zu vereinen, wie es wenig anderes vermag … Er ist ein Instrument des Friedens.«[82]

Ereignisse, die Annäherung bringen und verbinden

Ein gemeinsames Ziel oder ein gemeinsamer Gegner verbindet Menschen auf einer neuen Ebene und lässt den Konflikt, der diese Menschen im Grunde trennt, in einem ganz anderen Licht erscheinen. Das verbindende Ereignis – wie hier der Sport – erlaubt es den vermeintlichen Opponenten, einander wieder in die Augen zu schauen und gemeinsam Großes zu leisten.

Es gibt viele Persönlichkeitsmodelle, die uns helfen können, andere Menschen zu verstehen. Das Thema Werte spielt dabei eine große Rolle. So können Werte wie Nachhaltigkeit und das Streben nach Status in Konflikt zueinander stehen. Werte sind messbar, beispielsweise mit dem Modell von Clare W. Graves, das vom 9 Levels Institute for Value Systems weiterentwickelt wurde und auf das ich in Kapitel zwölf näher eingehe (sehr ähnlich ist auch das Spiral-Dynamics-Modell). Die Messung allein wird jedoch in der Gesellschaft nicht zum gewünschten Ergebnis, dem Brückenbau, führen. Sie zeigt nur an, weshalb man mit manchen Menschen leichter einen Konsens findet, mit manchen schwerer und mit wieder anderen gar nicht. Unternehmen haben es da in gewissem Sinne leichter, sie können ihre Mitarbeiter punktgenau nach den eigenen Werten rekrutieren – etwas, das in einem Staat oder einem Staatenverbund weder möglich noch erstrebenswert ist. Wie findet man also zu gemeinsamen Werten? Erst auf dieser Basis ist letztendlich ein Brückenbau möglich. Dabei gilt: Werte können nicht mit der Brechstange verändert werden. Sie haben sich im Laufe unseres Lebens durch unsere Erziehung, unsere Erlebnisse und diverse Krisen gebildet und sind fest in uns verankert.

Der erste Schritt in diese Richtung ist sicherlich der Dialog, doch ohne gemeinsame Werte wird die so entstandene Brücke auf brüchigen Pfeilern ruhen. Daher ist der Brückenbau zwischen politisch links und politisch rechts stehenden Menschen so schwierig. Die linken und rechten Parteien bauen ihr Programm auf im Grunde völlig konträren Werten und Ideologien auf. Dennoch gibt es einige ähnliche Werte, die Wähler verbinden können – sonst würden sie wohl kaum von den Sozialdemokraten zu den Rechtskonservativen wechseln. Auf Basis dieser Werte kann im politischen Konflikt eine Brücke gebaut werden. Bei reinen Ideologien wird das schon schwieriger. Als Thilo Jung den Ökonomen Hans-Werner Sinn in seinem Podcast fragte, ob er eine Ideologie hätte, antwortete dieser: »Nein, ich hoffe nicht mehr.«[83] Diese Antwort erstaunte mich sehr. Sinns Vater war SPD-Mitglied, und er selbst hatte der Partei in seiner Studentenzeit auch angehört.

Im Podcast erklärt Sinn, eine Ideologie mache uns sehr leicht taub für andere Argumente. Er bezieht sich damit auf das bereits erwähnte Prinzip »Motivated Reasoning«. Ich habe mich zwar selbst auch einer liberalen Partei angeschlossen, und politisch liberal bedeutet grundsätzlich, dass der Markt alles regeln kann. Ich bin mir aber zu 100 Prozent sicher, dass wir es nicht dem Markt überlassen dürfen, die aktuelle Klimakrise zu lösen, denn durch die Ökonomie, wie sie heute funktioniert, sind wir ja erst in diese Krise geschlittert. Habe ich nun eine Ideologie? Im Grunde schon. Der Ansatz, eine Ideologie abzulegen und die Dinge wieder völlig unbeeinflusst und nüchtern zu betrachten, erscheint mir jedoch zunehmend erstrebenswert. Ich beschäftige mich mehr und mehr mit dem Gedanken, dass Ideologiefreiheit den Brückenbau wesentlich erleichtern könnte.

Ein zweiter Schritt könnte auch die Veränderung etablierter Werte sein. Werte haben sich durch unsere Biografie gebildet und gefestigt. Durch neue Erlebnisse sowohl positiver als auch negativer Art können (nicht müssen) sich Werte verändern. Nelson Mandela hat das erkannt und anlässlich der Rugby-Weltmeisterschaft federführend dazu beigetragen, dass sich die Werte und das Denken in Bezug auf die Apartheid über das Vehikel »Sport« verändern konnten. Andere Ereignisse in der Geschichte, die einen Wertewandel einleiteten, waren die deutsche Wiedervereinigung 1990 und der EU-Beitritt von Österreich 1995. Ich sehe sie als verbindende Projekte des Brückenbaus, die sich bis heute bewähren und nachwirken. Viele Menschen, die 1995 noch gegen einen EU-Beitritt Österreichs gestimmt hatten, stehen diesem heute positiv gegenüber, weil ihr Wohlstand in den meisten Lebensbereichen in der Folge deutlich gestiegen ist.

Eine tragfähige Brücke wird erst durch gemeinsame Werte und durch ein Umdenken auf beiden Seiten des Grabens entstehen. Dieses Umdenken kann durch einen Dialog, durch prägende Ereignisse oder eine Kombination von beidem einsetzen. Und als einer der wichtigsten Stützpfeiler eines solchen Brückenkonstrukts sollten wir uns immer auf die alles verbindende Kommunikation verlassen.

Eine Frage der Kommunikation

Manchmal scheinen die Fronten total verhärtet und keine Annäherung möglich. Wer bewusst nach Gemeinsamkeiten sucht (und diese auch findet), kann diese Verhärtung aufbrechen und so neue Möglichkeiten des Brückenbaus schaffen.

- Haben sich einige Ihrer Werte in den letzten Jahren infolge persönlicher Erlebnisse oder politischer Ereignisse (und deren Kommunikation) verändert?
- Gibt es in Ihrem Leben einen Konflikt, den ein besseres Verstehen der Standpunkte der anderen »Partei« lösen helfen könnte?
- Wie könnten Sie vorgehen, um in Ihren eigenen Botschaften kommunikative Stützpfeiler zu setzen und langfristig tragfähige Brücken zu bauen?
- Welche Art der Kommunikation kann Brücken zwischen Organisationen mit gegensätzlichen Ideologien schaffen? Und was können Sie als Einzelner dazu beitragen?
- Welche – auch kommunikativen – Werte teilt unsere Gesellschaft heute bereits erfolgreich?

8.

Reaktionsschwellen – Trigger begreifen

Die heutige Emotionsindustrie zielt darauf ab, an den
»richtigen« Stellen zu triggern. Fakten und ein kühler Kopf
schützen uns davor.

Hassposter im Internet sind ein Phänomen unserer Zeit. Die Politik möchte das anonyme Posten von Aussagen unterbinden, um die Zahl der Hasspostings zu reduzieren. Die Anonymität im Netz erleichtert es, die eigene Meinung frei und völlig unverblümt kundzutun. Oft sind die anonymen Postings geprägt von purem Hass, Neid und Missgunst und nicht selten resultieren sie in gnadenloser Hetze gegen andere Personen. Hass ist jedoch keine Meinung. Ich frage mich schon lange, welche Reaktionsschwellen Menschen zu Hasspostern machen. Was genau löst diesen Hass aus? In welchem Moment schaltet sich der Verstand bei diesen Menschen aus und sie lassen der Wut über die Tastatur freien Lauf?

Auslöser dafür sind aus meiner Sicht meist Aussagen anderer Social-Media-Nutzer, die zum Beispiel in gemeinsamen Facebook-Gruppen gepostet oder in der WhatsApp-Gruppe einer bestimmten Gesinnung oder Partei geteilt werden, um bewusst zu provozieren. Ein Teil der Leserschaft wird sich in seinem Denken komplett bestätigt fühlen (Confirmation Bias). Der andere Teil wird absolut nicht damit übereinstimmen. Bei denjenigen, die sich bestätigt fühlen, wird – auch als Folge der ohnehin schon aufgeheizten Stimmung in der brodelnden

Online-Gemeinschaft – die schon latent vorhandene Wut getriggert und zum Explodieren gebracht. Verstärkt wird das Phänomen noch durch die bewusste Verbreitung von Fake News, wie in Kapitel zwei hinlänglich beschrieben.

Wenn bewusst getriggert wird

Ist der Trigger ausgelöst, gibt es meist kein Halten mehr. Da wünschen im schlimmsten Fall Menschen anderen den Tod – sie würden sie am liebsten »an die Wand stellen« oder ihnen »eine Kugel gönnen«. Wenn ich so etwas lese, frage ich mich immer wieder fassungslos, wie es so weit kommen konnte und wer um Himmels willen diese Leute sind, die so etwas von sich geben. Eines darf man jedoch nie vergessen: Solche Postings können auch von Menschen in unserem unmittelbaren Umfeld stammen!

Doch nicht nur Privatpersonen ticken so (aus). Auch Politiker triggern gerne bewusst bestimmte starke Gefühle, etwa in Aschermittwochsansprachen oder Reden zum 1. Mai. Beispiele dafür gibt es zur Genüge: Da haben wir Andreas Glarner, Nationalrat der Schweizerischen Volkspartei (SVP) Aargau. Er provozierte schon seit Jahren auf Social Media. Als dem Musiker Reto Spörli am 23. Mai 2017 schließlich der Kragen platzte, hatte Glarner sein Ziel erreicht. Spörli bezeichnete Glarner als »dummen Menschen«, »infantilen Dummschwätzer« und »ganz üblen, verlogenen Profiteur«. Glarner reagiert äußerst empfindlich, wenn es um Online-Anfeindungen gegen seine Person geht, und verklagte den Musiker wegen übler Nachrede. Das Bezirksgericht Baden entschied, dass sich ein Politiker eine solche Ausdrucksweise im politischen Kontext gefallen lassen muss. Das Aargauer Obergericht lehnte den Einspruch gegen das Urteil ab. Glarner zweifelte in der Folge die Unabhängigkeit des Obergerichts an.[84]

Eine überaus heftige Form der Hetze betrieb Glarner im Mai 2019. Er veröffentlichte auf Facebook den Klarnamen und die private Telefonnummer einer Zürcher Lehrerin. Der Grund dafür: Die Lehrerin hatte den Eltern von muslimischen Kindern mitgeteilt, dass diese am Tag des Fastenbrechens, welches das Ende des Fastenmonats Ramadan einläutete, frei haben könnten. Es ist eines der bedeutendsten Feste für Muslime. Um eine Anzeige zu vermeiden, entfernte Glarner später die Telefonnummer der Lehrerin und ergänzte das Posting: »Soeben rief mich ein Herr ... von dieser Schule an und bat mich, die Nummer zu schwärzen – sonst werde er Anzeige wegen Persönlichkeitsverletzung einreichen ... weit haben wir es gebracht in diesem Land.« Im letzten Schritt löschte er den Namen der Lehrerin mit folgendem Kommentar: »und inzwischen wurde ich gebeten, auch den Namen dieser Lehrerin zu entfernen ... Schweizer, erwache.« Leider waren die Daten in der Änderungshistorie von Facebook immer noch sichtbar. Glarner muss bewusst gewesen sein, dass das Vorgehen der Lehrerin rechtlich gedeckt war und diese Herangehensweise von der Volksschulordnung so vorgesehen ist.

Glarner trägt mit Postings wie diesem massiv zur Verbreitung von Hass im Netz bei und treibt ihn auf beiden Seiten weiter – sowohl bei seinen Befürwortern, die einen Shitstorm gegen die Lehrerin entfachten, als auch bei seinen Gegnern, die ihm wohl auch gerne einmal die Meinung sagen möchten. Das Telefon der betroffenen Lehrerin klingelte jedenfalls Sturm und Garner hatte sein Ziel erreicht. Denn all das spielte sich kurz vor einem Wahlkampf ab und half aus Sicht der Wissenschaft dem umstrittenen Politiker eindeutig, seine Agenda weiter in die Öffentlichkeit zu bringen.[85]

Dieser Mann weiß ganz genau, was er tut: Er pauschalisiert und bedient Klischees. Seine Postings sind niemals ein Versehen, sie entstehen aus reinem Kalkül und folgen einer klaren Strategie des Provozierens. Er überschreitet gezielt die Reaktionsschwellen seiner Befürworter und Gegner, um negative Stimmung zu machen. Auf diese Weise schlägt er gekonnt zwei Fliegen mit einer Klappe. Er kommt in die Medien und befriedigt gleichzeitig seine Klientel. Eine Woche nach dem Skandal um die veröffentlichten Daten der Lehrerin entschuldigte sich Glarner übrigens in der Tele-Züri-Sendung »Sonntalk«. Es sei ein Fehler gewesen, räumte er ein. Zeichen eines ansatzweisen Brückenbaus? Ich glaube nicht.

So werden undenkbare Positionen populär

Menschen wie Glarner (SVP, Schweiz), Kickl (FPÖ, Österreich) oder Gauland (AfD, Deutschland) versuchen niemals, Brücken zu bauen. Sie hetzen hemmungslos gegen Minderheiten und suggerieren, dass diese anderen Menschen Dinge wegnehmen, auf die sie keinerlei Anspruch haben. Glarner & Co. platzieren immer heftigere Themen, sodass ihre »Standardforderungen« im Vergleich dazu beinahe schon normal wirken. Kickl beispielsweise wollte Flüchtlinge »konzentriert« an einem Ort festsetzen. Dass uns sofort der Begriff »Konzentrationslager« in den Sinn kommt, ist kein Zufall. Kickl, ein langjähriger erprobter Wahlkampfstratege, ist sich der Wirkung von Worten und Frames (Rahmen) so bewusst wie kaum ein anderer.

In der Politik gibt es viele Themen, die mehrheitsfähig sind und die sich innerhalb der politischen Debatte bewegen. Deutschkurse für Einwanderer zum Beispiel sind konsensfähig. Der Bereich, in dem sich diese Mehrheiten finden lassen, nennt sich »Overton-Fenster«; die politischen Ideen innerhalb dieses Fensters gelten als populär oder sinnvoll. Das Fenster befindet sich in der Mitte einer Achse, die von oben nach unten reicht. Oberhalb des Fensters sind jene Ideen zu finden, die weniger staatliche Regulierung erfordern, und unterhalb sind die Ideen angesiedelt, die durch staatliche Regulierung Freiheiten einschränken. Knapp außerhalb dieses Fensters, also nah am Rahmen, befinden sich politische Forderungen, die gerade noch akzeptabel, deren politische Mehrheiten jedoch sehr mühevoll zu organisieren sind. Außerhalb und weit außerhalb des Fensters befinden sich die radikalen und undenkbaren Ideen. Dieses Konzept wurde Mitte der 1990er-Jahre von dem US-amerikanischen Anwalt Joseph P. Overton entwickelt, der sich bewusst gegen eine Links-/Rechts-Achse darin entschieden hatte.[86]

Ein Beispiel einer undenkbaren und höchst radikalen Idee wäre die Festsetzung von Flüchtlingen in Konzentrationslagern. Kickl hatte mit seiner Äußerung definitiv das Ziel, das Overton-Fenster zu verschieben, formulierte sie jedoch so »geschickt«, dass er gerade noch nicht der »Wiederbetätigung« (also der Betätigung im nationalsozialistischen Sinn)* beschuldigt werden konnte. Aber auch die Forderung nach einem sofortigen Ende der Förderung fossiler Brennstoffe, wie sie von Greta Thunberg kommt, befindet sich weit außerhalb des Overton-Fensters und hat das Ziel, es zu verschieben. Durch diese radikalen Aussagen erscheinen etwas weniger radikale Ideen im Vergleich sofort viel harmloser, schaffen es in die tägliche politische Debatte und werden dadurch im Laufe der weiteren Diskussion sogar als akzeptabel oder sinnvoll betrachtet.

Ein schmales Fenster ermöglicht einen einfachen Diskurs, während ein breites Fenster den Diskurs erschwert und das Bestreben, dieses zu verschieben, Gräben aufreißt. Das Fenster ist an sich wertfrei und kümmert sich nicht um Inhalte, es demonstriert jedoch, wie die öffentliche Debatte funktioniert. Das Konzept des Overton-Fensters zeigt sehr eingängig, warum manche Menschen ständig unsere Emotionen triggern möchten und warum wir uns davon provozieren lassen.

Die Wut im Zaum halten

Es liegt an uns allen als Informationskonsumenten, diese Botschaften richtig einzuschätzen und die Ziele des Verfassers zu erkennen. Wir können Ideen Raum geben, aber auch relativieren, und dadurch kommunikative Brücken bauen. Egal, ob wir Befürworter oder Gegner bestimmter Forderungen sind. Wir sollten nicht zulassen, dass uns Politiker vor sich her treiben, uns manipulieren oder uns sogar so weit bringen, unseren negativen Emotionen in Form von Hasspostings freien Lauf zu lassen.

Die folgenden Punkte im Umgang mit Social Media helfen Ihnen beim Brückenbau: Sie sollten …

---

* Das wurde nach dem Ende des »Dritten Reiches« in der österreichischen Gesetzgebung festgeschrieben und gilt bis heute.

1) jede Information reflektiert betrachten.

2) das Motiv des Autors überprüfen. Könnte es eine versteckte Agenda geben?

3) die Quellen checken und sicherstellen, dass es sich nicht um Fake News handelt.

4) reflektieren und erkennen, warum diese Information Wut auslöst.

5) niemals wutentbrannt posten. Besser: abwarten, bis sich die Wut gelegt hat, und dann erst mit kühlem Kopf auf die reinen Fakten reagieren.

In diesem Kapitel lege ich den Fokus auf die Schritte vier und fünf. Schritt vier ist wohl der schwierigste von allen. Wir kennen uns selbst ja in der Regel recht gut und wissen, wie wir auf gewisse Dinge reagieren. Wir wissen jedoch oft nicht, warum wir auf eine bestimmte Art und Weise reagieren. Wir wissen nicht, warum wir uns von bestimmten Ereignissen provozieren lassen, während andere Menschen dabei tiefenentspannt bleiben. Wir wissen nicht, warum in einer bestimmten Situation gewisse Emotionen in uns ausgelöst werden, während andere völlig cool bleiben – und umgekehrt.

Wir sollten unbedingt versuchen, die Gründe für unser Reagieren oder Nicht-Reagieren zu erforschen. Wenn uns das gelingt, werden wir uns nicht mehr (so oft) provozieren lassen; wir werden von Beschimpfungen im Netz absehen und Wutpostings zukünftig weder unterstützen noch teilen. Ganz wichtig: Ich möchte Ihnen keinesfalls unterstellen, dass Sie zur Spezies »Hassposter« gehören oder andere im Netz beleidigen. Doch dieses immer weiter um sich greifende Phänomen ist zu wichtig, um es außen vor zu lassen. Denn erst wenn wir uns diese Hintergründe näher ansehen, können wir die geifernden und hasspostenden Menschen in den sozialen Netzen besser verstehen und damit beginnen, von unserer Seite aus Brücken zu bauen.

Schritt fünf (nur mit kühlem Kopf posten) sollte eigentlich selbstverständlich sein, ist es in der Realität jedoch leider nicht. Eigentlich gilt: Es ist im Grunde niemals angebracht, nach dem Lesen einer Nachricht sofort und wutentbrannt zu posten. Wenn Ihnen eine Botschaft auf der Seele brennt, können Sie, um sich zu beruhigen, in der ersten Gefühlswallung durchaus eine Antwort verfassen. Senden Sie diese jedoch nicht sofort. Warten Sie unbedingt, bis Ihre Emotion abgeflaut ist, schlafen Sie am besten eine Nacht darüber und formulieren Sie am nächsten Tag etwas sachlicher und neutraler. Mit etwas Abstand habe ich mich schon oft für eine mildere Version oder sogar ganz gegen einen Kommentar entschieden.

Gewissen Themen keine Bühne bieten

Ich kann mich noch genau daran erinnern, wie es war, als ich das erste Mal feststellte: »Ups, da triggert mich gerade etwas so richtig.« Ich habe mich damals im österreichischen Nationalratswahlkampf 2019 für die Themen Bildung und Umwelt stark gemacht, weil sie mir sehr am Herzen liegen, und positionierte mich in den sozialen Medien entsprechend. Für Sebastian Kurz war zu dieser Zeit (und ist es bis heute) das Kopftuchverbot für Mädchen unter 14 Jahren ein wichtiges Thema. Warum das als wichtiger eingestuft wird als die Schlüsselthemen Umwelt und Bildung, ist mir schon immer ein Rätsel. Doch die Kopftuchdebatte kocht immer wieder hoch und versetzt das Kollektiv der Social-Media-Nutzer regelmäßig in hochgradige Erregung.

Ich weiß noch genau, wie bei jedem neuen populistisch angehauchten Posting zum Thema Kopftuch mein Ärgerlevel anstieg. Als irgendwann beinahe täglich Kopftuchparolen auf Facebook auftauchten und dieses Thema auch in Fernsehrunden rauf und runter diskutiert wurde, begann ich rotzusehen. Ich fragte mich aufgebracht, wieso dieses – hier können Sie einen Ihnen genehmen Kraftausdruck einsetzen – Kopftuch einen so prominenten Platz in der Berichterstattung einnahm, während die wahrhaft herausfordernden Probleme unserer Zukunft, wie die Klimakrise oder Jobverluste durch Digitalisierung, außen vor blieben. Nachdem ich einen weiteren aus meiner Sicht total unsinnigen Kopftuchbeitrag auf der Facebook-Seite von Sebastian Kurz gelesen hatte, drückte ich ohne weitere Überlegung auf »teilen« und fügte wutentbrannt folgenden Text hinzu: »Haben wir nicht Wichtigeres zu besprechen?« Mein Finger kreiste bereits über dem »Posten«-Button. Bevor ich jedoch tatsächlich daraufklickte, wurde mir bewusst, dass ich Sebastian Kurz mit meinem Beitrag nur eine weitere Bühne geben würde. Wollte ich das? Ganz sicher nicht. Ich merkte in diesem Moment, wie stark er und sein Team meine Emotionen getriggert hatten, und konnte mich gerade noch rechtzeitig bremsen.

Akzeptiert in der eigenen Identität

Andreas Glarner aus der Schweiz hetzt regelmäßig gegen Muslime. Entweder protestiert er, wenn diese Menschen einen freien Tag für das Fastenbrechen bekommen, oder er ärgert sich darüber, dass in einer Schulklasse aus seiner Sicht zu viele muslimische Schüler sitzen. Sebastian Kurz, der ehemalige Integrationsstaatssekretär von Österreich, versteht das Kopftuch pauschal als Unterdrückungsinstrument muslimischer Frauen und sieht es als Zeichen von Integration, wenn Schülerinnen nicht mehr damit aufwachsen. Das Kopftuch hat in den muslimischen Ländern, in denen Frauen unterdrückt werden, sicherlich eine andere symbolische Bedeutung als in westlichen Ländern, in denen viele dieser Frauen emanzipiert sind und das Kopftuch als Teil ihrer Identität ansehen.

Werden jedoch andere ihrer Identität beraubt, führt das in unserer Empörungshysterie zu viel größeren Konflikten und damit zu einer weiteren gesellschaftlichen Spaltung. Die Medien warten doch nur auf ein explosives Stichwort und lösen dann fix eine scheinheilige Eskalation aus. Man denke nur an den Aufschrei im »Schnitzelkrieg« der »Bild«-Zeitung hinsichtlich der Schweinefleisch-Debatte in den Kitas oder an die hochemotionalen Diskussionen über Kreuze in öffentlichen Gebäuden. Hier sind es die Christen, die sich ihrer Identität beraubt fühlen – aber umgekehrt sollte es selbstverständlich sein, Muslime ihrer Identität zu berauben? Mir als Agnostiker mit christlicher

Erziehung wären öffentliche Gebäude ohne Kreuze auch lieber, ich verstehe aber, dass sich in christlich geprägten Ländern die Mehrheit der Menschen das Kreuz in diesen Gebäuden wünscht. Genauso verstehe ich, dass viele muslimische Frauen stolz auf ihre Herkunft sind und das Kopftuch als äußeres Zeichen dieser Wurzeln tragen möchten. Das hat für mich nicht einmal etwas mit Toleranz zu tun, sondern einfach nur damit, Menschen in ihrer gesamten Identität zu akzeptieren. Wollen wir nicht alle genauso akzeptiert werden, wie wir sind? Mit der Identität, die uns ausmacht?

Geschichte vom Brückenbau: Karneval und Kaiserschmarrn

Ich verrate Ihnen ein Geheimnis. Ich war früher ein absoluter Faschingsmuffel (zu Deutsch: Karneval, auf Schwyzerdütsch: Fastnacht). Man könnte sogar sagen, ich hasste diese närrische Zeit geradezu und konnte den Drang, sich jahreszeitlich bedingt in einen Reigen aus Feiern und Amüsement zu werfen, bis vor Kurzem absolut nicht verstehen. Und dann verschlug es mich beruflich des Öfteren nach Nordrhein-Westfalen, der Hochburg des karnevalistischen Treibens. Ich fand dort schnell gute Freunde – alle, ausnahmslos alle, mit dem Karnevalsvirus infiziert –, die fünfte Jahreszeit war eindeutig Teil ihrer Identität und DNA. Ich wiederum kann und will meine österreichische Herkunft nicht verleugnen und ich genieße es, Menschen in Düsseldorf mit einem herzhaften »Grias di« zu begrüßen. Diese Ansprache öffnet Türen! Viele Menschen fühlen sich dadurch blitzschnell in ihren Skiurlaub versetzt und sind sofort guter Stimmung. Die meisten beginnen dann begeistert vom Kaiserschmarrn zu schwärmen, den sie in dieser und jener Hütte in den Bergen so himmlisch zubereitet genossen hätten. Damit ist das Eis sofort gebrochen, es gibt eine gemeinsame Gesprächsbasis und neue Freundschaften entstehen.

Nachdem meine österreichische Identität von meinen deutschen Freunden und Bekannten so locker angenommen und akzeptiert worden war, gab ich mir einen Ruck. Ich setzte dem Insistieren meiner Freunde ein Ende und sagte zu, am 11.11.2019 – zu Karnevalsbeginn – an einer Feier in der Düsseldorfer Altstadt teilzunehmen. Nun musste eine Verkleidung her! Ich dachte, wenn schon, denn schon, und besorgte mir im Kostümverleih ein Superman-Kostüm. Es kommt ja schließlich nicht so oft vor, dass man in seiner wahren Identität auf die Straße kann. Und was soll ich sagen: Ich ließ mich an diesem Nachmittag und Abend von der Urgewalt der Karnevalswelle mitreißen und begann, das wilde Treiben ausgiebig zu genießen. Nur aus der Ferne hatte der »Tanz der Faschingsnarren« auf mich befremdlich gewirkt; er hatte scheinbar so gar nicht meiner Identität entsprochen. Einmal mitten drin, war mir klar: Wow, das hat was! Davon will ich mehr! Genau eine Woche später organisierten mein bester Freund und ich in Düsseldorf eine Kaiserschmarrn-Party. Ich habe 18 Portionen gebacken und in Original-Lederhose serviert. Unsere Gäste waren begeistert! Ich durfte in einer fremden Stadt meine Identität voll ausleben und vor allem: mit anderen teilen. Im Gegenzug bekam ich eine aufregende, temporäre Faschingsidentität und neue, interessante Freunde. Durch die gemeinsamen Karnevals- und Kaiserschmarrn-Abenteuer lernten wir uns noch besser kennen und wir hatten Respekt vor der Herkunft des anderen und vor dem, was sie oder ihn ausmachte.

Es ist gar nicht so schwer, unterschiedliche Identitäten in Einklang zu bringen, wenn beide Seiten nur ein kleines Stück aufeinander zugehen und keine Angst vor der Identität der anderen haben. Das Erlebnis Karneval war für mich extrem bereichernd, und ich glaube, alle Gäste der Kaiserschmarrn-Party haben den Abend genossen. Mittlerweile gab es mehrere dieser Partys – und niemand hat Angst, dass der Kaiserschmarrn den rheinländischen Sauerbraten ersetzen und die neue Nationalspeise von Nordrhein-Westfalen werden wird. Es gibt in Nordrhein-Westfalen übrigens keine Vorurteile oder seltsame Berichte über Österreicher, und ich erkenne auch keine negative Stimmung gegenüber Menschen, die aus einem anderen Bundesland oder Land kommen.

In Düsseldorf leben zum Beispiel 8400 Japaner[87], die sich hauptsächlich in Japantown rund um die Immermannstraße angesiedelt haben. Für die Japaner ist Düsseldorf die Wirtschaftsmetropole Europas. Sie prägen das Stadtbild und bereichern das kulturelle Leben der Stadt, ausgezeichnete Sushi-Lokale inbegriffen. In Düsseldorf wird einmal im Jahr der Japan-Tag am Rheinufer gefeiert, der regelmäßig bis zu einer halben Million Besucher anzieht. Das ist Brückenbau par excellence, von dem wir alle lernen können. Vielleicht möchten Sie nun einwenden, dass die Japaner in Düsseldorf die Wirtschaft bereichern und nicht das Sozialsystem belasten. Da stimme ich Ihnen zu, es handelt sich natürlich um eine Ausgangslage mit weniger Konfliktpotenzial. Viele Menschen glauben, Migranten nehmen ihnen etwas weg, weil sie scheinbar nicht in das Sozialsystem einzahlen. Dass die Fälle unter den Migranten (wie bei allen anderen Bürgern) ganz unterschiedlich liegen, wird gerne mal übersehen. Meine Empfehlung: Man sollte die Menschen, gegen die gehetzt wird, zunächst einmal persönlich kennenlernen und sich dann ein Bild von ihnen machen. Mir geht es in diesem Kapitel nicht um die politische Debatte, sondern darum, herauszufinden, was Hass und Hetze bewirken und was das mit dem Thema Identität zu tun hat.

Der interne Konflikt durch fehlende Identität

Secondos (so nennen Schweizer die direkten Nachkommen von Migranten) haben meist mit Akzeptanzproblemen zu kämpfen. Obwohl sie bereits in dem Land geboren wurden, in das ihre Eltern geflüchtet oder eingewandert sind, werden sie nicht als vollwertige Landsleute wahrgenommen, sondern immer noch als Ausländer gesehen. Als Ausländer definiert sich jedoch eine Person, deren Staatsangehörigkeit nicht mit dem Aufenthaltsland übereinstimmt. Das Fatale daran: Aus Sicht der Menschen im Herkunftsland ihrer Eltern haben Secondos auch nichts mehr mit diesem Land zu tun und gelten dort ebenfalls als Fremde und Ausländer. Das heißt, sie werden weder hier noch dort in ihrer Identität wirklich akzeptiert. Diese Menschen tragen einen Konflikt in sich, den man sich als Mensch ohne Migrationshintergrund gar nicht vorstellen kann.

Rechte Parteien tragen mit ihrer Hetze und ihrem Hass noch zu dieser Konfliktbildung bei. Und dann kommt jemand auf diese Menschen zu und sagt beispielsweise:»Komm zu uns, bei uns bist du ein vollwertiger Syrer.« Diese Gruppe kennen wir alle. Sie nennt sich »Islamischer Staat« und wirbt um diese Menschen, indem sie ihnen vorgaukelt, ihre tiefen innerlichen Konflikte zu lösen. In ihrer Naivität oder Verzweiflung schließen sich dann manche von ihnen der Terrormiliz an und radikalisieren sich. Das wiederum sorgt für totales Unverständnis bei den Menschen, die mit abendländischem Denken aufgewachsen sind. Und das führt zu einem noch tieferen Spalt. Bitte verstehen Sie mich nicht falsch: Ich habe keinerlei Verständnis für Terroristen und verurteile deren Motive und Taten zutiefst. Ich möchte lediglich aufzeigen, wie verantwortungslose Kommunikation ohne Weitblick dazu führt, dass Menschen sich radikalisieren. Denn es sind die rechten Parteien, die diese Konflikte zu verantworten haben, indem sie ständig Hass säen. Paradoxerweise möchten sie an erster Stelle ihrer Agenda den politischen Islam bekämpfen, tragen jedoch mit ihrer Hetze zunehmend zur Radikalisierung bei. Das passt nicht zusammen. Man kann nun einmal nicht etwas mit der gleichen Methode bekämpfen, mit der es entstanden ist. Der US-amerikanische Politikwissenschaftler Francis Fukuyama bezeichnet in seinem Buch »Identität: Wie der Verlust der Würde unsere Demokratie gefährdet« den Nationalismus und den politischen Islam als zwei Seiten derselben Medaille.

Ich bin der festen Überzeugung, dass sich weniger Menschen radikalisieren, wenn man es schafft, ihnen in dem Land, in dem sie leben, eine – ihre – Identität zu geben. Sie brauchen eine andere Identität als die des elterlichen Herkunftslandes und eine andere als die des Geburtslandes. Sie benötigen eine übergeordnete Identität, ähnlich dem Identitätsbild des »Europäers«.

Gerade im Falle der Secondos kann Integration jedoch nicht nur von außen gelingen, sie muss auch von den Betroffenen selbst angestrebt werden. Menschen tun vieles, um den beschriebenen inneren Konflikt zu lösen. Und manchmal trägt das erstaunliche Früchte. Ein

Beispiel: Aus meiner Sicht spricht nichts dagegen, wenn ein Mensch, der auf der Flucht war und sich nun gut in seiner neuen Heimat integriert hat, auf einem Volksfest eine Lederhose trägt. Das ist doch genau die pralle Vielfalt, die Europa ausmacht. Doch ich verstehe auch, dass es Menschen gibt, die durch diese Art des Multikulturalismus das christliche Abendland in Gefahr sehen und das auch lautstark äußern. Nun gibt es zwei Möglichkeiten. Ja, man kann sich dagegen wehren, man kann den Secondos das Leben zur Hölle machen. Oder man akzeptiert und integriert sie – indem man in Dialog tritt. Wohin Ersteres führt, wissen wir – zu noch mehr Hass, Hetze und Verfolgung. Zweiteres könnte zu einer geeinten Gesellschaft führen, schließlich gibt es mehr als genug Beispiele für gelungene Integration. In einem echten Multikulturalismus finden vielförmige Gesellschaften ein gutes Auskommen nebeneinander. Genau das macht übrigens unser schönes Europa aus und bereichert es. Finden Sie nicht auch?

Prävention vor Strafe

Zurück zum Hass im Netz und zu den Reaktionsschwellen. Wie lässt sich dieser Automatismus unterbrechen und damit letztlich der Hass zerstören? Es ist eigentlich ganz einfach: indem wir die »Anderen« anerkennen, ihnen ihre Identität zugestehen und neue Identitäten entstehen lassen. Es sollte keinen Wettkampf in Sachen Identität geben. Politik links der Mitte versucht ja, Identitäten von Minderheiten zu verteidigen, während sie den Identitäten christlich orientierter Menschen weniger Bedeutung beimisst. Politik rechts der Mitte möchte wiederum nur die christlichen Werte verteidigt sehen. Weder im deutschen Grundgesetz noch in der Verfassung der Schweizerischen Eidgenossenschaft oder der Republik Österreich ist verankert, welche Identität Menschen haben sollten. Wie definiert sich also Identität? Selbst die USA – mit Ausnahme eines blonden Vogels – definieren sich nicht durch Religion oder Hautfarbe, sondern als das »Land der unbegrenzten Möglichkeiten«. Durch die Geschichten, die die Bürger schreiben. Lassen Sie uns in diesem Sinne weitere schöne Geschichten schreiben und somit eine übergeordnete Identität finden. Verschiedene Identitäten müssen nicht spalten, sie können auch verbinden und dadurch ein wertvolles Instrument des Brückenbaus sein.

Höchst spannend finde ich, wie Politiker gegen Hass im Netz vorgehen. Sie möchten beispielsweise das Strafmaß erhöhen und entwerfen Gesetze, die sicherstellen sollen, dass man Hassposter verfolgen kann. Nutzer sollen, so ein Vorschlag, online nur mehr unter ihrem Klarnamen posten und kommentieren dürfen – eine Art Ausweiskontrolle im Internet. Ich bin nicht sicher, ob das funktioniert. Wird sich jemand, der gerade voller Wut steckt und bei dem die Emotionen den Verstand überstimmt haben, tatsächlich logisch überlegen: »Ach, das Strafmaß ist nun doppelt so hoch – ich verzichte lieber auf das Posting«?

Möglicherweise lassen sich einige davon abhalten. Doch viele werden wahrscheinlich zu neuen Foren, die Anonymität versprechen, weiterwandern. Die Lösungsvorschläge der Politik bekämpfen ausschließlich Symptome und sind Beispiele für eine reine Showpolitik, während die wahren Ursachen bestehen bleiben und von Politikern wie Glarner & Co. sogar noch verschärft werden. Die Symptome werden nun buchstäblich mit der Brechstange entfernt, indem man die Hassposter auf die Anklagebank setzt. Der Hass selbst jedoch bleibt im Dunkeln bestehen. Und verborgener Hass ist immer eine spezielle Gefahr für jede Gesellschaft – Demonstrationen und Konflikte, wie jene in Kandel (im zweiten Kapitel des ersten Teils beschrieben), können sich dadurch wie ein Lauffeuer ausbreiten. Daher lautet mein persönliches Rezept für Brückenbau in diesem Fall: Prävention vor Strafe!

Der Emotionsindustrie mit Fakten entgegentreten

Mittlerweile zielt eine ganze Emotionsindustrie nur darauf ab, dass Menschen hoch emotional reagieren. Facebook trägt diesem Trend mit seinen »Facebook Reactions« Rechnung und hat dem »Gefällt mir«-Button die Symbole »Love«, »Haha«, »Wow«, »Traurig«, »Wütend« und »Umarmung« zur Seite gestellt. Das kommt vielen Nutzern entgegen. Insbesondere Medien und Politiker wünschen sich auf diesen Kanälen möglichst viele Reaktionen; man denke nur an die Abstimmungen, bei denen »Love« oder »Wütend« zur Auswahl stehen. Durch diese Optionen sind Abstimmungen bereits vorab so gut wie manipuliert. Oder was glauben Sie, wie die Fans von Andreas Glarner auf das Posting mit der Lehrerin reagiert haben? Natürlich mit dem »Wütend«-Symbol, was sonst? Diese Empörungswellen treten aber nicht nur in Verbindung mit einer fehlenden Identität auf, sondern letztlich bei allen Themen, die die Gesellschaft bewegen (»Black Lives Matter«-Bewegung, Arabischer Frühling etc.). So werden Umweltaktivisten allein schon durch die abwertende Bezeichnung »Gretl« (für Greta Thunberg) in Rage versetzt, während sie selbst andere gerne als »Klimaleugner« beschimpfen. Selbst in der größten Herausforderung unserer Zeit sind wir also gespalten.

Der Schweizer Politiker Roger Köppel spielt in dieser Hinsicht ständig mit dem Feuer. Er wartet nur darauf, dass die Menschen, die sich um unseren Planeten sorgen, sich über ihn empören, ihm wutentbrannt antworten und ihm – das ist tatsächlich vorgekommen – eine Zwangsvasektomie androhen. Köppel zieht diese geschmacklosen Kommentare gerne ins Lächerliche, was seine eigene Argumentationslinie bei seinen Followern weiter stützt. Der Shitstorm nach seinem polemischen Twitter-Eintrag vom 26. März 2019 ließ nicht lange auf sich warten: höchste Empörung und Fremdschämen auf der einen Seite und viel Bestätigung und frenetischer Beifall auf der anderen:

>»›Klima‹ ist eine Intensiv-Mode, ein Rausch. Die Leute sind wie*
>*betrunken davon. Betrunkene nur bedingt ansprechbar, Gehirn*

teilweise außer Kraft. Man muss warten, bis sie wieder nüchtern
sind. Und selber keinesfalls aus dieser Flasche trinken.«[88]

Nur einer ließ sich nicht provozieren. Der Schweizer Klimatologe Reto
Knutti – er forscht an der ETH Zürich zum Schwerpunkt Klimaphysik
und war einer der führenden Autoren des vierten und fünften Sach-
standsberichts des Weltklimarats (IPCC). Er begegnete Köppel mit
Fakten, denen dieser nichts mehr entgegenzusetzen hatte:

Über 100 Jahre physikalisches Verständnis, 100 Jahre Beobachtun-
gen, über 50 Jahre Forschung, 30 Jahre IPCC-Klimaberichte, zehn-
tausende von Studien, die ein immer klareres Bild zeigen. Tönt
nicht gerade nach einer Modeströmung, die schnell vorbeigeht ...[89]

Schritt fünf, Sie erinnern sich? Mit kühlem Kopf auf die reinen Fakten
reagieren. Leider kenne ich noch kein einfaches Rezept zum Brückenbau mit Menschen, die sich Fakten gegenüber völlig verschließen und
standhaft Verschwörungstheorien und alternativen Medien anhängen.
Wir können uns nur mit einem hohen Maß an Geduld wappnen und
uns an den Backfire-Effekt erinnern, denn ein Streitgespräch wird
man – genau wie jede Diskussion mit den Flach-Erdlern aus Kapitel
eins – immer verlieren. Populisten wie Roger Köppel, die noch immer
die Klimakrise leugnen, muss man jedoch mit knallharten Fakten entgegentreten, damit sich die Bühne der Leugner und Polemiker langsam, aber sicher leert. Nur Fakten liefern überzeugende Antworten
für einen stabilen Brückenbau. Denn sie sind die einzige Basis für gelungenen Dialog.

Eine Frage der Kommunikation

Wie umgehen mit Hass und Provokation (nicht nur) im Netz? Wer sich selbst gut kennt und sich an ein paar einfache – aber nicht immer einfach einzuhaltende – Regeln hält, kann Hasspostern & Co. gut Paroli bieten und wird auch selbst nicht zum Hassposter.

- Gibt es Themen und Schlagwörter, die Ihre Emotionen regelmäßig in Wallung bringen?
- Wann ist Ihnen das zuletzt passiert? Und mit welchen Fakten könnten Sie den Provokateuren und Leugnern entgegentreten?
- Angenommen, Sie ziehen in ein anderes Land um. Mit welchen der dort üblichen Identitätsmerkmale können Sie sich identifizieren? Und welche Identitätsmerkmale Ihrer Heimat möchten Sie nicht missen?
- Wie könnten diese Identitätsmerkmale für Secondos oder Migranten aussehen?
- Auf welche Weise kann aus beiden Identitäten eine übergeordnete Identität entstehen? Und was wäre der Mehrwert daraus?

9.

Achtsamkeit entwickeln – Manipulationsversuchen keine Chance geben

Sprache löst Bilder in unseren Köpfen aus.
Manche wissen dies manipulativ zu nutzen.
Reflexion kann helfen, uns dagegen zu wehren.

Um Forderungen weit außerhalb des Overton-Fensters sprachlich schöner zu verpacken, gibt es mehrere Möglichkeiten: Man ergänzt sie entweder durch einen Zusatz, der entsprechende Bilder und Emotionen bei Befürwortern oder Gegnern auslöst, oder man verwendet andere Wörter. Statt des neutralen Begriffs »Einwanderung« wird von Politikern rechts der Mitte gerne das Wort »Islamisierung« verwendet, das in zweifacher Weise ungeeignet ist. Es grenzt zum einen die Gruppe der Einwanderer auf Menschen mit muslimischem Hintergrund ein und impliziert zum anderen eine gewaltsame Missionierung, wie zu Zeiten des Propheten Mohammed. Wir verwechseln dabei auch oft die Religion des Islam mit dem Islamismus.

Dieser unangenehme Beigeschmack zwingt manche Menschen geradezu zu einer Reaktion. Als ich einen Artikel auf Social Media teilte, in dem gefragt wurde: »Islamisierung? Kreuze ›Ja bitte‹ oder ›Nein danke‹ an«, und auf dessen manipulative Wirkung hinwies, antwortete mir einer meiner ehemaligen Lehrer: »Ich hoffe doch, dass du nicht willst, dass in 50 Jahren in Europa die Scharia gilt.« Ich war von seiner Reaktion mehr als überrascht. Offensichtlich sind es genau diese manipulativen Bilder, die in diesem sonst so vernünftigen Mann eine sehr düstere Zukunftsvorstellung auslösen. Leider treiben viele Politiker durch ihre manipulierende Wortwahl den Keil noch tiefer in unsere Gesellschaft.

Genauer hinschauen und den »Rahmen« hinter Wörtern erkennen

Die Sprache ist deshalb so machtvoll, weil viele Wörter meist nicht nur eine einzige Konnotation haben, sondern oft einen gesamten Deutungsrahmen. Diese Rahmen basieren auf unseren bisherigen Erfahrungen und lenken unbewusst unser Denken. Besonders in der Politik spielt der jeweilige Deutungsrahmen (oder: das Framing) eine wichtige Rolle. Abstrakte Begriffe, über deren Bedeutung keine Einigkeit herrscht und die entsprechend umstritten sind, werden von politischen Gegnern bewusst eingesetzt und mit einer jeweils eigenen Interpretation versehen. Das ist für uns jedoch eher selten direkt wahrnehmbar. Deshalb ist höchste Vorsicht geboten. »Asyl« ist eines dieser Wörter. Obwohl der Begriff eindeutig definiert ist – Aufnahme und Schutz für Verfolgte –, ist er in der politischen Debatte heute höchst umstritten und wird ganz unterschiedlich benutzt.

Aber auch weniger emotional besetzte Wörter werden nicht von allen Menschen gleich verstanden bzw. lösen ganz unterschiedliche Assoziationen aus. Denken Sie an das Wort »Abenteuer«. Für ein Kind hat ein Abenteuer eine völlig andere Bedeutung als für einen Erwachsenen. Die 1956 entstandene Theorie dahinter heißt »Essentially Contested Concept«[90] und stammt von dem Sozialwissenschaftler Walter Bryce Gallie. Abstrakte Wörter bieten viel Spielraum für Framing, sie werden häufig durch Begriffe ergänzt, die Ängste oder Bedürfnisse auslösen. Denken Sie zum Beispiel an die Formulierung »Asylmissbrauch«. In diesem Fall wird das oben genannte, eindeutig definierte

Wort »Asyl« durch einen Frame ergänzt. Missbrauch ist der widerrechtliche Gebrauch von allerlei Gütern, Positionen oder Lebewesen. Damit wird unterstellt, Asylsuchende hätten kein Recht auf jegliche Güter etc., obwohl das Asylrecht in der Genfer Flüchtlingskonvention genau geregelt ist und es im Grunde zu keinem Missbrauch kommen kann. Hinter den verwendeten (politischen) Schlagwörtern befindet sich entweder eine Metapher (ein sprachliches Bild) oder ein anderer Begriff, der eine Sache verschönert oder schlechter macht – uns also manipulieren will. Sehen wir uns an, in welcher Form solche Deutungsrahmen in der kommunikativen Praxis ihre Anwendung finden.

Metapher

Eine Metapher ist in der Lage, einen abstrakten Begriff durch Verbildlichung greifbarer zu machen und ihm auf diese Weise mehr Emotionalität zu verleihen. Wir können uns das Ganze dann viel besser vorstellen. Das Wort »Flüchtlingswelle« beinhaltet eine Metapher – nämlich die »Welle«. In der Physik ist die Welle als sich »räumlich ausbreitende periodische oder einmalige Veränderung eines Gleichgewichtszustands eines Systems«[91] definiert. Das System ist im Sprachbild der »Flüchtlingswelle« offenbar der Staat und der Gleichgewichtszustand die Menge der Einwohner. Die Veränderung des Gleichgewichtszustands könnte das Bedrohungsszenario für diejenigen sein, die sich vor einer Flüchtlingswelle fürchten. Wir kennen Wellen von Spaziergängen am Meer und von Badeerlebnissen und wissen, dass diese eine unglaubliche Kraft besitzen können und nicht aufzuhalten sind. Und genau die Angst vor dieser unaufhaltsamen Kraft treibt die Flüchtlingsgegner an. Die Medien haben diesen Begriff recht unreflektiert übernommen und verbreiten somit den negativen Deutungsrahmen weiter.

Und diese Art des Framings geht noch weiter. Immer wieder warnen bestimmte Politiker vor einem neuen »Flüchtlingstsunami«, der auf uns zuzurollen scheint. Denkt man dabei an die dramatischen Bilder aus Thailand, als im Dezember 2004 die gesamte Insel Ko Phi Phi von einem Tsunami zerstört wurde, wird klar, was diese Politiker mit ihren bildgewaltigen Wortschöpfungen suggerieren möchten.

Solche Deutungsrahmen werden bei ideologischen Themen meistens absichtlich von jenen vergeben, deren Agenda sie am meisten nützen.

Verschönerung

Auch Marketingabteilungen kennen diese Strategien und ersetzen unangenehme Sachverhalte gerne einfach durch attraktivere Deutungsrahmen. So hat sich im Bereich der Legehennenhaltung der Begriff »Bodenhaltung« etabliert. Auf den Verpackungen für Eier, die aus Bodenhaltung stammen, sind oft schönes gelbes Stroh und zwei glückliche Hühner abgebildet. Der Deutungsrahmen, den sowohl das Wort als auch das Bild implizieren, heißt übersetzt: Die Henne wird auf einem mit viel frischem Stroh bedeckten Boden gehalten und kann in der Halle frei herumlaufen. Der einzige Unterschied zur Freilandhaltung besteht darin, dass die Tiere sich in einer Halle befinden. Doch weit gefehlt. Dieser Deutungsrahmen hat nichts mit der Realität zu tun, in der auf einem Quadratmeter bis zu neun Hühner[92] auf Stahlgittern gehalten werden, die Tiere massiv unter Stress stehen und ständig mit ihrem eigenen Kot in Berührung kommen. Warum verwenden wir also nicht den Begriff »Stahlgitterhaltung«, »Stresshaltung« oder gar »Kothaltung«? Dass die Hersteller diese Begriffe aus marketingtechnischen Gründen nicht verwenden, ist logisch. Was mir jedoch nicht klar ist: Warum übernehmen wir solche schöngefärbten Begriffe, ohne sie zu hinterfragen?

Verschlechterung

Wie sich Begriffe auch verschlechtern können, lässt sich gut am Beispiel der schweizerischen Volksabstimmungen zeigen. Die Initiativen und Referenden sind immer positiv formuliert; daher suchen die Gegner nach einer neuen Formulierung, die das Negative hervorhebt. Befürworter und Gegner organisieren sich in einem Komitee, das meist aus einer oder mehreren Parteien besteht und oftmals auch aus Interessensverbänden, die versuchen, für die jeweilige Position zu werben. Exemplarisch habe ich zwei Initiativen aus dem Jahr 2018 ausgewählt:

Initiative / Referendum	Politisches Schlagwort der Befürworter	Politisches Schlagwort der Gegner
Verbot der Diskriminierung aufgrund der sexuellen Orientierung	Ja zum Diskriminierungsschutz	Nein zum Zensurgesetz
Schweizer Recht statt fremde Richter (Selbstbestimmungsinitiative)	Ja zur Selbstbestimmungsinitiative	Nein zur Anti-Menschenrechts-Initiative

Tabelle 2: Beispiele für die Namensgebung von Referenden

Man sieht deutlich, wie groß die Kluft ist, die sich zwischen Befürwortern und Gegnern alleine durch den verwendeten Deutungsrahmen auftut. Zwischen Diskriminierungsschutz und Zensurgesetz scheint sich nichts anderes zu befinden als ein tiefer Abgrund. Es gibt nur ein Entweder-oder. Auch bei der Selbstbestimmungsinitiative wirkt es, als habe man nur die Wahl zwischen totaler Selbstbestimmung oder der Verletzung aller Menschenrechte. Das ist nun mal das politische System in der Schweiz, möchte man meinen. Leider gibt es diese Kluft auch in Deutschland und Österreich. Man denke nur an die jeweiligen Oppositionsparteien, die gerne heftig polarisieren und indirekt die Botschaft aussenden, man könne entweder nur für oder nur gegen eine Sache sein. Die Grauschattierungen zwischen Weiß und Schwarz fehlen völlig.

Manipulation allüberall

Warum die jeweils »werbenden« Seiten eigene Begriffe etablieren möchten, zeigt die Studie von Lera Boroditsky von der University of California San Diego. Die Rahmen beeinflussen unsere Handlungen in einem viel größeren Maß, als wir vielleicht denken. Boroditsky hat das 2011 – damals noch an der Stanford University – in einem Experiment[93] verdeutlicht. Sie überprüfte, wie unterschiedlich Menschen auf ein und denselben Sachverhalt reagieren. Die Teilnehmer wurden gruppiert, und jede Gruppe bekam den gleichen Sachverhalt mit den exakt gleichen Daten und Fakten vorgelegt; dieser wurde jedoch mit unterschiedlichen Metaphern beschrieben. Es wurde also ein jeweils anderer Deutungsrahmen hinterlegt.

In beiden Schilderungen ging es um das Kriminalitätsproblem der fiktiven Stadt Addison. Im ersten Text wurde die Kriminalität als »wildes Tier, das in der Stadt lauert« beschrieben; im zweiten Text war von einem »Virus« die Rede, »das die Nachbarschaft plagt«. Anschließend befragte man die Teilnehmer, wie sie das geschilderte Kriminalitätsproblem lösen würden. Die Teilnehmer, denen die Kriminalität als wildes Tier nähergebracht worden war, stimmten mehrheitlich dafür, die Kriminellen einzusperren (75 %), für soziale Reformen sprach sich nur ein kleiner Teil aus (25 %). Die zweite Gruppe mit der Metapher »Virus« plädierte mehrheitlich für Sozialreformen (56 %) anstelle einer Gefängnisstrafe (46 %). Den Teilnehmern war nicht bewusst, dass sie durch eine Metapher gelenkt wurden. Nur 3 Prozent gaben an, die Metapher hätte sie beeinflusst. Das Experiment wurde daraufhin noch einmal verändert, indem man die lebhaften Wörter »lauern« (Text 1) und »plagen« (Text 2) entfernte. Der Trend blieb gleich. Unter dem Eindruck der Metapher »wildes Tier« optierten die Probanden der ersten Gruppe noch immer mehrheitlich für die Gefängnisstrafe.

So geht Manipulation! Die Wahlkampfstrategen der Parteien (und auch viele Marketingexperten) machen sich genau diese Muster zunutze und verwenden geschickt platzierte Metaphern, sprachliche Verschönerungen oder Verschlechterungen, um das Denken der Wählerschaft in die von ihnen gewünschte Richtung zu lenken. Schauen wir uns ein paar Beispiele für diverse Deutungsrahmen etwas genauer an: »Das Boot ist voll«, »Der EU-Fördermittel-Dschungel« und »Staatsfunk«.

Im ersten Rahmen, »Das Boot ist voll«, wird das Hoheitsgebiet eines Staates als Boot bezeichnet. Man soll sich ein kleines Schlauchboot mit vielleicht acht Sitzplätzen vorstellen, das sofort zu wackeln beginnt, wenn jemand zusteigt. Ob nun in einem Staat bereits acht von acht Sitzplätzen besetzt sind und ob das Konstrukt »Staat« sofort instabil wird, wenn nur eine weitere Person zusteigt, lasse ich Sie beurteilen. Ich frage mich: Warum wurde nicht der Deutungsrahmen »Das Schiff ist voll« verwendet? 80 Millionen Menschen auf einem metaphorischen Schiff hört sich zwar immer noch sehr eng an; doch klingt »Schiff« verglichen mit »Boot« recht sicher und stabil, sodass man mit diesem Bild wohl keine Angst auslösen würde.[94]

Der zweite Rahmen, »EU-Fördermittel-Dschungel«, wendet die Metapher »Dschungel« auf die Fördergelder der EU an. Ich kann mich noch gut an meinen Urlaub in Kambodscha erinnern, als ich mit dem Guide (und seiner Machete) völlig orientierungslos durch den Dschungel gelaufen bin. Eine eher unangenehme, unsichere Situation. Die EU und deren Fördermittelpraxis sollen mit diesem Deutungsrahmen eindeutig diskreditiert werden. Die beabsichtigte Botschaft: Wer nach EU-Fördermitteln sucht, begibt sich auf unsicheres Terrain, in dem er planlos herumirrt. Die Fördermittel werden so willkürlich vergeben, wie Bäume und Sträucher im Dschungel wachsen. Dass Fördermittel gezielt national und regional vergeben werden und im Einklang mit einer EU-Strategie stehen, wird dabei völlig außer Acht gelassen.[95]

Der letzte Rahmen, »Staatsfunk«, stammt aus der Feder von Rechtspopulisten und suggeriert, dass öffentlich-rechtliche Medien nicht unabhängig, sondern nur im Sinne der regierenden Parteien berichten. Interessant ist in diesem Zusammenhang, dass die FPÖ selbst während ihrer Regierungszeit von 2017 bis 2019 den Staatsfunk auf Linie zu bringen versuchte, denn dieser »rote Staatsfunk« berichtete aus ihrer Sicht in dieser Zeit viel zu sehr im Sinne der SPÖ.[96]

Hinter jedem dieser Begriffe und Formulierungen verbirgt sich ein Deutungsrahmen, in dem wir denken. Manche davon sind eher zufällig entstanden, ohne dass sich jemand etwas Böses dabei dachte oder eine bestimmte Absicht verfolgte – man nehme nur Wörter wie »Konkurrenzkampf« oder »Steuerreform«. Beide lösen ein bestimmtes Denkmuster aus. Welches Muster das ist, hängt von den individuellen Erfahrungen eines Menschen ab, denn wir können diese Muster nicht deaktivieren.

Doch etwas anderes können wir durchaus tun: Wir können sensibler und mit mehr Achtsamkeit auf Worte schauen und sie bewusster verwenden. Diese Achtsamkeit ist besonders dann angebracht, wenn es sich um die Wortschöpfungen von Marketingabteilungen oder politischen Playern handelt, stellen diese doch meist einen (politischen) Frame dar. Und egal, ob Sie nun eine politische Ideologie haben oder eine bestimmte Partei wählen, achten Sie doch einmal genauer auf die Wortwahl jener Partei, die Sie bevorzugen, und fragen Sie sich, ob diese nicht auch bewusst manipuliert. Sie werden erstaunt sein, was es da an unterschwelliger Manipulation zu entdecken gibt. Es ist wichtig, die eigenen Ansichten und das eigene Weltbild immer wieder auf den Prüfstand zu stellen und zu checken, ob wir die Dinge mit einem unvoreingenommenen Blick beurteilen oder nicht. Sie sollten also getrost alle politischen Parolen und Schlagwörter kritisch hinterfragen und überlegen, welche Denkmuster bei Ihnen dadurch ausgelöst werden. Ein gebührender geistiger Abstand und eine Portion gesunde Skepsis sind stets angeraten, wenn eine vorgefertigte Lösung bereits mit einem politischen Begriff geliefert wird.

Mein Tipp: Suchen Sie in solchen Fällen einen neutralen Begriff zum vorgegebenen politischen Schlagwort, indem Sie die Metapher extrahieren, und bewerten Sie die Situation neu. Wie stehen Sie dem jeweiligen Sachverhalt gegenüber, wenn Sie ein neutraleres Wort verwenden?

Begriff mit politischem Deutungs-rahmen	Neutralerer Begriff
Kriminalitätsvirus	Kriminalitätsproblem
Flüchtlingswelle	Menschen auf der Flucht / Flucht-bewegung

Tabelle 3: Vergleich Deutungsrahmen / neutraler Begriff

Von Metaphern umzingelt

Nicht immer sind bewusste und manipulative Deutungsrahmen so einfach erkennbar. Im Grunde leben und denken wir doch alle in Metaphern. So haben es der Philosophieprofessor Mark Johnson (University of Oregon) und der ehemalige Linguistikprofessor George Lakoff (University of California, Berkeley) in ihrem 2003 erschienenen Standardwerk »Metaphors We Live By« (»Leben in Metaphern«) beschrieben. Wir brauchen diese Metaphern, um abstrakte Begriffe zu verstehen und einzuordnen. Denken Sie an Wörter wie »Wirtschaft«, »Inflation«, »Ausbildung«, »Liebe« oder »Argument«. Erst durch eine unbewusste Verknüpfung mit besser greifbaren Wörtern werden auch die abstrakten Wörter in unserem Gehirn verständlich. Dabei wird ein abstrakter Begriff (Quelldomäne) mit einem greifbareren Begriff (Zieldomäne) verknüpft. Wir merken dies gar nicht, da sich diese Verknüpfungen schon längst etabliert haben. In der Wissenschaft wird dieses Phänomen »Conceptual Metaphor Theory« genannt.

Aussage	Quelldomäne	Zieldomäne	Metapher / Rahmen
Lassen Sie uns die Wirtschaft ankurbeln.	Wirtschaft	Motor	Die Wirtschaft ist ein Motor.
Die Wirtschaft freut sich über den Weihnachts-umsatz.	Wirtschaft	Person	Die Wirtschaft ist eine Person.
Die Wirtschaft droht abzustürzen.	Wirtschaft	Objekt	Die Wirtschaft ist ein sich bewegen-des und verletz-liches Objekt.
Die Inflation frisst unsere Gewinne auf.	Inflation	Tier	Die Inflation ist ein gieriges Tier.
Eine gute Aus-bildung öffnet Ihnen Türen.	Ausbildung	Türöffner	Eine Ausbildung ist ein Türöffner.
Diese Ausbildung hilft Ihnen bei der Jobsuche.	Ausbildung	Person	Eine Ausbildung ist eine hilfs-bereite Person.
Meine Frau und ich gehen den Weg gemeinsam.*	Liebe	Reise	Liebe ist eine Reise.
Deine Argumente prallen an mir ab.	Argument	Waffe	Ein Argument ist eine Waffe.

Tabelle 4: Vergleich Quelldomäne / Zieldomäne

---

* Ich gehe davon aus, dass die Ehe auf Liebe basiert ☺.

Ich möchte Ihnen mit diesen Ausführungen gerne bewusst machen, wie sensibel Sprache doch ist und was sie bewirken kann. Die Aussage »Die Inflation frisst unsere Gewinne auf« wird beispielsweise mit dem Ziel verwendet, die Inflation in ein schlechtes Licht zu rücken. Man vergisst dabei schnell, dass eine gewisse Inflation erforderlich ist. Denn ihr Gegenteil – die Deflation – hat meistens eine Wirtschaftskrise zur Folge, da Menschen in dieser Phase damit beginnen, weniger zu konsumieren, weil ihr Erspartes nach und nach mehr wert wird. Selbst mit einfachsten sprachlichen Mitteln, etwa indem man aus dem »Euro« einen »Teuro« macht, lässt sich den Menschen suggerieren, dass die Einführung der neuen Währung ein rapides Ansteigen der Preise zur Folge hätte – und schon versammelt man neue Euro-Gegner hinter sich.

Wir werden uns nicht gegen die Verwendung von Metaphern und Frames wehren können, sie prasseln von zu vielen Seiten auf uns ein und sind omnipräsent, sei es nun in Politik oder Werbung. Aber wir können immer wieder bewusst innehalten und achtsam wahrnehmen, was gewisse Headlines und Buzzwords in uns bewirken.

Politik – eine einzige Metapher

George Lakoff hat in seiner »Moral Politics Theory« untersucht, wie Demokraten und Republikaner in den Vereinigten Staaten denken. Er stellte sich die Frage, warum sich viele Anhänger einer Partei so schnell darüber einig sind, wie ein neuer Sachverhalt zu bewerten ist. Dabei stellte er fest, dass hinter beiden Parteien verschiedene Metaphern stecken. Während Entscheidungen bei den Demokraten meist nach dem Prinzip einer fürsorglichen Familie gefällt werden, steht hinter den Republikanern das Prinzip des strengen Vaters. Hinter beiden Bildern verbirgt sich die Metapher »Die Nation ist wie eine Familie«. Fürsorgliche Ausrichtungen stellen eher eine gute Erziehung in den Vordergrund, sodass die Familienmitglieder (Bürger) später selbst für sich sorgen können, während der strenge Vater am liebsten einen Zaun um sein Grundstück baut und den Familienmitgliedern für jedes Vergehen mit Strafe droht. Die beiden Bilder können Sie, wenn auch nicht eins zu eins, auf die konservative und liberale Politik in Europa übertragen. Halten Sie doch einmal nach diesen Metaphern Ausschau! Welche Parteien haben sich zuletzt a) für strengere Grenzkontrollen oder b) für Integrationskurse, in denen Werte vermittelt werden, eingesetzt, als die Fluchtbewegung höher war?

Elisabeth Wehling, die den Bestseller »Politisches Framing: Wie eine Nation sich ihr Denken einredet – und daraus Politik macht« geschrieben hat, analysierte 2016 die Rhetorik des österreichischen Bundespräsidentschaftskandidaten Norbert Hofer (FPÖ), als er dem Sieger der Wahl, Alexander van der Bellen (ehemals Grüne), gratulierte. Norbert Hofer wünschte dem neuen Bundespräsidenten alles Gute und appellierte an ihn: »Passen Sie auf dieses Land auf.« Zu dieser Zeit war die große Fluchtbewegung von 2015 in den Köpfen der Österreicher noch sehr präsent. Wehling wies nach, dass selbst in dieser simplen, an sich harmlos wirkenden Aussage eine spitzfindige politische Botschaft steckt. Bei den Menschen, die Norbert Hofer zuhörten, sollte ein ganz bestimmter Frame ausgelöst werden: Das Land ist in Gefahr! Denn nur auf etwas, das in Gefahr ist, muss man aufpassen. Strukturiert man diese Metapher und ordnet ähnliche Begriffe dem übergeordneten Rahmen »Das Land ist in Gefahr« zu, merkt man, dass sich die gesamte politische Erzählung dieser Partei auf diese Botschaft stützt und sich die meisten Aussagen der FPÖ darunter einordnen lassen. Der Begriff »Flüchtlingswelle« passt ebenfalls dazu, denn genau davor sollte man sich, so der Deutungsrahmen, schützen.

Geschichte vom Brückenbau: Ein Aha-Erlebnis im Fernsehen

Johannes ist politisch interessiert, hinterfragt jedoch nur wenig und ist stets bereit, die von »seiner« Partei oder anderen Gremien vorgegebenen Sprachmuster relativ ungefiltert zu übernehmen. Vor Kurzem sah Johannes auf einem lokalen Sender einen Fernsehbericht, in dem die politische Debatte zweier Bürgermeisterkandidaten analysiert wurde. Die Diskussion war hoch emotional geführt worden und die beiden Kontrahenten waren sich in ihrer Kommunikation nichts schuldig geblieben. Das eindeutige Ergebnis: Bei diesen beiden Politikern gab es nicht das geringste gemeinsame Verständnis über die Zukunft ihrer Region. Ein Politikwissenschaftler wies im Anschluss an das »Duell« auf die Wirkungsweise von politischen Frames in der Debatte hin und bewies in seiner Analyse, dass sich die beiden Politiker größtenteils Buzzwords an den Kopf geworfen hatten. Offenbar kannten sich die beiden politischen Kontrahenten bereits länger, denn die Diskussion wurde sehr emotional geführt. Fakten blieben die Gegner dem Publikum leider schuldig. Der Politikwissenschaftler zeigte auf, welche neutraleren Alternativen es für die verwendeten Buzzwords gegeben hätte, die eigentlich in der Gemeindepolitik keine Rolle spielen sollten. Dann hätten die Zuhörer eher die Chance gehabt, sich möglichst faktenbasiert ein Bild zu machen.

Buzzword	Rahmen	Problem	Alternative
Flüchtlings-welle	Mehrere unaufhaltsame, selbstständige Wellen aus Flüchtlingen, die uns möglicherweise überfluten.	Die humanitären Fluchtursachen werden zur Gänze ausgeblendet.	Menschen aus Kriegsgebieten helfen
Islamisierung	Eine gewaltsame Missionierung durch Muslime, die ihre Religion in europäischen Ländern verbreiten möchten.	Eine Islamisierung wie in Zeiten des Propheten Mohammed gibt es nicht. Es ziehen lediglich Menschen muslimischen Glaubens in europäische Länder.	Umzug, Einwanderung
Umweltprämie (2009)	Der Staat unterstützt die Wirtschaft und leistet einen Beitrag zum Klimaschutz. Indem man als Konsument von der Prämie Gebrauch macht, tut man ebenso etwas Gutes.	Dass ein Verbrennungsmotor sich niemals positiv auf das Klima auswirkt und andere Bemühungen wesentlich effektiver sein könnten, wird vergessen. Zur CO_2-Minderung trägt diese Prämie kaum bei.[97]	Förderung eines Pkw-Neukaufs
Xenophobie	Xenos bedeutet fremd, jemand hat Angst vor Menschen aus einer anderen Kultur.	Es handelt sich nicht um eine Angst, sondern um Rassismus. Das Wort suggeriert, dass das Problem beim Fremden liegt bzw. dass er das Problem »ist«.	Rassismus

Tabelle 5: Buzzwords in neutrale Form überführt

Diese Untersuchung öffnete Johannes die Augen und machte ihm die Macht der Sprache zum ersten Mal richtig bewusst. Er erkannte, dass es in einer politischen Debatte immer sinnvoll ist, sich die Analyse von Sprach- und Politikwissenschaftlern anzuhören. Heute ist Johannes bestrebt, sich nicht mehr von emotional aufgeladenen Wörtern, die einfach mal in die Debatte geworfen werden, beeindrucken zu lassen und nicht mehr auf jede Schlagzeile aufzuspringen. Ihm ist an jenem Abend klar geworden, dass er im Prinzip mit jedem Wort – von ihm unbemerkt – beeinflusst werden kann. Er nimmt sich nun immer die Zeit, eine gehörte oder gelesene Berichterstattung zu reflektieren. Wählen musste er keinen der beiden schwachen »Buzzword«-Kandidaten, denn glücklicherweise lebt er in einer 15 Kilometer entfernten Gemeinde.

Ist es nun erforderlich, im sprachlichen Gebrauch vollkommen auf Deutungsrahmen und Metaphern zu verzichten? Nein, keineswegs, denn das ist kognitiv gar nicht möglich – und auch nicht wünschenswert, geben diese Mittel der Sprache doch auch Farbe und stimulieren unsere Fantasie. Sprachliche Äußerungen, die auf jegliche Deutungsrahmen verzichten, würden wohl auf ein undurchsichtiges, höchst langweiliges und vollkommen flaches Bürokratengeschwafel hinauslaufen. Doch auch das könnte ein Manipulationsversuch sein: Die Zuhörer und Leser werden durch leblose Worthülsen sprichwörtlich betäubt und schalten ab, wodurch gewisse Botschaften ja auch wieder quasi unerkannt übermittelt werden können. Ich finde, wir alle sollten uns an der Vielfalt und Ausdruckskraft unserer Sprache erfreuen und diese vollumfänglich nutzen, uns aber immer bewusst sein, dass wir durch sie auch beeinflusst werden können. Wer das erst einmal erkannt hat, wird Sprache mit viel mehr Achtsamkeit betrachten und anwenden, wortgewaltige Manipulationsversuche sofort als solche erkennen und dadurch Spaltung durch Sprache verhindern helfen.

Eine Frage der Kommunikation

Sprache in all ihren Spielarten ist ein mächtiges Mittel, um Dinge, Sachverhalte etc. darzustellen, und sie kann sehr gut manipulativ eingesetzt werden. Aufmerksamkeit und Achtsamkeit sind angeraten.

- Fallen Ihnen spontan politische Buzzwords ein?
- Welche dieser Wörter sind in den verschiedenen politischen Lagern höchst umstritten?
- Und wie würden sich Parteien mit einer gegenteiligen Meinung ausdrücken?
- Wenn Sie die Sprachmuster dieser Parteien näher betrachten: Erkennen Sie die Metaphern, die dahinterstehen könnten?
- Wenn Sie an eine der letzten politischen Debatten zurückdenken, die Sie verfolgt haben: Wie fiel Ihre schlussfolgernde Meinung aus? Könnten die verwendeten Metaphern dafür ausschlaggebend gewesen sein?

10.

Bewusstheit aufbauen – kognitive Verzerrungen erkennen

Unser Gehirn manipuliert uns ständig.
Erst wenn wir uns selbst durchschauen, kommunizieren
wir verantwortungsbewusst.

Als ich zum ersten Mal ein Experiment zum »blinden Fleck« (Blind Spot) am Auge durchgeführt habe, war ich höchst fasziniert. Da die Erkenntnisse aus dieser Übung relevant für dieses Kapitel sind, möchte ich sie gerne mit Ihnen teilen. Nehmen Sie ein leeres DIN A4 großes Blatt zur Hand und falten Sie es zwei Mal auf die Größe von DIN A6. Malen Sie am äußersten Rand der rechten Seite auf mittlerer Höhe mit einem Filzstift ein X. Am äußersten Rand der linken Seite malen Sie einen dicken Punkt. Nehmen Sie dann das Blatt in die linke Hand und bedecken Sie Ihr rechtes Auge mit der anderen Hand. Fokussieren Sie Ihren Blick auf das X. Verändern Sie dann den Abstand des Blattes zu Ihrem Gesicht. Bewegen Sie das Blatt näher zu Ihrem Gesicht und anschließend wieder weiter weg.

Faszinierend, nicht wahr? Der Punkt verschwindet kurzzeitig und taucht dann wieder auf. Wie kann man sich das erklären? Die Netzhaut im Auge verfügt über Fotorezeptorzellen, die das Licht verarbeiten. An der Stelle des blinden Flecks befinden sich jedoch keine Fotorezeptorzellen, denn hier tritt der Sehnerv aus der Netzhaut und verbindet sozusagen das Auge mit dem Gehirn. Aus diesem Grund sind wir an dieser Stelle blind. Warum braucht es dieses Experiment, um den blinden Fleck zu finden? Weil das Gehirn die fehlenden visuellen Informationen simuliert und somit ein Gesamtbild ohne den Fleck erzeugt.

Der Bias Blind Spot

So wie uns das Gehirn im Fall des Blind Spot simuliert, etwas zu sehen, was wir gar nicht sehen können, spielt es uns auch einen Streich, wenn es darum geht, Nachrichten und Informationen zu verarbeiten. Grundsätzlich glauben wir, die Dinge unbeeinflusst und ohne Verzerrung wahrzunehmen. Doch dem ist meist nicht so. Viele dieser Verzerrungen haben wir bereits kennengelernt: Backfire-Effekt, Confirmation Bias, Belief Bias, Motivated Reasoning und Frames.

Wir Menschen bilden uns tagtäglich eine Meinung zu diesem und jenem – meist glauben wir, diese Meinung sei richtig und wir hätten diesen Standpunkt vollkommen unbeeinflusst entwickelt. Selbst wenn wir zugeben, dass wir von den Medien, der Werbung und den vielen Postings ständig beeinflusst werden, fühlen wir uns imstande, diese Beschallungen auszublenden und uns autark eine Meinung zu bilden. Erstmals nachgewiesen wurde dieser Umstand in einer wissenschaftlichen Publikation aus dem Jahr 2002 durch die Psychologen Emily Pronin, Daniel Lin und Lee Ross, die damals alle drei an der Stanford University tätig waren.[98] Sie haben empirisch festgestellt, dass sich innerhalb einer bestimmten Gruppe von Menschen der Großteil dieser Menschen für weniger beeinflussbar hält als die anderen Gruppenmitglieder. Die Studie wurde mit Studierenden, Flugpassagieren und amerikanischen Bürgern durchgeführt.[99] Dieser Versuch ist unter dem Namen »Bias Blind Spot« (Verzerrungsblindheit) bekannt. Man denkt, man sehe und verstehe alles und sei gar nicht oder viel weniger anfällig für Manipulation als die Kollegen, während der Großteil der anderen dasselbe von sich selbst denkt. Irgendwo muss hier ein Haken sein, denn die Rechnung geht nicht auf. Ein Beispiel: Die meisten Autofahrer halten sich selbst für einen viel besseren Autofahrer als alle anderen. Das würde jedoch bedeuten, dass es nur perfekte Autofahrer gibt und dementsprechend keine Unfälle passieren – und das ist nachweislich (leider) nicht so.

Die Gefahr der Beeinflussung ist allerdings noch viel größer, wenn es ums Ganze – unser Weltbild – geht, in dem wir gefangen sind. Damit meine ich keine extremen Weltbilder, wie sie zum Beispiel die Anhänger der Flat-Earth-Bewegung haben, sondern unseren ganz persönlichen, direkten Blick auf die Welt. Die meisten Menschen halten ihr Weltbild grundsätzlich für richtig, während sie anderen Weltbildern, die sich von ihrem deutlich unterscheiden, eher skeptisch gegenüberstehen oder sie sogar für Nonsens halten. Dabei glaubt der Großteil der Menschen, wie wir gesehen haben, nicht anfällig für Manipulationen zu sein. Sie betrachten die Basis, auf der sich ihr Weltbild gründet, als Fakt. Weltbilder beruhen jedoch in der Regel auf Meinungen und Glaubenssätzen! Wir beziehen unsere Informationen aus liebgewonnenen Medien und sind überzeugt, davon nicht beeinflusst zu werden oder eine versuchte Manipulation sofort zu erkennen. Doch selbst Journalisten sind hin und wieder vom Effekt des Bias Blind Spot betroffen und werden ihrerseits beeinflusst. Sie erkennen den fatalen Kreislauf? Aus genau diesem Grund gibt es in juristischen Verfahren den Zustand der Befangenheit, wenn man Richtern nicht mehr zutraut, objektiv zu urteilen, da sie auch persönlich von einer Verfahrenssache betroffen sind.

Das Wissen um den Bias Blind Spot und seine Wirkungsweise schützt uns jedoch nicht vor weiterer Beeinflussbarkeit. Ganz im Gegenteil! Denn die meisten Menschen, die besonders klug sind (oder sich für besonders klug halten), gehen davon aus, dass sie anderen Menschen – insbesondere in puncto Meinungsbildung – überlegen sind. Doch Klugheit schützt leider nicht vor kognitiven Verzerrungen. Wir sind also alle ziemlich leicht zu beeinflussen und zu manipulieren. Und das geschieht nicht nur durch Medien, sondern auch durch unser privates und berufliches Umfeld. Genau dafür möchte ich ein erhöhtes Bewusstsein schaffen. Wir sollten stets achtsam hinterfragen, von wem wir Informationen beziehen, ob die Quellen seriös sind und wie wir mit den Informationen umgehen. Trotzdem werden wir kaum immer erkennen können, welche kognitive Verzerrung uns in einer bestimmten Situation gerade einen Streich spielt. Unsere Meinungsbildung kann also gar nicht zu 100 Prozent objektiv sein.

Geschichte vom Brückenbau: Parteizugehörigkeit wider Willen

Nachdem Tim kürzlich Vater geworden ist, ist er mit seiner Familie in eine kleine hessische Gemeinde gezogen und hat dort ein Haus gebaut. Seine Frau und er haben sich im Ort relativ schnell integriert und fühlen sich wohl. Im Gegensatz zu seinen Eltern würde sich Tim selbst als überhaupt nicht politikinteressiert bezeichnen. Seine Eltern sind, bezogen auf die (früheren) Volksparteien, klassische Wechselwähler und beobachten das politische Geschehen immer schon mit Interesse. Die »Tagesschau« ist für sie Pflichtprogramm. Tim konnte damit noch nie etwas anfangen – er entscheidet sich bei den Bundestagswahlen einfach aus dem Bauch heraus.

Auf kommunaler Ebene ist Tim jedoch relativ unzufrieden. Der örtliche Bürgermeister trägt aus seiner Sicht kaum etwas zu einer positiven Gemeindeentwicklung bei. Der Bau des dringend erforderlichen Fußgängerübergangs in einer Gefahrenzone wird ständig verschoben, der Internetanschluss bietet Geschwindigkeiten wie in der Steinzeit und der Renovierung des Kindergartens werden immer wieder sinnlose Prestigeprojekte des Bürgermeisters vorgezogen. Tims Freund Marcel sieht das genauso. Der sitzt allerdings im Gemeinderat, für eine Partei, die nicht den Bürgermeister stellt. Immer wieder macht Marcel in Tims Gegenwart heftig Stimmung gegen den amtierenden Bürgermeister. Meist stimmt Tim diesen Tiraden zu. Eines Tages macht Marcel den Vorschlag, Tim solle sich doch auch in seiner Partei engagieren, um die wichtigen Vorhaben in der Gemeinde mitanzustoßen. Schließlich beträfen die Versäumnisse doch auch Tim und seine Familie, argumen-

tiert Marcel überzeugend. Tim, noch immer nicht an Politik per se, aber an der Gemeinde interessiert, tritt also kurz entschlossen dieser Partei bei. Tims Eltern sind wenig begeistert, denn sie vertritt auf Bundesebene nicht gerade die Werte, die in Tims Familie schon immer hochgehalten wurden. Tim sieht das zwar auch so, beteuert jedoch in Diskussionen mit seinen Eltern, es gehe ihm lediglich um die Durchsetzung der so wichtigen kommunalen Interessen.

Nach einiger Zeit hat sich Tims Familie daran gewöhnt, dass er bei gemeinsamen Treffen regelmäßig politische Diskussionen startet. Dass er dabei zunehmend wie eine Kopie von Marcel klingt, fällt ihm selbst nicht auf – seiner Familie schon. Seine Frau, seine Eltern und Geschwister steigen jedes Mal geduldig und intensiv in die Gespräche ein und bringen Tim dabei immer wieder argumentativ ganz schön ins Schwitzen. Nach und nach kommt Tim zu der Erkenntnis, dass er in vielen Punkten doch eher seiner Mutter zustimmt und nicht Marcel, vor allem, wenn es um die Verteilung der Sozialleistungen geht. An diesem Punkt geht er selbst mit seiner neuen Partei ganz und gar nicht konform.

Marcel möchte, dass sich Tim noch stärker für die Partei engagiert, und hat dazu auch ein paar Vorschläge: Ob er sich die kommenden Wochenenden für den Landtagswahlkampf reservieren könnte? Und ob er sich einen Facebook-Account für den Online-Wahlkampf zulegen würde? Tim fühlt sich irgendwie unter Druck gesetzt und unangenehm berührt. Er spürt, dass es falsch wäre, sich so exponiert einzusetzen, da er sich ja im Grunde immer noch nicht für die Themen der Landes-, Bundes- und Europapolitik interessiert. Ihm geht es nur um die dringend nötigen Maßnahmen in der Gemeinde. Tim lehnt also nach einigem Nachdenken Marcels Anfragen ab.

Dieser reagiert sehr unwirsch auf Tims Entscheidung, die Freundschaft leidet darunter und zerbricht am Ende ganz, als Tim nach einigen Wochen intensiven Nachdenkens wieder aus der Partei austritt. Tim öffnet dieser kurze Ausflug in die Welt der Politik in Bezug auf seine Freundschaft zu Marcel die Augen. Marcel hatte ihn hauptsächlich als möglichen Multiplikator seiner politischen Botschaften gesehen! Aber auch über sich selbst und seine politische Einstellung hat Tim viel *gelernt. Er hat verstanden, dass ihm durch Marcel und die Partei Meinungen aufgezwungen werden sollten, die nicht die seinen waren, dass er manipuliert wurde – aber auch, dass er aufgrund seines Desinteresses an Politik zu Beginn das ideale »Opfer« dieser Beeinflussungen war. Tim ist heute immer noch kein »Political Animal«, aber er verfolgt das politische Geschehen nun mit größerem Interesse, um sich seine eigene Meinung zu bilden. Manipulationen dieser oder ähnlicher Art werden in Zukunft an ihm abprallen. Und auf kommunaler Ebene haben sich Tim und seine Frau mit anderen jungen Eltern zusammengetan, um sich gemeinsam für die Renovierung des Kindergartens einzusetzen.*

Wir sehen an diesem Beispiel, wie schnell (und von uns meist unbemerkt) Verzerrungen und Manipulationen in unser Leben treten können. Tim hat dank dieser Erfahrung erkannt, dass er bisher nicht in der Lage war, sich unabhängig und unbeeinflusst eine politische Meinung zu bilden und dass er dadurch offen für Manipulationen war. Er weiß nun um die Gefahr einseitiger Informationsquellen und hat begonnen, sich eigenverantwortlich zu informieren und entsprechend zu handeln. Sein Parteiaustritt war dann nur ein logischer Schritt. Das ist im Falle ethischer Diskrepanzen, egal ob in einer Partei, einem Verein oder in einem Unternehmen, sicher kein Patenrezept. Es hilft aber oft dabei, sich eine eigene klare Meinung zu bilden – eine Meinung ohne »Hidden Agenda« anderer involvierter Personen, ohne Motivated Reasoning oder Framebildung. Wäre Tim schon immer an Politik interessiert gewesen und hätte er seine Informationen aus unterschiedlichen Quellen bezogen, wäre die Ausgangslage eine völlig andere gewesen – und Marcel wäre mit seinen Manipulationen höchstwahrscheinlich ins Leere gelaufen.

Aufrichtigkeit oder (politische) Karriere?
Ein schmaler Grat

Wie Sie wissen, habe ich mich im österreichischen Wahlkampf 2019 als Nationalratskandidat für die Partei NEOS aufstellen lassen. NEOS steht für »Das Neue Österreich und Liberales Forum« und ist eine relativ junge Partei, die sich den Werten Freiheit, Nachhaltigkeit und Eigenverantwortung verschrieben hat. Die Mitglieder sehen sich mit dem Credo »Der Markt kann alles richten« nicht per se ideologisch liberal, sondern möchten zum Beispiel in Form einer Finanztransaktionssteuer und einer CO_2-Steuer strukturierend eingreifen. Auch den öffentlich-rechtlichen Rundfunk gilt es aus Sicht der NEOS zu verteidigen.[100] Vor meinem Beitrittsentschluss las ich das 176-seitige Parteiprogramm aufmerksam durch und habe die Positionen, die mir selbst wichtig waren, markiert. 90 Prozent der aufgelisteten Ideen erschienen mir plausibel und unterstützenswert.

Als dann infolge innenpolitischer Umbrüche die Neuwahl für den Herbst 2019 angesetzt wurde, riefen die NEOS ihre Mitglieder auf, für den Nationalrat zu kandidieren. Sie wollten jedem – auch Nicht-Mitgliedern – die Chance für ein Mandat geben. In einem dreistufigen Vorwahlprozess – 1. die Stimmen der Öffentlichkeit, 2. des Parteivorstands und 3. der Mitglieder – wurde die Listenposition für die Nationalratswahl bestimmt. Neugierig und begeistert ließ ich mich aufstellen. Bei der Vorwahl mit den Stimmen der Öffentlichkeit konnte ich trotz meiner noch relativ frischen Parteizugehörigkeit recht gut abschneiden und mir eine Position im vorderen zweiten Drittel sichern.

In den weiteren Wahlstufen war diese Position leider nicht mehr ausbaubar. Meine Überzeugung, bei den NEOS richtig zu sein, war jedoch ungebremst, und ich hatte fest vor, mich im Wahlkampf intensiv zu engagieren. Denn die Erinnerungen an meinen ersten Wahlkampf 2009 anlässlich der Landtagswahl in meiner Heimat Oberösterreich waren nur die allerbesten. Damals, als Mitglied der Jungen Volkspartei (der Jugendorganisation der ÖVP, der Schwesterpartei der CDU/CSU in Deutschland und der schweizerischen CVP), setzte ich mich mit großem Engagement für die Wiederwahl des Landeshauptmanns

Dr. Josef Pühringer ein. Der Wahlkampf in den Diskotheken, Freibädern und auf diversen Veranstaltungen schweißte unser Team eng zusammen, die Siegesparty am Wahlabend war legendär und äußerst emotional. In Erwartung ähnlich tiefer Emotionen und verbindender Erlebnisse ging ich mit den NEOS in die Nationalratswahl 2019.

Doch dieses Mal war alles anders. Ich trennte mich damals gerade von meiner langjährigen Partnerin, was meine Prioritäten völlig durcheinanderbrachte. Eine Wohnung finden, das Leben neu ordnen und gleichzeitig beruflich am Ball bleiben – all das verträgt sich nicht unbedingt mit dem Bestreiten eines Wahlkampfes. Heute erkenne ich, wie wichtig diese Phase war. Ich konnte durch diese private Ablenkung eine gewisse Distanz zum Wahlgeschehen wahren und Sachverhalte objektiver beurteilen. Im Wahlkampf bekommen Aktivisten umfangreiche Debattenbücher zu den wichtigsten Themen der Partei zur Verfügung gestellt, um in den Gesprächen mit den Bürgern im Sinne des Motivated Reasoning immer die gerade passenden Argumente parat zu haben. Das ist wichtig, damit die Partei nach außen geschlossen und »mit einer Stimme« auftreten kann. Für die wahlkämpfenden Parteimitglieder ist dies natürlich praktisch, brauchen sie auf diese Weise doch nur mehr wiederzugeben, was ihnen vorgekaut wird, ohne diese Argumentationslinie auf Trugschlüsse oder falsche Prämissen überprüfen zu müssen. Und der Bias Blind Spot jubelt freudvoll!

Ich stellte während dieses Wahlkampfes aufgrund meiner neuen Distanz ernüchtert fest, dass in der Wahlkampfeuphorie die Objektivität der Truppen zur Gänze auf der Strecke blieb. Für eine persönliche, profunde und objektive Meinung zu allen Themen, für die eine bestimmte Partei steht, fehlt es den meisten auch am nötigen eigenen Fachwissen. Wer hat denn schon in allen politisch motivierten Bereichen Expertenwissen? Die Menge des heutigen Wissens und die Masse an Informationen machen es nahezu unmöglich, sich eine Meinung zu bilden, ohne sich im Laufe des Prozesses auf die Einstellungen anderer zu verlassen. Nachdem diese »anderen« auch vom Bias Blind Spot betroffen sind, ist weiterer Verzerrung Tür und Tor geöffnet!

Besonders schockierend geht es in diesem Zusammenhang auf Social Media zu. Es gibt heutzutage Tools, mit denen Parteien und

Unternehmen beobachten können, welche Themen, die sie betreffen, gerade im Trend liegen. Man tut dies in der Hoffnung, den Diskussionsverlauf beeinflussen zu können. Im Wahlkampf werden alle Aktivisten punktgenau benachrichtigt, sobald sich ein Thema in Richtung für oder gegen das Interesse einer Partei bewegt. Die Aktivisten haben es einfach: Sie bekommen komplett vorgefertigte Antworten zur Verfügung gestellt, die sie nur noch posten müssen. Auf diese Weise sind schon viele kleine, vielleicht aber auch größere Shitstorms entstanden. So geht Meinungsmache heute – in Form von kreativer Verzerrung und Manipulation par excellence! Ob das im Sinne der Demokratie ist, wage ich zu bezweifeln.

Jeder Funktionär oder Aktivist einer Partei steht also vor der Frage, aufrichtig oder im Sinne seiner Parteikarriere zu agieren. Objektiv oder subjektiv zu sein. Wer sich so entscheiden muss, wandelt auf einem schmalen Grat. Ich habe es selbst erlebt: Ich habe immer versucht, so objektiv wie möglich zu bleiben und meinem Bias Blind Spot kaum eine Chance zu geben. Denn Objektivität ist für mich einer der wichtigsten Pfeiler beim Brückenbau.

Geschichte vom Brückenbau: Parteilinien nicht sklavisch nachahmen

Mein Freund Max kennt sich in der Energiewirtschaft gut aus und fragte mich, wie ich zu dem Thema »Erd- oder Freilandstromleitungen für 110-kV-Leitungen« stehe. Meine Partei, NEOS, argumentierte dazu, dass 110-kV-Leitungen unter die Erde gehören, und folgte einer Bürgerinitiative der Region Mühlviertel in Oberösterreich, die Freileitungen kategorisch ablehnt. Max brachte mir gegenüber vor allem physikalische Argumente vor, um zu begründen, warum die Initiative meiner Partei völlig populistisch sei und auf unkorrekten Daten beruhen würde. Mir war die Physik an dieser Stelle zu komplex, und außerdem kannte ich diese Initiative meiner Partei gar nicht näher. Ich beschloss, mir eine objektive Meinung dazu zu bilden. Ich bat Max um die Daten, auf denen seine Argumentation beruhte, und konfrontierte damit unseren Landessprecher, der meine Bedenken sehr ernst nahm. Er sandte mir ein Gutachten der TU München und lieferte zahlreiche Argumente der Partei gleich mit.

Ich habe mir dieses über 100-seitige komplexe Gutachten grob angesehen und konstatiert, dass ich mir ohne Basiswissen in Elektrizitätswissenschaften kein objektives Urteil bilden konnte. Ich kenne zwar das Ohm'sche Gesetz, aber das half nur wenig. In der Tageszeitung »Kurier« las ich zu der Thematik ein Interview von Dr. Werner Steinecker, CEO des Energieversorgers Energie AG Oberösterreich. Er argumentierte, dass das Gutachten in der fachlichen Aufarbeitung nur die Hälfte der Wahrheit in Betracht ziehen würde. So würden heute schon Leitungen als Doppel-Leitungen gebaut, die Gutachter hätten jedoch nur eine einfache Leitung berücksichtigt.[101] Na wunderbar, es scheint, als wäre das Gutachten im Sinne des Motivated Reasoning erstellt worden. Laut NEOS hat sich Steinecker im Sinne einer Manipulation auf ein anderes Gutachten bezogen.[102] Die Tatsache, dass verschiedene Gutachten mit mehr als 100 Seiten existieren und alleine die unterschiedliche Bodenbeschaffenheit der Region zu einer anderen Schlussfolgerung führen kann, ist für mich wenig vertrauenerweckend. Offensichtlich sind sich ja nicht einmal die Experten einig. Wie soll ich als Laie mir da ein objektives Urteil bilden? Da ich im Sinne eines Brückenbaus immer nach Objektivität strebe, konnte ich nicht »nachgeben« und mich einfach der Parteimeinung anschließen. Ich kam zu dem Entschluss, dass ich mir in diesem Fall aufgrund von Wissenslücken keine eigene Meinung bilden konnte, und weiß bis heute nicht, wer recht hat.

Spaltung – bleiben oder gehen?

In den darauffolgenden Monaten verfolgte ich die Themen, zu denen sich meine Partei äußerte, sehr genau und bildete mir erst überlegt und bewusst eine eigene Meinung, bevor ich mich der Parteilinie anschloss – oder nicht. Als dieses »oder nicht« immer öfter vorkam, wurde mir klar, dass es Zeit war, eine Entscheidung zu treffen.

Da stand ich nun mit meiner NEOS-Mitgliedschaft und meinem Engagement und fühlte mich aus verschiedenen Gründen ziemlich desorientiert. Im Wahlkampf hatte ich keinerlei emotionale Nähe mehr gespürt. In immer mehr Themenbereichen konnte ich der Parteilinie aufgrund unterschiedlicher Meinungen nicht folgen.

Doch das war noch nicht alles. Ich stellte – immer noch mit meiner neu gefundenen Distanz – fest, dass »meine« NEOS dasselbe manipulative Framing, »Abschaffung von Zwangsgebühren!«, nutzten wie die FPÖ. Zwar ging es bei den NEOS nicht um die Abschaffung der Gebühren für den öffentlich-rechtlichen Rundfunk, sondern um den Verzicht auf die Beiträge für die Interessensvertretung von Unternehmern im Rahmen des Konstrukts Wirtschaftskammer. Sie kommunizierten dazu zwar nicht ganz so exzessiv wie die FPÖ, aber ich empfand das Framing als sehr ähnlich.

Wie konnte es dazu kommen? An welcher Stelle hatte ich mich geirrt? Ich hatte das Parteiprogramm mehrfach gelesen und sorgfältig auf meine Werte hin überprüft – und war der Partei schlussendlich mehr als überzeugt beigetreten, weil mir alle anderen Parteien zu schwammig, zu unehrlich oder zu populistisch waren. Trotzdem sah ich mich bereits nach wenigen Monaten einem Abgrund gegenüber, der mich von vielen Standpunkten dieser Partei trennte.

Ich war in einem Zwiespalt gefangen, sprach die Parteilinie nicht immer nach, äußerte konträre Meinungen und eckte dadurch parteiintern mehr und mehr an. Mit anderen Worten, ich erlebte Spaltung pur. Ohne stramme Parteidisziplin ist eine Karriere als Abgeordneter jedoch kaum machbar, erst Klubzwang und Fraktionsdisziplin ermöglichen die gemeinsame Umsetzung größerer Projekte. Die eigenen Werte und das individuelle kritische Denken werden auf diese Weise gnadenlos zwischen den Rädern der Parteidisziplin zermalmt.

Ich war so begeistert und überzeugt in das Abenteuer NEOS gestartet, musste mir nun jedoch eingestehen: Ich als »kleiner« Parteisoldat war nicht bereit, kritisches Denken und jegliche Objektivität aufzugeben, um Parteiprogramme auch dann brav nachzubeten, wenn sie meiner persönlichen Überzeugung zuwiderliefen. Und schon gar nicht wollte ich mich zu manipulativer Kommunikation hinreißen lassen, wie es leider quer durch alle Parteien gang und gäbe ist. Wer einer Partei beitritt, übernimmt damit offiziell nach außen auch die Ideologie dieser Gruppierung. Und dazu war ich nicht bereit. Ich wollte weiterhin meine persönliche Meinung frei kommunizieren und mir ohne festgelegte Ideologie meine Objektivität bewahren. Ich trat daher nach 23 Monaten Parteizugehörigkeit wieder aus.

Brückenbau wird in der Politik erst dann gelingen, wenn Abgeordnete und Funktionäre ihren Werten treu bleiben, ihre kognitiven Verzerrungen erkennen und dadurch mit erhöhter Reflexion ihrer Arbeit nachgehen. Solange dies nicht der Fall ist, stellt sich unweigerlich die Frage, wie echte Demokratie funktionieren kann, wenn die einzige Möglichkeit, objektiv, verantwortungsbewusst und integer bleiben zu können, der Parteiaustritt ist. Das ist aus meiner Sicht ganz einfach: Demokratie kann funktionieren, wenn der Diskurs wichtiger ist als der Machterhalt! Wenn sich Menschen auf der Basis von Werten treffen und aufrichtig zueinander sind. Demokratie kann funktionieren, wenn jede Bürgerin und jeder Bürger verantwortungsvolle Kommunikation einfordert. Demokratie kann funktionieren, wenn echte Bewusstheit eintritt und Verzerrungen keine Chancen mehr haben. Ich weiß, es ist noch ein weiter Weg bis dahin, doch wenn meine Überlegungen das Ganze etwas beschleunigen, habe ich mein Ziel erreicht. Der erste Schritt dieses Weges beginnt bei jedem Einzelnen von uns, indem wir selbst stets verantwortungsbewusst kommunizieren und Manipulationen keine Chance geben.

Kognitive Verzerrungen – auch in Unternehmen

Die Erkenntnisse, die ich in der Politik gewonnen habe, lassen sich gut auf Unternehmen übertragen. Auch dort werden den Mitarbeitern häufig vorgefertigte Leitfäden zu Produkten und Dienstleistungen zur Verfügung gestellt. Selbstständiges Denken ist weder nötig noch erwünscht. Diese Leitfäden werden oft im Sinne des Motivated Reasoning erstellt – das Unternehmen oder das Produkt kommt ausschließlich positiv rüber, auch wenn es eventuell umstritten ist. Als Mitarbeiter in einem Unternehmen bezieht man in der Regel alle relevanten Informationen hauptsächlich aus einer einzigen Quelle. Über die Jahre hinweg entwickelt sich dadurch eine gewisse Betriebsblindheit und alle Unternehmensglaubenssätze werden erfolgreich indoktriniert. Das führt häufig zu einer Art »illusorischen Überlegenheit«. Das Unternehmen (bzw. seine Mitarbeiter) hält sich für besser als die Konkurrenz und überschätzt die eigenen Produkte oder Dienstleistungen maßlos.

In der Psychologie wird dieses Phänomen der Selbstüberschätzung unter dem Begriff »Illusory Superiority« behandelt und erforscht. Die Selbstüberschätzung unserer Leistungen und unseres Wissens hilft uns, unseren Selbstwert und unser Selbstvertrauen aufrechtzuerhalten. Oftmals fehlt einfach nur die objektive Möglichkeit, sich richtig einschätzen zu können. Diese erhalten wir, wenn wir die Tatsache der Illusion akzeptieren und bereit sind, wesentlich tiefer in Themen einzutauchen, bevor wir uns eine Meinung bilden. Dann wird man auch nicht überrascht, wenn die Umsatzzahlen anders ausfallen, als es die eigene Markteinschätzung voraussah.

Verzerrungen bergen die Gefahr, das Umfeld falsch wahrzunehmen, was durch verschiedene Ansichten zwischen Umfeld und Unternehmen zu einer Spaltung beitragen kann. Ein Beispiel gefällig? Kennen Sie das Produkt »Glaceau Smartwater«, inspiriert aus der Cloud? Man könnte meinen, es handle sich dabei, ähnlich wie das Smartphone, das Daten in der Cloud speichert, um ein neuartiges technisches Gerät. Doch weit gefehlt. Der Hersteller Coca-Cola nimmt für sich in Anspruch, besonders »smart« zu sein, weil das Wasser – Zitat

Coca-Cola – von »Wolken inspiriert« und infolgedessen besonders gesund sei. Die Realität sieht jedoch anders aus: Das Wasser wird zur Herstellung verdampft (und wieder kondensiert), wertvolle Mineralien werden ebenfalls verdampft und danach wieder künstlich hinzugefügt.

Vielen Verbrauchern stößt dieses Produkt bzw. dessen Vermarktung sauer auf. Auf der Plattform *foodwatch.org* haben sie das Smartwater zur »dreistesten Werbelüge des Jahres« gewählt. Coca-Cola wurde 2018 der Negativpreis »Goldener Windbeutel« verliehen, weil den Verbrauchern eine wissenschaftliche Grundlage vortäuscht wird, im Bestreben, mehr als das Siebenfache für eine gewöhnliche Flasche Wasser einzustreichen. Rein rechtlich ist das Wasser nicht einmal als Mineralwasser, sondern nur als Tafelwasser klassifiziert – und besser schmeckt es laut Foodwatch auch nicht. Konfrontiert mit dem Negativpreis antwortete Christoph Friedrich, damals Marketingmanager von Coca-Cola, im Interview: »Wir halten die Kritik für nicht gerechtfertigt, und der Geschmack kommt bei unseren Verbrauchern sehr gut an. Und die Verbraucher sind es auch, die entscheiden, ob sie das Produkt kaufen möchten oder nicht.«[103] Echter Dialog sieht definitiv anders aus.

In einer schriftlichen Stellungnahme warf Coca-Cola dem Verein Foodwatch und somit den Verbrauchern vor, den Konzern aus reinen PR-Gründen für den Negativpreis zu nominieren, um der Preisverleihung mehr Aufmerksamkeit zu verschaffen.[104] Hallo Coca-Cola, wir haben eben euren Bias Blind Spot gefunden! Hier zeigt sich für mich aber auch noch ein anderes Bild. Der Konzern versucht mit allen Mitteln, sein Weltbild aufrechtzuerhalten. Und die Verantwortlichen unterstützen das, nur um der eigenen Karriere nicht zu schaden – ganz anders als Miriam, die Juristin aus meinem Beispiel weiter vorne, die sich und ihren Werten treu bleiben wollte und dafür auch eine zunächst unbequeme Entscheidung traf. Fazit: Dieses global agierende Unternehmen hat, zumindest in diesem Fall, im Hinblick auf das Thema Brückenbau noch nicht viel verstanden.

Im Jahr 2019 ging der Negativpreis für die dreisteste Werbelüge übrigens an das Bio-Unternehmen Zwergenwiese – prämiert wurde eine Tomatensoße für Kinder, die mehr als doppelt so viel Zucker enthielt wie die Soße für Erwachsene. Die Weltgesundheitsorganisation empfiehlt jedoch, Produkte für Kinder ohne weiteren Zuckerzusatz anzubieten. Konfrontiert mit dem Preis antwortete Jochen Walz, Geschäftsleiter der Zwergenwiese Naturkost GmbH: »Ich denke, Sie haben sich viele Gedanken gemacht um die Zwergenwiese. Und da wir ein verantwortungsvolles Unternehmen sind und sehr stringent mit Kritik umgehen, fühlen wir uns auch wirklich dazu bewogen, diesen Preis anzunehmen.«[105] Das Unternehmen ging tatsächlich wertschätzend mit den Erkenntnissen um und bot Foodwatch an, lösungsorientiert und kooperativ mit ihnen zusammenzuarbeiten. Ein gemeinsames Foto anlässlich der Preisverleihung beweist diesen positiven Willen zum Dialog. Sie sehen, so schwierig ist unternehmerischer Brückenbau gar nicht, ganz im Gegenteil. Die Annahme des Preises und die Einsicht des Unternehmens brachten Zwergenwiese außerdem viel positive PR.

Das steht für einen reifen und bewussten Umgang mit Kritik. Wer sich hingegen nach negativer Kritik reflexartig mit manipulativen Tricks verteidigt, hat das nicht verstanden. Es geht letztlich doch darum, ein Bewusstsein dafür zu schaffen, was bislang falsch gelaufen ist. Ob Parteimitglied oder Mitarbeiter eines Unternehmens, wir alle haben jederzeit die Wahl, entweder das intern (und »von oben«) vorgegebene Spiel mitzumachen oder den Bias Blind Spot in einer Organisation mutig aufzuzeigen. Es liegt ausschließlich an uns, kognitive Verzerrungen nicht mehr zuzulassen und mehr Bewusstheit aufzubauen!

Eine Frage der Kommunikation

Es ist kein Muss, sich einer Gruppe – egal ob nun beruflich oder privat – mit Haut und Haaren zu verschreiben, nur weil man ein grundsätzlich gutes Gefühl hat. Um diesen Fehler zu vermeiden, helfen ein paar kritische Fragen an sich selbst.

- Haben Sie sich bereits auf die Suche nach Ihrem persönlichen Bias Blind Spot gemacht? In welchen Bereichen könnte er zu finden sein?
- Aus welcher Organisation oder Gruppierung beziehen Sie einseitige Informationen und könnten somit »Opfer« einer kognitiven Verzerrung sein?
- Sind Sie Mitglied einer Organisation oder eines Vereins, mit deren oder dessen Botschaften Sie sich immer weniger identifizieren können? Und wenn ja, was hält Sie noch vom Austritt ab?
- Gibt es Bereiche, in denen Sie glauben, anderen überlegen zu sein, obwohl diese auch eine sehr gute Leistung erbringen? Kommt es vor, dass Sie deren Leistungen schlechtreden?
- Können Sie Kritik annehmen oder verteidigen Sie Ihren Standpunkt stets mit allen Mitteln?

Teil III

GEEINT

Welche Erkenntnisse lassen sich aus den bisherigen Überlegungen ziehen? Eines steht fest: Es ist zwar nicht immer einfach, aber durchaus möglich, Brücken zu bauen und in Dialog zu treten. Sich einem Diskurs zu stellen ist dabei wesentlich schwieriger, als die bisherigen – möglicherweise falschen – Standpunkte vehement zu verteidigen. Denn Diskurs bedeutet auch, die eigenen Fehler und Schwächen, die unter anderem aus kognitiven Verzerrungen entstanden sind, zuzugeben. Nur dann können sich Menschen, Organisationen und Unternehmen gesund weiterentwickeln. Nur wer bereit ist, eigene Fehler zu erkennen und zu korrigieren, handelt verantwortungsvoll. Eine auf diese Weise geeinte Welt bedeutet dabei keineswegs das Ende von Konflikten und Widersprüchen. Nein, diese werden uns wohl ständig begleiten. Der Historiker Yuval Noah Harari beschreibt diese Widersprüche in seinem Bestseller »Eine kurze Geschichte der Menschheit« als Würze einer jeden Kultur. Er sieht in ihnen den Motor unserer Kultur, der uns auf menschliche Art kreativ und dynamisch macht.

Der Generationenkonflikt zwischen der Fridays-for-Future-Bewegung und der »alten« Welt kann aus meiner Sicht als Treibstoff für diesen Motor des gesellschaftlichen Wandels verstanden werden. Aber auch andere Konflikte, wie jene zwischen rechten und linken politischen Kräften, könnten als Energiequelle statt als Bremse für diesen Motor genutzt werden. Durch einen starken Willen zum Dialog und Diskurs auf Basis einer echten Haltung können wir trotz aller Widersprüche den Weg in eine geeinte Gesellschaft finden. Das ist wichtig, denn in einer geeinten Gesellschaft werden wir uns weit weniger empören und uns nicht mehr von der Emotionsindustrie verrückt machen lassen. Das beinhaltet auch die beständige Überprüfung unserer persönlichen Meinung; wir sind bereit, diese zu ändern, wenn wir zu neuen Erkenntnissen gelangen.

11.

Wir sind alle Journalisten – jeder trägt Redaktionsverantwortung

Ein guter Journalist erzählt die Wahrheit und setzt alles daran, sie zu finden. Das ist seine Verantwortung – aber auch die unsere!

Im Jahr 2016 habe ich das erste Mal mein Rhetorik-Start-up »Speech5« vor Investoren gepitcht. Mein erklärtes Ziel mit dem Produkt ist es, noch bessere Vorträge und Präsentationen zu gestalten. Potenzielle Investoren wünschten sich im Vorfeld natürlich einen Überblick darüber, wie groß der Markt für dieses Produkt eigentlich ist. Ich machte mich an eine dementsprechende Recherche und fand heraus, dass weltweit etwa 30 Millionen PowerPoint-Präsentationen pro Tag gehalten werden. Ich entdeckte mehrere Quellen, die diese Zahlen bestätigten, unter anderem die »Computerwoche«, das »Handelsblatt«[106], die »Welt« und diverse Bücher[107]. Da es sich dabei um seriöse Medien handelt, übernahm ich diese Zahl für meine Präsentation. Erst im Zuge einer anderen Recherchetätigkeit fand ich heraus, dass die Originalquelle von Robert Gaskins, einem der Erfinder von PowerPoint, stammt. Er hat das Unternehmen bereits 1993 verlassen: »After I left, others from the original team continued working and ten years later, by 2003, PowerPoint revenues for Microsoft exceeded $1 billion annually. By then PowerPoint was being used by over 500 million people worldwide, with over 30 million PowerPoint presentations being made every day.«[108]

Rekapitulieren wir also: Im Jahre 2003 wurden laut dieser Quelle 30 Millionen PowerPoint-Präsentationen pro Tag gehalten. Man benötigt nicht viel Fantasie, um sich auszumalen, dass diese Zahl heute um einiges höher sein muss. Und trotzdem hält sich in seriösen, vertrauenswürdigen Medien die ursprüngliche Zahl aus dem Jahre 2003, wird ungeprüft übernommen und freudig immer weiter verbreitet. Und die berühmten »30 Millionen« sind weiter im Umlauf: Das »Handelsblatt« verwendete die Zahl erneut im Jahr 2020.[109] Wenn ich heute (am 01.06.2020) im Internet den Suchbegriff »30 Millionen PowerPoint Präsentationen« eingebe und die Suchkriterien bei Google auf »letzte Woche« einstelle, taucht zweimal dieses höchst veraltete Ergebnis auf. Die Zahl hat also weiterhin eine blühende Zukunft, wie falsch sie auch ist.

Wir wissen, dass sich in den letzten 20 Jahren im Umgang mit Multimedia enorm viel – wenn nicht alles – verändert hat. Die Zahl der täglich weltweit gehaltenen PowerPoint-Präsentationen kann heute gut und gerne um ein Zehnfaches höher sein. Als ich den Fehler schlussendlich realisierte, war es mir furchtbar peinlich, im Pitch falsche Daten geliefert zu haben. Abgesehen davon, dass ich für meinen eigenen Vertrieb durch diese inkorrekte Zahlenangabe auch das Marktpotenzial meines Projektes als viel zu gering eingeschätzt hatte!

Nun ist dieses zahlentechnische Versehen allein sicherlich kein Beispiel für eine gravierende Spaltung, einen Brückenbau oder eine Einigung. Doch die nicht vorhandene Sorgfalt bei der Recherche quer durch alle Medien ist durchaus ein Teil des Problems, bezogen auf Themen, die unsere Gesellschaft wirklich spalten. Für mich war diese Erfahrung auch ein Augenöffner – mir wurde klar, dass selbst seriöse Medien Informationen wiedergeben, die nicht oder nicht mehr den Tatsachen entsprechen. Ich unterstelle hier keine bewusste Verbreitung von Fake News, denn das trifft in diesem Fall definitiv nicht zu. Es handelt sich wohl vielmehr um eine Rechercheschlamperei, um ein Ausruhen auf wohlbekannten Fakten. Selbst versierte Journalisten haben sich von der Tatsache, dass eine Zahl immer wieder von anderen

Medien verwendet wurde, täuschen lassen. Statistiken wie diese können offenbar auch durch den Faktor Zeit reingewaschen werden, denn das Originalzitat findet man, ohne den Namen Gaskins zu kennen, nur sehr schwer. Bedenklich, oder?

Geschichte einer Einigung: Viren-Faktencheck dringend erforderlich

In der chinesischen Stadt Wuhan tauchte im Dezember 2019 ein neues Virus auf. Im Januar 2020 wurde in dieser Stadt innerhalb von zehn Tagen ein vollständiges Krankenhaus aus dem Boden gestampft. Markus, ein junger Mann, der auf Social Media sehr aktiv ist, nahm diese für ihn besorgniserregende Nachricht zum Anlass, sich näher über die Zustände in China zu informieren. Im Zuge seiner Recherchen stieß er Ende Januar auf ein Video mit höchst brisanten Informationen. Der YouTube-Kanal »Odysseus« versprach, anders als die Mainstream-Medien, die ganze Wahrheit rund um das neue Coronavirus aufzudecken, weil er angeblich über geheime und exklusive Informationen verfüge. Markus war bestrebt, seinen neuesten Wissensstand mit anderen zu teilen, und verbreitete das Video in einer WhatsApp-Gruppe, in der sich auch Sarah aufhielt. Sarah ist eine bewusste und verantwortungsvolle Social-Media-Teilnehmerin, die ihre Rolle als eigenverantwortliche Redakteurin von Inhalten ernst nimmt. Sie schaute sich das Video an und ihr fiel schon nach kurzer Zeit auf, dass ein anonymer Sprecher die Einschätzungen von Behörden und Virologen kritisierte und ohne Nennung von Quellen wilde Behauptungen aufstellte.

Sarahs Skepsis war erwacht. Sie checkte, welche weiteren Videos dieser Kanal anbot, und fand folgende Informationen: Der Kanal behauptete, die einzige Wahrheit über die Klimalüge und den Mobilfunkstandard 5G zu kennen. Ein Klick auf das Impressum lief ins Leere. Es war nicht ersichtlich, wer der Sprecher in dem Corona-Video ist und wer die Videos überhaupt produziert hatte. Sarah wies in der Gruppe sofort auf diese dubiosen Fakten hin und Markus wurde bewusst, dass

er vollkommen überzogenen Fake News aufgesessen war und dazu bei-
getragen hatte, Panik zu schüren. Dabei wollte er doch nur helfen, die
Wahrheit über eine in naher Zukunft alle betreffende bedrohliche Situ-
ation zu verbreiten. So etwas sollte ihm nie wieder passieren. Auf der
Suche nach echten Fakten rund um SARS-CoV-2 entdeckte Markus auf
dem Faktenchecker mimikama.at alle bis zu diesem Zeitpunkt aufge-
stellten Behauptungen und Widerlegungen von Wissenschaftlern. Alle –
dieses Mal überprüften und korrekten – Infos teilte er wiederum sofort
mit seinen Freunden in der WhatsApp-Gruppe. Den Teilnehmern
dieser Gruppe ist es somit gelungen, mit Sarahs und im zweiten Schritt
auch Markus' Unterstützung ein neues kommunikatives Bewusstsein
zu entwickeln und sich nicht mehr von wirren, ungefilterten Aussagen
blenden oder gar beeinflussen zu lassen.

Leider hilft uns der gesunde Sachverstand nicht immer dabei, zu erkennen, ob Falschinformationen vorliegen oder nicht, weil wir ständig
kognitiven Verzerrungen ausgesetzt sind. Es stehen außerdem nicht
immer passende Faktenchecker zur Verfügung. Selbst *mimikama.at*
hatte das Video von Odysseus erst auf dem Radar, nachdem es schon
vielfach viral gegangen war. Fehler passieren gleichermaßen bei seriösen Medien wie bei Faktencheckern. Wir sollten daher die uns vorgesetzten Informationen stets kritisch beleuchten und hinterfragen. Und
uns vor allem darüber im Klaren sein, dass wir alle, ohne Ausnahme,
eine redaktionelle Verantwortung haben, wenn wir Beiträge teilen
oder selbst verfassen. Im Zeitalter von Social Media sind wir ebenfalls
zu Redakteuren geworden! Unsere Freunde und Follower sind nun
auch unsere Leser, sie beziehen Informationen durch uns und haben
ein Recht, sich auf die von uns gelieferten Fakten verlassen zu können.
Doch wie können wir das gewährleisten?
    Es lohnt sich, sich das Vorgehen von verantwortungsvollen Jour-
nalisten im Umgang mit News näher anzusehen und davon zu lernen.
Was genau tun sie, um Fake News von korrekten, berichtenswerten
Tatsachen zu unterscheiden? Die E-Mail-Box der meisten Journalisten und Redakteure quillt ständig über, sie müssen extrem schnell erkennen, was davon relevant ist, aber auch, wo sich Fehlinformationen

eingeschlichen haben. Insbesondere investigative Journalisten müssen das in Perfektion beherrschen. Wenn sie Skandale in Politik und Wirtschaft aufdecken, sind sie besonders auf die Unterstützung von verlässlichen Informanten angewiesen. Wie also erkennt ein Journalist – und auch wir als Social-Media-Teilnehmer –, ob eine Information, das zugespielte Video oder die Audioaufnahmen echt sind?

Fakes als solche erkennen

Dass Videoinhalte verfälscht und manipuliert werden können, ist nicht neu. Was viele Menschen jedoch nicht wissen: dass es schon mit äußerst geringen IT-Kenntnissen möglich ist, die Gesichter in den Videos auszutauschen. Die Software DeepFaceLab[110] zum Beispiel kann bei solchen Aktionen fast Unglaubliches bewirken. Sie wählen einfach ein Video aus, das Sie verändern möchten, und stellen der Software ein weiteres Video zur Verfügung, in dem das einzutauschende Gesicht in möglichst vielen Variationen (Mimik etc.) auftaucht. Die Software versucht nun, diese Gesichtszüge künstlich zu erstellen, und prüft automatisch, ob sie mit dem Original übereinstimmen. Daraus lernt die Software und wiederholt den Prozess immer wieder. Je länger das dauert, desto besser wird der Algorithmus und desto genauer stellt sich das auf diese Weise entstandene Fake-Video dar. Dieser Vorgang ist in der Praxis natürlich viel komplizierter, funktioniert aber vom Grundsatz her nach genau diesem Muster. Die Technologie dahinter heißt »Deep Learning« und ist ein Teilbereich der künstlichen Intelligenz. Die Skills, die die Software im Rahmen des Erstellungsprozesses erlernt hat, werden später einfach auf das zu fälschende Video angewandt, und schon ist das Deepfake-Video fertig.[111] Sie kennen vielleicht das berühmte Video, in dem Barack Obama seinen Nachfolger Donald Trump als Vollidioten beschimpft – dabei handelte es sich aber gar nicht um den echten Obama.[112] Deepfake hatte zugeschlagen! Es ist beinahe wie bei X-Factor: Der Grat zwischen Wahrheit und Fiktion – das Unfassbare – ist sehr schmal und wird zunehmend schmaler.

Doch nicht nur Gesichter, auch Umgebungen in Videos können ganz einfach ausgewechselt werden. Der Grafikkartenhersteller NVIDIA, ein Entwickler von Grafikprozessoren, hat eine Software entwickelt, mit der eine Umgebung in Real Time von Winter auf Sommer oder von Tag auf Nacht konvertiert werden kann.[113] Und wenn man nicht einmal mehr der Live-Umgebung trauen kann, um gewisse Faktenchecks durchzuführen, dann wird es dramatisch. Mich erfüllt diese Entwicklung mit großer Sorge, und ich kann nur dazu aufrufen, künftig bei allem, was uns als News in jedweder Form vorgesetzt wird, noch genauer und kritischer hinzusehen. Genauso wie Journalisten die Überwachungsvideos ihrer Informanten akribisch auf Fälschungen prüfen müssen, sollten wir alle mit Videos künftig kritischer umgehen. Das wird keine leichte Aufgabe, denn eines ist sicher: Die künstliche Intelligenz, die dahinterliegt, wird besser und besser! Investigative Journalisten beauftragen versierte Experten, um sicherzustellen, dass sie im Rahmen ihrer Aktivitäten keinem Betrüger auf dem Leim gehen. Diese Möglichkeit haben wir nicht und wir brauchen sie im Prinzip auch nicht. Ich möchte Ihnen diese drei Tipps von Miro Weber, einem Deepfake-Experten, ans Herz legen:

- Achten Sie beim Betrachten von Videos auf die Übergänge (z. B. bei den Augen und Ohren). Vielleicht sieht man auch Bartelemente, wo keine sein sollten.
- Prüfen Sie die Licht- und Farbverhältnisse im Gesicht der Protagonisten. Stimmen diese mit dem Rest des Settings überein?
- Schauen Sie genau, wie der Blick der Personen wirkt. Authentisch und lebendig oder eher leblos und künstlich? Gibt es überhaupt einen Lidschlag?

Das Start-up Deeptrace und die TU München (FaceForensics++) beschäftigen sich mit Algorithmen, die mithilfe von künstlicher Intelligenz Deepfakes erkennen können. Facebook hat sogar die Deepfake Detection Challenge ins Leben gerufen, um dieser unerwünschten Fake-Videos künftig Herr zu werden. Ich hoffe, dass diese neue Erkennungssoftware eines Tages von YouTube oder Facebook in ihre Plattformen integriert wird, um für mehr Transparenz und Klarheit zu sorgen. Bis es so weit ist, sind wir verstärkt dazu aufgerufen, äußerst achtsam und kritisch mit jeglichem Videomaterial umzugehen.

Auch bei Audiomitschnitten gibt es Möglichkeiten, die enthaltenen Informationen auf ihre Richtigkeit zu überprüfen. Im November 2019 bekam Florian Klenk, der Chefredakteur der Wiener Wochenzeitung »Falter«, via WhatsApp ein Tonband zugespielt, in dem ein Polizeivizedirektor einen Beamten an der Notrufhotline zur Schnecke macht, ihm droht, dabei seine Kompetenzen bei Weitem überschreitet und sich unsterblich blamiert.[114] Manche Medien hätten sicher sofort die aufmerksamkeitsheischende Schlagzeile: POLIZEICHEF SCHIKANIERT BEAMTEN publikumswirksam auf dem Cover platziert. Klenk hingegen gilt als vorsichtig und prüfte auch in diesem Fall – wie es sich im seriösen Journalismus gehört – den Wahrheitsgehalt der ihm vorliegenden Information. Zunächst vermutete er, es handele sich um den Scherz eines Radiosenders oder eines anderen Witzbolds; daher musste er diese Aufnahme zunächst sorgfältig auf ihre Echtheit prüfen.

In einem Interview erklärte Florian Klenk jungen Journalisten, wie er vorging. Im Mitschnitt wurde ein Ort erwähnt, in dem es ein Altenpflegeheim gibt, außerdem fiel der Name eines Beamten. Klenk prüfte, ob es diesen Ort tatsächlich gibt und ob sich dort ein Altenpflegeheim befindet. Beides war der Fall. Im zweiten Schritt suchte er nach dem erwähnten Beamten und fand ihn auf Facebook; dort hatte er die Seite des österreichischen Innenministeriums gelikt. So weit, so plausibel. Klenk organisierte sich daraufhin die Handynummer des Vizepolizeidirektors und konfrontierte ihn mit dem Inhalt des Mitschnitts. Der Vizedirektor legte einfach auf, statt zum Beispiel lachend zu sagen, dass er dieses Fake-Video schon kennen würde … In einem letzten Schritt kontaktierte Klenk die Pressestelle der Polizei, die den Vorfall bestätigte.[115] Erst dann veröffentlichte der »Falter« diese haarsträubende Geschichte, über die ganz Österreich lachte, obwohl sie eigentlich sehr traurig ist. Genauso funktioniert verantwortungsvoller Journalismus, egal ob Print, in Radio oder Fernsehen oder in den sozialen

Medien. Natürlich stehen uns als Social-Media-Teilnehmern nicht die Rechercheoptionen einer Chefredaktion zur Verfügung. Aber im kleinen Rahmen können auch wir jede Information, die wir erhalten, einem gewissen Faktencheck unterziehen. Der gesunde Menschenverstand und Google & Co. unterstützen uns dabei sowie das Wissen darum, wie Journalisten arbeiten und was wir von ihnen lernen können.

Klenk erzählte, die gesamte Überprüfung habe eine Stunde gedauert. Diese Zeit haben wir nicht bzw. wir wollen sie uns nicht für jeden Artikel, den wir auf Social Media teilen möchten, nehmen. Das ist unrealistisch. Doch häufig reicht es schon, die eine oder andere Behauptung oder einen Teilaspekt einer kleinen Vorprüfung zu unterziehen. Noch einfacher ist es, die Berichterstattung in der einen Publikation mit der in einem anderen Medium zu vergleichen und zu überprüfen, ob die darin enthaltenen Informationen widerspruchsfrei sind. Falls nicht, nimmt es wohl jemand mit der Wahrheit nicht so genau. Und das sollte man als kritischer Mediennutzer nicht hinnehmen.

Falsche Informationen können auf allen möglichen Ebenen zur Spaltung beitragen. Lösen sie in den Empfängern bestimmte, oft starke Emotionen aus, kann das rasch zu einer Kettenreaktion führen, die nur schwer unterbrochen werden kann. Nehmen wir zum Beispiel die Berichterstattung rund um das Virus SARS-CoV-2. Falsche Informationen oder wirre Verschwörungstheorien könnten Menschen leicht in Panik geraten lassen. Es ist gerade in solchen brisanten Situationen wichtig, einen kühlen Kopf zu bewahren und sachlich, verantwortungsvoll und ohne Sensationslust an die Thematik heranzugehen.

Wie definiert sich journalistische Verantwortung?

Journalistische Verantwortung kann jeder von uns mit relativ wenig Aufwand übernehmen. Als Journalisten bzw. Berichterstatter unseres eigenen Lebens sollten wir genau darauf achten, ob wir einer kognitiven Verzerrung zum Opfer fallen oder in einer Blase gefangen sind, wie wir sie in den vorigen Kapiteln kennengelernt haben. Der deutsche Pressekodex kann dabei als Leitinstrument dienen: Wenn wir dessen Vorgaben zu unseren automatischen Standards machen, prüfen wir stets mit Sorgfalt den Wahrheitsgehalt der Informationen, die wir teilen. Wir achten die Menschenwürde, indem wir keine sensationellen Bilder oder Videos, die Gewalt, Leid oder Brutalität beinhalten, mit anderen teilen. Wir respektieren die Persönlichkeitsrechte und die Privatsphäre anderer. Wir informieren unser Umfeld, wenn uns bewusst wird, dass wir Falschinformationen verbreitet haben. Fehler zuzugeben ist nicht einfach, zeugt aber von Verantwortungsbewusstsein. Wir achten darauf, andere Religionen oder Weltanschauungen zu akzeptieren, und bemühen uns, andere nicht zu diskriminieren. Außerdem werden auf diese Weise Vorverurteilungen vermieden, denn in europäischen Rechtsstaaten gilt immer noch die Unschuldsvermutung. Die komplette Liste finden Sie hier: *https://www.presserat.*

de/pressekodex.html

Der Pressekodex ist ein exzellenter und hoher Standard, an dem wir uns als verantwortungsbewusste Menschen orientieren sollten. Ich habe nicht alle Ziffern des Kodex erwähnt, da beispielsweise die Trennung von Redaktion und Werbung für uns als normale Bürger im Umgang mit Informationen nicht so relevant ist. Wir sollten uns jedoch bewusst sein, wie wichtig diese gerade heute ist.

Meinung, Wissen und Fakten

Die Menschenrechte beinhalten das Recht auf Informationen und freie Meinungsäußerung. Wir dürfen kritisieren, wann und wo immer wir dies für notwendig erachten. Unsere erste Aufgabe besteht nun darin, zwischen Meinung und Wissen zu unterscheiden. Oft ist dieser Unterschied nicht so ganz klar, da wir in der Regel davon ausgehen, dass unsere Meinung auf gesicherten Fakten beruht. So einfach ist das Ganze jedoch nicht. Auch die Philosophie scheint dafür noch keine Lösung gefunden zu haben. Zunächst wird Wissen als begründeter Glaube, der sich als Wahrheit herausstellt, definiert. Klingt kompliziert, bedeutet aber eigentlich nur, dass wir an etwas glauben und dafür gute Gründe gefunden haben. Wenn sich dies nun als wahr herausstellt, weil wir es beispielsweise mit eigenen Augen sehen oder selbst hören, ist es Wissen. In der Philosophie ist das als »Justified True Belief« (JTB)* bekannt. Und weil dies so eng mit Wissen verknüpft ist, sind wir oft der Überzeugung, unsere Meinung sei korrekt und die einzige Wahrheit, und verteidigen sie vehement.

Stellen Sie sich nun Jonas vor. Jonas ist ein Pessimist, wie er im Buche steht. Er lebt in einem Raum ohne Fenster und kann diesen auch nicht verlassen. Er will weder hören noch sehen, wie das Wetter draußen ist. Jonas glaubt jeden Tag, dass es regnet. Nach vielen Tagen mit Sonnenschein ist nun tatsächlich Regen eingetreten. Ist es nun purer Zufall, dass es regnet, oder handelt es sich um Wissen? Nach der JTB-Theorie kann es sich dabei nicht um Wissen handeln, da die entsprechende Begründung fehlt. Jonas' Geschichte auf die Alltagssituation zu übertragen bedeutet: Seine Überzeugung des täglichen Regens ist sozusagen ein Glaubenssatz, der sich jedoch nur an einem einzigen Tag bewahrheitet. Unsere Weltanschauung, auf der unsere Meinungsbildung beruht, besteht ebenso aus vielen Glaubenssätzen, die sich für uns offensichtlich als wahr herausstellen. Die interessante Frage dabei ist allerdings, ob wir nicht auch ab und an metaphorisch in einem fensterlosen Raum gefangen sind und das Ereignis, das eintritt und unseren Glaubenssatz bestätigt, reiner Zufall ist.

Selbst wenn eine Begründung vorhanden ist, muss es sich bei einer Meinung jedoch nicht zwangsläufig um Wissen handeln. 1963 hat Edmund Gettier[116], emeritierter Professor der University of Massachusetts Amherst, Folgendes festgestellt: Stellen Sie sich vor, Sie möchten wissen, wie spät es ist, und ein Blick auf die Uhr verrät Ihnen, es ist drei Uhr nachmittags. Es ist tatsächlich drei Uhr nachmittags, doch die Uhr ist kaputt und nur zufällig bei exakt drei Uhr stehen geblieben. Nach der JTB-Definition würden Sie nun wissen, dass es drei Uhr ist, denn der Glaube hat sich nach dem Blick auf die Uhr als wahr erwiesen. Gemäß Gettier ist dies jedoch kein Wissen, weil die Uhr ja

---

* Auf Deutsch: Klassische Analyse des Wissens oder KAW

kaputt ist, sondern reiner Zufall. Man spricht heute in diesem Zusammenhang vom »Gettier-Problem«. Auf das Alltagsgeschehen übertragen bedeutet es, dass in jeder Meinungsbildung »kaputte Uhren« vorkommen können – und das können in unserer Welt Deepfake-Videos, manipulierte Bilder oder andere Wahrnehmungen sein.

Keith Lehrer und Thomas Paxon versuchten 1969 das Gettier-Problem zu lösen, indem sie das »No-Defeater-Problem« aufzeigten.[117] Sofern es keine Fakten gibt, die dagegensprechen, könnte es sich bei einem begründeten Glauben um Wissen handeln. Die kaputte Uhr ist ein solcher Fakt (Defeater), der dagegenspricht. Auch das Alibi eines Mordverdächtigen kann ein Defeater sein. Aber auch Defeater können entkräftet werden, wenn beispielsweise der Person, die dem Verdächtigen das Alibi gibt, eine Lüge nachgewiesen wird. In einem gelungenen Diskurs sucht man als Diskursteilnehmer ständig nach solchen Defeatern, um so die ultimative Wahrheit zu erarbeiten.

Wer sich der eigenen Meinung völlig gewiss ist und keinerlei Zweifel daran zulässt, oder wer sich eine Meinung auf Basis einer »kaputten Uhr« bildet (oder gar so krass wie Jonas vorgeht), handelt extrem leichtfertig. Kognitive Verzerrungen und Frames tragen dann ihr Übriges dazu bei, Fake News Tür und Tor zu öffnen. Wer sich selbst als reflektiert ansieht und sich seine Meinung möglichst nah an den Fakten bilden möchte, sollte jeden Sachverhalt mit den unerbittlichen Augen eines Advocatus Diaboli betrachten und in jedem Kontext sofort nach möglichen Defeatern suchen. Gerade weil es für Laien so schwierig ist, alle Themen in ihrer Komplexität zu verstehen, wird eine Meinung zu einem anspruchsvollen Thema kaum je den Anspruch absoluter Wahrheit und Exaktheit erfüllen können. Dessen sollten wir uns, trotz aller Meinungsfreiheit, immer bewusst sein, wenn wir als eigenständige und individuelle Redakteure in Social Media Beiträge teilen, die unsere Meinung bestätigen.

Meinungsbildung ist ein äußerst komplexer Prozess, der hoffentlich nie vollkommen abgeschlossen sein wird! In unserem Tun auf Social Media, wenn wir alle selbst zu Journalisten werden, sollten wir uns darüber im Klaren sein, was eine Meinung denn ausmacht. Eine fundierte Meinung ist möglichst nahe an der Wahrheit angesiedelt, berücksichtigt möglichst viele Aspekte und baut auf logischen Schluss-folgerungen auf. Wir sollten außerdem die wenigen, aber effizienten Tipps, die uns investigative Journalisten aus ihrem Repertoire zur Verfügung stellen, anwenden. Das erspart uns im Idealfall, dass wir auf eine falsche Fährte gelockt werden oder andere, also unsere Freunde und Follower, dorthin locken. Suchen Sie daher immer akribisch nach ausreichenden Begründungen, Widersprüchen und auch Gegenargumenten in Ihrer persönlichen Meinung und in den Artikeln, die Sie verbreiten möchten. Sind Sie sich einmal Ihrer Sache nicht absolut sicher oder sollte der Aufwand zur Überprüfung gewisser Fakten zu hoch sein, ist es besser, von einem Thema abzulassen und einen Beitrag nicht zu teilen. So machen Sie sich zumindest nicht der Verbreitung von unqualifizierten, unwahren News schuldig. Nur so kommen Sie der Verantwortung als Redakteur Ihrer persönlichen Botschaften vollumfänglich nach.

Eine Frage der Kommunikation

Traue keiner Statistik, die du nicht selbst gefälscht hast. Scherz beiseite: Die Überprüfung von Informationen ist unerlässlich, spätestens dann, wenn wir sie mit anderen teilen.

- Verlassen Sie sich zu 100 Prozent auf die Berichterstattung vermeintlich seriöser Medien, ohne deren Zahlen, Daten und Fakten zu hinterfragen?
- Sind Sie sich der Tatsache bewusst, dass Sie als aktiver Social-Media-Teilnehmer Redaktionsverantwortung haben?
- In welchem Ihrer persönlichen Glaubenssätze könnten sich »kaputte Uhren« verstecken?
- Wann haben Sie das letzte Mal – bewusst oder unbewusst – falsche Informationen verbreitet und wenn ja, warum?
- Wie reagieren Sie auf Verwandte, Freunde und Kollegen, die Inhalte teilen, welche nachweislich nicht Ihrer persönlichen journalistischen Sorgfaltspflicht genügen? Nehmen Sie diese Fake-Verbreitungen hin oder sprechen Sie die jeweiligen Personen darauf an, um deren Bewusstsein für die heikle Thematik zu schärfen?

12.

Verantwortungsvoll kommunizieren – verantwortungsvoll handeln

Kommunikation und Handlung stehen in Wechselwirkung zueinander. Die Handlung erfordert Begründung, und aus Worten folgen Taten.

Wir können verantwortungsvolle Kommunikation und verantwortungsvolles Handeln nicht einfach einfordern; vorab muss die Frage der Verantwortung geklärt werden. Es sollte klar sein, für wen man Verantwortung übernimmt, und vor allem, wie sich Verantwortung jeweils in einem bestimmten Fall definiert. Verantwortungsvolle Kommunikation bedeutet: sich bewusst machen, welche Informationen wir beziehen und wie wir manipuliert werden (könnten), und erkennen, wann unser Gehirn uns einen Streich spielt. Auf dieser Basis können wir schon sehr viel verantwortungsvoller kommunizieren und im nächsten Schritt verantwortungsvoll handeln.

Verantwortungsvolle Kommunikation in der Politik

Viel zu oft drängt sich jedoch der Eindruck auf, dass gerade jene Menschen, die gesellschaftliche Verantwortung tragen, von dieser Verantwortung nichts wissen möchten. Sie dreschen lieber nichtssagende Phrasen, ernten gerne die Lorbeeren, die eigentlich anderen zustehen, und tragen durch ihre häufig unüberlegten Aktionen die Spaltung der Gesellschaft weiter voran.

- »Mein Ziel ist es, Politik für die Menschen zu machen. Eine Politik, die Menschen unterstützt, ihnen Möglichkeiten gibt, die sie brauchen!«[118] Wir erkennen solche Phrasen sofort als Politikergerede und verstehen nichts anderes als »Blablabla«. Es wäre wünschenswert, dass Politiker und auch Unternehmer in Interviews und Pressemeldungen auf inhaltsleere Phrasen dieser Art verzichten. Das wird jedoch nicht so rasch der Fall sein, ist diese Art der Kommunikation doch ein bequemer, schmerzfreier Weg, um unerfreulichen Tatsachen auszuweichen.
- US-Präsident Donald Trump bezieht den wirtschaftlichen Erfolg in seiner Amtszeit (vor Corona) selbstbewusst nur auf sich. Ganz ähnlich reklamierte eine österreichische Partei nach nur 16 Monaten Amtszeit eine Leistung für sich, mit der sie im Grunde gar nichts zu tun hatte – wohlwissend, dass die Arbeitslosenzahlen auch gesunken wären, hätte die Regierung in dieser Zeit gar nichts gemacht: »Die Arbeitslosigkeit ging im März erneut kräftig zurück! Die richtigen und wichtigen Maßnahmen unserer Bundesregierung wirken.«[119] Moralisch ist ein solches Vorgehen höchst verwerflich. Stellen Sie sich vor, Sie hätten als Angestellter einen Fehler im Betriebsablauf entdeckt. Dank Ihrer Eigeninitiative (und der Meldung des Fehlers an die Unternehmensleitung) hat der Betrieb das Risiko für mögliche Folgeschäden in Millionenhöhe auf null reduziert. Ihr Vorgesetzter reklamiert das Ganze jedoch für sich und erwähnt Sie und Ihre Leistung mit keinem Wort. In der Politik gehören solche Praktiken zum Tagesgeschäft; und dummerweise werden Parteien dafür auch noch belohnt.

• Und dann gibt es noch jene, denen die Folgen ihrer Worte völlig egal sind, wie etwa: »Wir schießen den Weg frei. Es gibt nur uns – ansonsten geht alles den Bach runter.«[120] Dieser Politiker kommuniziert eindeutig an der äußersten Ecke des Overton-Fensters.

Verantwortungsvolle Kommunikation? Fehlanzeige. Doch wie kann es sein, dass Verantwortungsträger aus Politik und Wirtschaft derartige Schwierigkeiten damit haben? Manche von ihnen verfügen über sehr flexible Moralvorstellungen – und können sich scheinbar trotzdem noch jeden Tag gelassen im Spiegel betrachten. Das liegt wohl daran, dass sie in ihrem eigenen Weltbild gefangen sind und ihr Bedürfnis nach Macht und Anerkennung ständig befriedigt werden muss. Letztendlich geht es immer nur darum, die nächste Wahl zu gewinnen. Und genau das ist das Problem, denn in dem Bestreben, Sieger zu sein, hat wahrhaftige Kommunikation nur wenig Platz.

Wir Menschen, egal ob Politiker, Mitarbeiter, Führungskräfte oder einfach nur Wähler, folgen unseren Bedürfnissen. Wir übernehmen in erster Linie Verantwortung für unsere Sehnsüchte.

Grundsätzlich möchten alle Menschen ihre Bedürfnisse befriedigen. Da gibt es den Wunsch nach Kontakt zu anderen, das Bedürfnis nach Sicherheit, Geborgenheit, Freiheit, Abenteuer, Anerkennung und viele andere mehr. Solange unsere Bedürfnisse nicht befriedigt sind, empfinden wir negative Gefühle, wie Ärger, Angst oder im schlimmsten Fall Panik. Wir möchten diese Gefühle mit allen Mitteln vermeiden und sie durch positive Emotionen ersetzen. Gefühle fordern uns zum Handeln auf und beeinflussen unser Denken.

Rechtspopulisten suggerieren in ihrer Kommunikation, dass unsere Sicherheit in Gefahr ist und damit eines unserer Grundbedürfnisse infrage steht. Ihre Wähler empfinden tatsächlich viele Ängste und bekämpfen diese starken Gefühle mit ihrer Stimme am Wahltag. Die Aktiven unter ihnen teilen außerdem breitflächig die Inhalte der Partei, um möglichst viele zu mobilisieren. Die Angst spielt dem Willen zur Reflexion dabei einen Streich. Liberale hingegen möchten vor allem das Bedürfnis nach Freiheit befriedigen, während Sozialisten beispielsweise danach streben, dass auch die Leistung von weniger Privilegierten anerkannt wird, etwa durch höhere Löhne.

Bedürfnisse unterschiedlichster Natur

Bedürfnisse sind bei jedem Menschen unterschiedlich stark ausgeprägt. Das hängt von unseren persönlichen Erfahrungen ab, die wir in der Vergangenheit und insbesondere in der Kindheit gemacht haben. Manche befriedigen das Bedürfnis nach Kontakt, indem sie zwei gute Freundschaften pflegen, andere fühlen sich nur in großen Gruppen wohl. Die einen streben nach persönlichem Erfolg und Reichtum, während die anderen mit ihrer Familie und einem Häuschen im Grünen glücklich sind. Es gibt unendlich viele Möglichkeiten, mit Bedürfnissen umzugehen. Der eine befriedigt sein ausgeprägtes Bedürfnis nach Sicherheit, indem er an einer langweilig gewordenen Anstellung festhält und jede noch so unsinnige Regel befolgt, um nicht gekündigt zu werden. Der andere spart so viel wie möglich, um für herausfordernde Zeiten gewappnet zu sein, und absolviert viele Fortbildungen, um im Fall eines Falles immer einen lukrativen Job finden zu können. Und so weiter und so fort.

Wer verantwortungsvoll kommunizieren will, geht einen Schritt weiter. Er versucht nicht nur herauszufinden, wie er die eigenen Bedürfnisse befriedigen kann, er möchte auch wissen, warum diese Bedürfnisse in dieser Ausprägung überhaupt vorhanden sind. Man lernt so viel mehr über sich selbst, wenn man nicht nur weiß, wie man tickt, sondern auch, warum das so ist. Dadurch schaffen Sie eine weitere Ebene der Reflexion im Umgang mit den Informationen, die auf Sie einprasseln. Beschäftigen Sie sich doch einmal mit Ihrer eigenen Historie und fragen Sie sich, welche Ihrer Bedürfnisse in der Vergangenheit unter Umständen nicht befriedigt wurden, die Sie heute umso stärker befriedigen möchten.

Wie tickt der erwachsene Mensch? Ein Wertesystem

Professor Clare W. Graves (1914–1986) lehrte Psychologie am Union College in Schenectady im Bundesstaat New York, USA. Einer seiner Studenten wollte wissen, welche der vielen Theorien über die Persönlichkeit (Maslow, Freud, Jung, Roger, Watson usw.) denn nun die richtige sei. Graves wollte dieser berechtigten Frage nachgehen und tat das mit einem kleinen Experiment. Er forderte seine Studenten auf, schriftlich folgende Frage zu beantworten: »Was macht den typischen erwachsenen Menschen aus?« Die Studenten lieferten ihm viele ganz unterschiedliche Antworten und Sichtweisen, doch Graves erkannte darin ein System. Er strukturierte die Antworten in verschiedene Entwicklungsstufen, die heute unter dem Namen »Spiral Dynamics« oder »9 Levels« bekannt sind.

Farbe	Typ (ergänzt)	Bedürfnisse (auszugsweise)	Bedürfnistyp
Türkis	Der Globalist	Nachhaltigkeit, Verantwortung für die Gemeinschaft, Ganzheitlichkeit	Sinnbedürfnisse
Gelb	Der Möglichkeiten-sucher	Individualität, Wissen, Autonomie	
Grün	Der Teammensch	Harmonie, Dialog, Wachstum (persönlich / menschlich)	Mangelbedürfnisse
Orange	Der Erfolgssucher	Erfolg, Status, Wohlstand	
Blau	Der Loyale	Ordnung, Gerechtigkeit, Sicherheit	
Rot	Der Einzelkämpfer	Macht, Bewunderung, Ansehen	
Purpur	Der Stammes-mensch	Zugehörigkeit, Geborgenheit, Heimat	

Tabelle 6: Entwicklungsstufen nach »9 Levels«

Diese Entwicklungsstufen bauen aufeinander auf, haben aber keine Wertigkeit. Das bedeutet, Gelb ist nicht »besser« als beispielsweise Orange. Abhängig von der eigenen Umwelt und von persönlichen Erfahrungen sind diese Stufen bei jedem Menschen unterschiedlich stark ausgeprägt.* Sie kommen auch in verschiedenen sozialen Systemen – in Abteilungen, Unternehmen, Vereinen oder Familien – vor. Menschen in diesen sozialen Zusammensetzungen haben gemeinsame Fähigkeiten, Sichtweisen und Verhaltensweisen.

Graves erkannte auch, dass in einem Veränderungsprozess Veränderung immer nur von einer Stufe zur nächsten möglich ist, und zwar dann, wenn sich auch die Umwelt / Umgebung verändert. Die Verbreitung des Internets ist eine dieser Veränderungen. Das Internet veränderte die Art und Weise, wie wir kommunizieren, informieren, arbeiten und leben. In puncto Klimakrise befinden wir uns im Moment in einem solchen Veränderungsprozess. Wenn die Fähigkeiten auf einer Entwicklungsstufe nicht mehr mit den Verhältnissen der Umwelt übereinstimmen, müssen wir Neues lernen; dadurch verändert sich das System und erzeugt neue Lösungsansätze. Diese Veränderungen geschehen oft an der Basis und sind selten schmerzfrei. Diese Lektion gilt sowohl für Unternehmen, die sich an einen neuen Markt anpassen müssen, als auch für eine Gesellschaft, die sich wandelt. Das Überspringen von Stufen ist dabei nicht möglich, da die Umgebung und das eigene Verhalten bzw. das Verhalten in der sozialen Gruppe in einer Wechselwirkung zueinander stehen. Graves spricht in diesem Zusammenhang von »Coping-Mechanismen«. Ändert sich das soziale System, beeinflusst das die Umgebung und die Umwelt – und das wiederum beeinflusst das System.

Ich beschreibe das System von Clare W. Graves deshalb so ausführlich, weil es klarmacht, dass große Veränderungen einfach Zeit brauchen. Ich kann Sie, nachdem Sie dieses Kapitel gelesen haben, ja auch nicht einfach dazu auffordern: »Bitte übernehmen Sie ab sofort in Ihrer Kommunikation die volle Verantwortung für die gesamte

---

* Einen Trendtest zu diesen Stufen finden Sie in meinem Buch »Speech Pad: Warum gut präsentieren heute anders geht«.

globale Gesellschaft oder zumindest die nationale Gesellschaft.« Das wäre wohl ein zu großer Schritt. Was ich aber hoffentlich erreichen kann: ein Verständnis dafür, wie sehr sich unsere Umgebung gerade verändert (Klimakrise, wirtschaftliche Konflikte, Migrationspolitik usw.) und dass diese Veränderung auch zu einer Veränderung unseres sozialen Systems führen wird. Selbst wenn wir eines Tages alle Konflikte und Probleme gelöst hätten (was höchst unwahrscheinlich ist), entstünden dadurch wohl wieder neue Probleme, die es dann in der Folge zu lösen gelten würde. Und so entwickeln wir uns als Gesellschaft ständig weiter. Blicken Sie einfach nur einmal auf die Ursprünge der Menschheit zurück und führen Sie sich vor Augen, wo wir heute im Vergleich dazu stehen!

Es lohnt sich, dranzubleiben und über den »Tellerrand« unserer Sehnsüchte hinauszublicken. Denn wenn wir nicht mehr nur der individuellen Verantwortung dafür nachkommen, sondern die Dinge auch auf einer anderen Ebene betrachten, sind wir auf dem Weg zu einer geeinten Gesellschaft wieder einen Schritt weiter.

Langfristiges und kurzfristiges Denken

Politikern oder Konzernchefs, die für eine bestimmte Periode gewählt wurden, wirft man oft vor, dass ihr Horizont nur bis zum Ende ihrer Amtsperiode reicht. Es geht ihnen vorrangig darum, den Status quo zu erhalten (etwa den Aktienwert) und möglichst wenig Risiko einzugehen. Politiker, so der Vorwurf, haben keine weitreichenden Visionen mehr, sie drehen und wenden sich gerade so, wie es die aktuelle Stimmung verlangt. »Immer brav den Wahlumfragen folgen!«, lautet die Devise. Den Verantwortungsträgern scheint der Mut zu langfristigem Denken zu fehlen. Aber vielleicht ist das auch in der heutigen Zeit gar nicht mehr nötig, schließlich fällt es uns ja selbst unglaublich schwer, langfristig zu agieren. Der kurzfristige Genuss von Schokolade, der uns davon abhält, langfristig gesund zu leben. Das ständige Verschieben auf morgen, weil Prokrastinieren ja so viel einfacher ist als diszipliniert zu agieren. Ich kenne das Problem sehr gut, denn meine größte Schwäche ist Eiscreme, die ich im Sommer gerne täglich löffle. Wohl wissend, dass es ungesund ist, fällt es mir schwer, darauf zu verzichten und langfristig auf meine Gesundheit zu achten. Diabetes, Bluthochdruck, verstopfte Gefäße – all das liegt vermeintlich so weit in der Zukunft, dass es heute keine Gefahr darstellt. Ich kann ja heute noch eine Portion Eis verspeisen und morgen damit aufhören, habe ich mir sehr lange eingeredet.*

In der Gesellschaft verhalten wir uns ähnlich: Der Wähler will heute gut und ohne Einschränkungen leben können, was kümmert ihn da die ferne Zukunft. Klimakrise hin oder her – ein paar Sonnentage mehr im Sommer sind doch auch nicht verkehrt! Das Problem liegt darin, dass wir uns die zukünftigen Auswirkungen der Klimakrise nicht vorstellen können – das scheint alles sehr weit weg –, während jeder von uns Menschen mit Diabetes, Bluthochdruck und verstopften Gefäßen kennt. Wir wissen über die Folgen ungesunder Ernährung Bescheid, da wir sie bereits mit eigenen Augen gesehen haben. Die Folgen der Klimakrise hingegen haben wir noch nicht erlebt. Was also sollen wir tun? Das Problem angehen und Lösungen finden, es komplett ignorieren oder es kleinreden? Es ist sicherlich nicht einfach, alle Fakten auf den Tisch zu legen, denn diese sind alarmierend. Der Mensch verfügt nun einmal über die ausgeprägte Fähigkeit, Probleme unter den Tisch zu kehren, wenn sie zu groß werden, und sich nicht mehr darum zu kümmern. Unsere Ausreden sind äußerst vielfältig und an Kreativität nicht zu überbieten:

- »Wir können auch noch morgen damit beginnen.«
- »Irgendwann wird es schon Innovationen geben, die das lösen werden.«
- »Wohlstand und Klimaschutz gehen Hand in Hand.«

---

* Glücklicherweise konnte ich mich austricksen und das Problem clever lösen, indem ich meine Eiscreme mit Speisequark und gefrorenen Blaubeeren selbst herstelle.

Die letzte Aussage ist bekannter als die »Wohlstandslüge«. Sie klingt am besten und stellt für Politiker den perfekten Mittelweg dar – niemand muss sich an die eigene Nase fassen und auf etwas verzichten, obwohl wir doch längst wissen, dass wir sparsamer mit den Ressourcen umgehen müssen und Verschwendung und Profit nicht mit dem Klimaschutz einhergehen können. Wenn ich daran denke, dass ich selbst dabei mitgespielt habe, als die NEOS propagierten: »Umwelt und Wirtschaft verbinden – Macht sonst keiner« und ich mich ernsthaft für Klimaschutz einsetzen wollte, wird mir meine damalige Naivität erst so richtig bewusst.[121] Aussagen wie diese zeigen den fehlenden Mut der heutigen Politikergeneration und ihre ausgeprägte Fähigkeit, die Augen zu verschließen. Politik ist getrieben von Taktik; das bedeutet eine kurzfristige Reaktion auf aktuelle Situationen (oder Wahlumfragen), während das langfristige Agieren hingegen immer mit einem Zinseszinseffekt belohnt wird.[122]

Wahrhaftige Kommunikation ist daher stets langfristig ausgerichtet und erfordert den Mut, die Dinge beim Namen zu nennen und die Augen nicht vor der Wirklichkeit zu verschließen. Alle großen Politiker und Denker hatten in Bezug auf die gesellschaftliche Entwicklung langfristige Visionen, denken Sie nur an die Gründung der Europäischen Union oder an das Ende der Apartheid in Südafrika. Beides waren Projekte, die die Gesellschaft am Ende einten.

Geschichte einer Einigung: Es geht doch!

Während ich diese Zeilen schreibe, beginnt gerade die Ausbreitung des Coronavirus in Europa. Man kann sagen: Dieses Virus spaltet die Gesellschaft. Während die einen Angst vor einer Pandemie und der Infektion haben, stehen die anderen der Situation gelassen gegenüber und argumentieren, dass (in absoluten Zahlen) doch viel mehr Menschen an der »normalen« Grippe sterben. Eine Gruppe meidet die Öffentlichkeit, um sich nicht anzustecken, und hat die Speisekammer mit haltbaren Lebensmitteln gefüllt. Die andere Gruppe lebt weiter wie bisher

*und desinfiziert sich dabei einfach einmal mehr die Hände. Die Politik
reagiert. Am 24.02.2020 bildet sich in der Schweiz eine Taskforce unter
der Leitung des Bundesamtes für Gesundheit, um Maßnahmen im
Umgang mit dem Virus zu treffen.*[123] *Am 26. Februar 2020 berichten
Gesundheitsminister Rudolf Anschober (Grüne) und Bundeskanzler
Sebastian Kurz (ÖVP) über die Ergebnisse des Krisenstabs in Österreich. Tags darauf laden Gesundheitsminister Jens Spahn (CDU) und
Innenminister Horst Seehofer (CSU) zu einer Pressekonferenz, um über
die Bildung eines Krisenstabs und über erste Maßnahmen zu informieren. Die internationalen Telefonleitungen laufen heiß, es findet ein
intensiver Austausch zwischen den Ländern statt, um gemeinsam einer
Pandemie entgegenzuwirken. Ein seltenes Bild in der Politik, wenn alle
an einem Strang ziehen! Die Politik versucht, die Bevölkerung möglichst transparent zu informieren und ihr das Gefühl von Sicherheit zu
vermitteln. Es scheint, als spielten Parteiinteressen plötzlich eine unter-
geordnete Rolle.*

*Die Oppositionsparteien wissen indes noch nicht so recht, wie sie
damit umgehen sollen, bekommen doch nun die Krisenmanager der
Regierungen eine große Bühne, können sich profilieren und das Vertrauen der Bevölkerung festigen. Manche Vertreter der Oppositionsparteien versuchen kurzfristig politisches Kleingeld zu machen, indem
sie die Krisenmanager kritisieren, wenn sie zum Beispiel wegen eines
nicht bestätigten Corona-Falles eine ganze Schule abriegeln: »Die
Krisenmanager sollen doch die Kirche im Dorf lassen«, lautete die
Pressemitteilung. Trotzdem ist auch diesen Parteien das Spiel mit dem
Feuer zu gefährlich; sie vermeiden es sichtlich, mehr Öl ins Feuer zu
gießen. Niemand möchte schließlich später als Auslöser einer Massen-
panik gelten. Die gegnerischen Parteien halten sich also zurück und
unterstützen kommentarlos jeden Schritt der Regierung, der dabei hilft,
die Infektionsketten zu unterbrechen. Auch Unternehmen ziehen mit
der Politik an einem Strang. Alle versuchen den Schaden für die Wirtschaft und die Bevölkerung so gering wie möglich zu halten, indem sie
ihre Mitarbeiter informieren und Vorkehrungen treffen, für den Fall,
dass Vertreter der Belegschaft von einer Infektion betroffen sind.*

Ja, so war es tatsächlich, wenn auch nur zu Beginn der Pandemie. Obwohl das Thema die Gesellschaft und die Nationen spaltete, führte damals eine Brücke von einem noch nie dagewesenen Ausmaß über diesen Abgrund, weil nun alle – ausnahmslos – ein gemeinsames Ziel hatten. Das Feindbild lag auf der Hand: das Virus, das es zu stoppen galt. Die Politik zeigte erstmals, wozu sie fähig ist, wenn sie nur will. Die Voraussetzungen dafür, endlich an einem Strang zu ziehen, waren nahezu perfekt, denn die meisten Verantwortungsträger bevorzugen kurzfristige Probleme, für die sie kurzfristige Lösungen entwickeln können. Diese weltweite Gesundheitskrise galt es kurzfristig zu lösen – dieser Verantwortung mussten sich alle ohne jeden Aufschub stellen.

Würden wir endlich verantwortungsbewusst kommunizieren, könnten wir große Herausforderungen wie die Klimakrise ähnlich effektiv bekämpfen wie anfangs das Coronavirus. Nämlich geeint!

Stellen Sie sich vor, wie geeint die Menschheit wohl wäre, wenn die Erderwärmung um vier Grad bereits nächste Woche vor der Tür stünde und nur dann noch aufzuhalten wäre, wenn HEUTE bestimmte Maßnahmen umgesetzt würden. Alle Krisenstäbe der Welt würden gemeinsam agieren und Kommunikationsbrücken wären in Sekundenschnelle gebaut. Die Menschheit würde Mittel und Wege finden, die wir uns jetzt gar nicht vorstellen können, um das Problem doch noch zu lösen. Geeint würden wir mehr als kraftvoll an einem Strang ziehen. Doch leider lässt sich das Problem nicht kurzfristig lösen. Die Klimakrise ist wie ein riesiger, behäbiger Ozeantanker, dessen Richtungsänderung man erst Jahrzehnte oder Jahrhunderte später bemerken wird. Dadurch kann keiner der heute aktiven Politiker die Lorbeeren dafür ernten und auch nichts auf sein politisches Wahlkonto einzahlen. Das mag zynisch klingen, entspricht aber den Tatsachen.

Der Philosoph Hans Jonas schrieb in seinem Klassiker »Das Prinzip Verantwortung«: Verantwortung zu übernehmen bedeutet auch, die Folgen des eigenen Handelns für nächste Generationen zu beachten.

Ich denke, es wäre schön, wenn Zusammenhalt nicht nur durch kurzfristige gemeinsame Feindbilder entstünde, sondern wenn wir auch gemeinsame, global übergreifende langfristige Visionen entwickeln könnten. Ein erster Schritt in diese Richtung könnte verantwortungsbewusste Kommunikation sein.

Eine Frage der Kommunikation

Sehnsüchte, Bedürfnisse, Verantwortung. Wer den Zusammenhang zwischen diesen drei Aspekten erkannt hat und diese Erkenntnisse umsetzt, kommt verantwortungsvoller Kommunikation schon näher.

- Wie verantwortungsvoll kommunizieren und handeln Sie in Ihrem Leben?
- Welche Ihrer Bedürfnisse sollten von der Politik befriedigt werden? Haben Sie konkrete Vorstellungen dazu oder könnte eine Lösung auch ganz anders aussehen?
- Mit Blick auf 9 Levels: Auf welchen Entwicklungsebenen würden Sie sich verstärkt sehen, wenn Sie eine Reihenfolge frei wählen könnten?
- Wie weit in die Zukunft machen Sie sich Gedanken über gesellschaftliche Veränderungen? Und wäre es Ihres Erachtens sinnvoll, noch viel weiter in die Zukunft zu blicken?
- Sorgen Sie sich eher um die kurzfristigen oder um die langfristigen Herausforderungen unserer Zeit? Welche liegen Ihnen aktuell am meisten am Herzen und warum?

13.

Klappe halten oder Mut zur bewussten Meinung – wir haben die Wahl

Jeder Mensch hat das Recht auf Meinungsfreiheit und freie Meinungsäußerung; dieses Recht schließt die Freiheit ein, Meinungen ungehindert anzuhängen sowie über Medien jeder Art und ohne Rücksicht auf Grenzen Informationen und Gedankengut zu suchen, zu empfangen und zu verbreiten.*

In den meisten Ländern unserer Breitengrade ist das Recht auf Meinungsfreiheit selbstverständlich. Doch das sieht in einigen gar nicht so weit entfernten Ländern ganz anders aus. Hätten Sie zum Beispiel bei einem Aufenthalt in der Türkei den Mut, Ihre (vermutlich kritische) Meinung über Präsident Erdoğan frei kundzutun? Ich würde – sofern ich überhaupt noch einmal dorthin reisen würde – ganz sicher die Klappe halten. Schließlich habe ich nicht vor, ein türkisches Gefängnis von innen kennenzulernen. Im Jahr 2018 war ich in der Türkei und besichtigte auch die Hagia Sophia. Mein Tourguide fragte mich im Laufe der Besichtigung, was ich denn von Erdoğan hielte. Ich antwortete ausweichend. Der Tourguide blieb jedoch hartnäckig und preschte vor, indem er mir erzählte, dass er von Erdoğan gar nichts

---

* Diskriminierungssensible Version von Artikel 19 der Allgemeinen Erklärung der Menschenrechte.

halte. Ich hütete mich davor, eine zustimmende Bemerkung zu machen. Wusste ich doch nicht, ob dieser Guide vielleicht in den Diensten des Staates stand, um »Verräter« oder »Staatsfeinde« zu entlarven. Heute denke ich, dieser wirklich nette junge Türke wollte sich einfach nur mit jemandem aus einem EU-Land austauschen. Damals wollte ich das Risiko nicht eingehen. Alleine die Tatsache, dass man heute in manchen Ländern gezwungen ist, solche Überlegungen anzustellen, zeigt die Spaltung in puncto freie Meinungsäußerung eindrucksvoll auf.

Zuhören ist angesagt

Obwohl ich mich damals selbst nicht äußern wollte, habe ich mir doch sehr genau angehört, wie mein Guide die Regierungsaktivitäten des Präsidenten einschätzte. Mir war bewusst, dass meine Meinung über Erdoğan sicherlich nicht zu 100 Prozent ausgewogen und objektiv sein konnte. Ich beziehe meine Informationen ausschließlich aus deutschsprachigen Medien, spreche kein Türkisch und bin mit der Kultur des Landes zu wenig vertraut. Um im Rahmen eines sinnvollen Brückenbaus aktiv zu sein, ist es jedoch erforderlich, beide Sichtweisen näher zu kennen.

Solange ich mir allerdings nicht sicher bin, alle wesentlichen Aspekte zur bewussten Meinungsbildung berücksichtigt zu haben, höre ich zu und denke nach. Ich schließe mich durchaus gerne einer Diskussion an, verteidige die aus meiner Sicht noch unsicheren Standpunkte jedoch niemals mit großer Vehemenz. Es ist einfach nicht möglich, als relativer Außenseiter alle Aspekte eines Themas zu berücksichtigen (No-Defeater-Problem). Man sollte zumindest die wichtigsten Aspekte kennen, um anschließend persönliche Schlussfolgerungen zu ziehen.

Wenn ich überzeugt bin, mit meiner Meinungsäußerung rein gar nichts bewirken zu können, schweige ich lieber – beispielsweise, wenn sich jemand in einem unbedeutenden Online-Thread oder einem Posting auf Social Media mit Halbwissen als Besserwisser darstellt. Soll er doch. Ausgenommen davon ist natürlich immer die Redaktionsverantwortung, die wir in Kapitel elf kennengelernt haben. Wenn ich allerdings erkenne, dass mich jemand nur provozieren will und diese Person vollkommen beratungsresistent in ihrer Weltanschauung gefangen ist, halte ich mich zurück. Verändern kann ich die Meinung dieser Person sowieso nicht. Bei wirklich wichtigen Themen können und sollen Sie sich natürlich den Diskussionen von Kollegen und Freunden anschließen und Ihre eigenen Argumente vorbringen, denn Schweigen bedeutet in diesem Fall, sich dem Diskurs zu verschließen – und das ist für den Brückenbau kontraproduktiv. Außerdem lernen Sie nur im Austausch mit anderen Pro- und Kontra-Argumente kennen und können so Ihre Meinung entweder festigen oder neu formulieren.

Geschichte einer Einigung: Ein nettes Mädchen schweigt – nicht?

Die US-amerikanische Sängerin Taylor Swift ist eine der erfolgreichsten Künstlerinnen der Welt. Mit ihrer Musik will sie andere mitreißen und unterhalten. Hinsichtlich politischer und gesellschaftskritischer Themen blieb sie jedoch lange Zeit neutral. Im Jahr 2016 rief sie ihre Landsleute zwar dazu auf, bei den Präsidentschaftswahlen ihre Stimme abzugeben, gab aber keine Wahlempfehlung ab. Die Frage »Wen wählt Taylor Swift?« war zu diesem Zeitpunkt die häufigste Google-Suchanfrage. Die Sängerin wollte nichts sagen oder tun, womit sie bei ihrem Publikum anecken könnte, erzählte sie in der Netflix-Dokumentation »Miss Americana«. Sie lebte nach der Devise: Ein nettes Mädchen zwingt niemandem seine Meinung auf, ein nettes Mädchen lächelt, bedankt sich und bringt andere mit ihren eigenen Ansichten niemals in eine unangenehme Situation. Sie sei wie besessen davon gewesen, ja niemanden gegen sich aufzubringen, berichtete Swift freimütig. Auch ihr Umfeld bestärkte sie in dieser neutralen Haltung und riet ihr, sich *von gewissen strittigen Themen – zum Beispiel Gleichberechtigung von Frauen oder LGBTQ-Rechte* – fernzuhalten.*

Nach außen schwieg Taylor Swift. Doch in ihr brodelte es. Sie kam, wie sie in »Miss Americana« erzählte, zunehmend mit sich selbst in Konflikt, der sich nach und nach zuspitzte. Taylor Swift war im Jahr 2013 von dem Radiomoderator David Mueller während eines Backstage-Termins sexuell belästigt worden. Nachdem ihr Management beim Radiosender intervenierte, verlor Mueller seinen Job. Dieser verklagte im Jahr 2015 Taylor Swift, ihre Mutter und ihren Manager auf drei Millionen Dollar Schadenersatz für seinen Jobverlust und wies die Vorwürfe vehement zurück. Taylor Swift reichte Gegenklage wegen sexueller Belästigung ein, mit einem Streitwert von einem Dollar, um ein Zeichen zu setzen. Taylor Swift gewann den ersten Prozess im Jahr 2017. Das Gericht entschied, es könne nicht nachgewiesen werden, dass die drei Beklagten für den Jobverlust direkt verantwortlich seien. Auch über die Gegenklage wegen sexueller Belästigung wurde in Taylor Swifts Sinn entschieden.[124] Swift betrachtete das Urteil auch als Meilenstein für die Frauenrechte, denn sie hoffte, damit auch anderen Frauen Mut zu machen, sich mit starker Stimme zu äußern.[125] Ihr sei bewusst, dass nicht jede Frau die Mittel habe, sich im Falle eines sexuellen Übergriffs juristisch verteidigen zu können, sagte sie, und kündigte für solche Fälle finanzielle Unterstützung an.

In diesem Fall hat Taylor Swift also kraftvoll von sich hören lassen. Trotzdem pochte ihr Umfeld weiterhin darauf, sie solle das Image des braven Mädchens pflegen und sich keinesfalls politisch äußern. Zu diesem Zeitpunkt kandidierte die Republikanerin Marsha Blackburn aus Tennessee für den Senat. Blackburn lehnte Lohngerechtigkeit für Frauen ab und hatte gegen ein Gesetz zum Schutz von Frauen vor Gewalt gestimmt.[126] Das brachte das Fass für das »brave Mädchen« zum Überlaufen. Gegen den Willen ihrer Manager postete Taylor Swift am 8. Oktober 2018 auf Instagram ihre Meinung zu Marsha Blackburn.[127] Swift würde zwar gerne eine Frau unterstützen, könne aber keinen Menschen mit einem solchen Frauenbild und dieser Einstellung zu

---

* Lesben, Schwule, Bisexuelle, Transgender und queere Bevölkerungsgruppen

LGBTQ wählen. Sie werde ihre Stimmen den Demokraten Phil Brede-
sen für den Senat und Jim Cooper für das Repräsentantenhaus geben
und rief ihre Community dazu auf, wählen zu gehen.[128] *Durch ihren*
Post konnte sie innerhalb von 48 Stunden 169 000 Menschen für die
Wahl mobilisieren, die sich auf vote.org registrierten, während sich im
gesamten August 2018 nur 56 669 Menschen insgesamt dort registriert
hatten.[129] *Taylor Swift hatte beschlossen, dass »Klappe halten« keine*
Option mehr für sie war, und nahm eine etwaige schlechte Presse
und den Verlust von Fans bewusst in Kauf, um ihren Standpunkt in
die Welt zu tragen. Donald Trump »mochte« ihre Musik fortan um
25 Prozent weniger, wie er in einem Interview sagte. Die Medien titel-
ten durchaus wohlmeinend »Taylor Swift bricht (endlich) ihr Schwei-
gen«. Heute verarbeitet Taylor Swift ihre Haltung zu gesellschaftlich
relevanten Themen, wie viele andere Künstler, in ihren Songs und fühlt
sich bestätigt in ihrem Tun. Sie ist erfolgreicher denn je.

In meiner Jugend wurde mir eingebläut, ich solle öffentlich niemals
erwähnen, wessen Namen ich in der Wahlkabine ankreuzen würde.
Es wäre damals ein Unding gewesen, das Wahlverhalten innerhalb
des Bekanntenkreises offen zu diskutieren. Heute kann ich nicht mehr
nachvollziehen, was daran so unpassend gewesen wäre, da es für mich
normal ist, mit Freunden und Bekannten über unsere politischen Einstellungen zu diskutieren. Ich denke, es hatte viel damit zu tun, dass
meine Lehrer oder die Vorgesetzten meiner Eltern nichts darüber erfahren sollten. Schließlich existiert das Wahlgeheimnis ja vor allem
deswegen, um von Andersdenkenden nicht eingeschüchtert oder gar
bedroht zu werden. Je kleiner der Ort ist, in dem man lebt, desto wichtiger war und ist wohl noch immer das Wahlgeheimnis. Ich schätze es
durchaus, nehme mir aber trotzdem heraus, mit bestimmten Personen meine Wahlentscheidungen zu besprechen. Diese Freiheit stellt
für mich einen wichtigen Brückenpfeiler einer geeinten Gesellschaft
dar.

Ich bin überzeugt, dass wir mit unseren Überzeugungen und Einstellungen nicht hinter dem Berg halten sollten. Niemals. Ob wir nun
wie Weltstar Taylor Swift größtmöglichen Impact haben und tatsäch-

lich die Massen zu einem Urnengang bewegen können oder ob wir
»nur« die Menschen in unserem Umfeld zu neuem Denken und Handeln animieren: Unser Wort hat Gewicht, und dieses Gewicht sollten
wir nutzen.

Der Rockmusiker Tilo G. Copperfield sieht das genauso. Er sagte
in einem Interview, Musik sei die Stimme der Unterdrückten. Bei der
Musik, die ihn prägte, ginge es immer um Freiheit, Gleichheit und
Frieden. Copperfield ist der festen Überzeugung, dass Musiker den
Auftrag haben, die Gesellschaft frei nach dem Motto »Gitarren statt
Waffen, Argumente statt Gewalt, Liebe statt Hass« weiterzuentwickeln. Das sei der Grundgedanke einer humanistisch geprägten Gesellschaft.[130] Es ist nicht immer einfach, sich so eindeutig und kantig
zu positionieren, das erfordert Mut und ein hohes Maß an Resilienz.
Einem solchen »Outing« geht meist – wie im Falle von Taylor Swift –
ein langer innerer Konflikt voraus. Wer schlussendlich den Mut aufbringt und sich zu seiner Meinung bekennt, wird jedoch ein wunder-
bares neues Stück Freiheit gewinnen und den inneren Zwiespalt für
immer überwinden.

Jeder kann etwas verändern

Nun ist natürlich nicht jeder eine Berühmtheit und verfügt über einen entsprechend großen Einfluss. Aber wir haben alle eine Stimme.
Doch wann lohnt es sich, diese Stimme zu erheben – und wann nicht?
Das möchte ich gerne am Beispiel von zwei Mädchen aufzeigen, wie
sie unterschiedlicher nicht sein könnten. Niemand kannte sie, als sie
begannen, ihre Stimme zu erheben. Sie konnten nicht anders, denn
Schweigen war für sie keine Option. Die eine setzte sich über das
Schulverbot für Mädchen hinweg, das die Terrororganisation Taliban
erlassen hatte, und ging unter größtem Risiko trotzdem zur Schule.
Die andere hingegen beschloss eines Tages, die Schule zu schwänzen.
Beiden handelten aus innerer Überzeugung für eine größere Sache.

Am 3. Januar 2009 berichtete ein 11-jähriges Mädchen unter dem Pseudonym »Gul Makai« erstmals auf einem BBC-Blog über die Gewalttaten der Taliban in ihrem Dorf im Swat-Tal, Pakistan. Heute ist Malala Yousafzai Friedensbotschafterin der UN. 2014 erhielt sie den Friedensnobelpreis. Sie setzt sich für Kinderrechte ein.

Am 20. August 2018 streikte ein 15-jähriges Mädchen vor dem Schwedischen Reichstag mit der Aufschrift »Skolstrejk för klimatet« (»Schulstreik für das Klima«). Heute hat die Bewegung rund um Greta Thunberg weltweit mehrere Millionen Anhänger.

Malala Yousafzai und Greta Thunberg haben etwas gemeinsam. Sie waren beide innerlich gespalten. Und als sie das an einem bestimmten Punkt ihres Lebens nicht mehr aushielten, nahmen sie all ihren Mut zusammen, um ihre Stimme zu erheben. Malala Yousafzai tat dies trotz der Taliban-Herrschaft und der Unterdrückung in ihrem Land. Sie bezahlte dafür einen hohen Preis. Am 9. Oktober 2012 stoppten Mitglieder der Taliban ihren Schulbus und verletzten sie durch Schüsse in Kopf und Hals schwer. Es war knapp, aber sie überlebte. Greta Thunberg hat das Asperger-Syndrom und wurde, als ihr die Folgen der Klimakrise bewusst wurden, zunehmend traurig und depressiv und konnte kaum mehr etwas essen. Um diesem Teufelskreis zu entkommen und etwas zu tun, sah sie nur einen Weg: Sie erhob ihre Stimme.

Diese starken jungen Frauen demonstrieren uns auf wunderbare Weise, dass wir weder 100 Millionen Follower auf Social Media noch große Bühnen brauchen, um gehört und gesehen zu werden. In Malala Yousafzai und Greta Thunberg brodelte ein starker innerer Konflikt, und erst der Mut und die Entschlossenheit zur kraftvollen Meinungsäußerung konnte diesen Konflikt lösen. Diese Möglichkeit haben wir alle. Wir müssen dazu nur einen kleinen, ersten Schritt gehen: ein Blogbeitrag, ein Facebook-Posting, ein Schild, das wir hochhalten und mit dem wir unsere Meinung kundtun. Eine Meinung, die wir uns idealerweise möglichst frei von kognitiven Verzerrungen und Manipulationen sowie höchst reflektiert gebildet haben.

Meist steht bei einem kontroversen Thema mit gesellschaftlichem Spaltpotenzial sehr viel für denjenigen auf dem Spiel, der den Mut zur offenen Meinungsäußerung aufbringt. Vielleicht werden das eines Tages Sie sein! Dadurch könnten allerdings Ihr Ansehen, Ihre Reputation, Ihr Job, Ihre Freunde, ja sogar Ihr Wohlstand in Gefahr geraten. Es liegt dann an Ihnen, Chancen und Risiken dieser Entscheidung sorgfältig abzuwägen. Was ist größer bzw. wichtiger, die Veränderung, die Sie erreichen können, oder der Verlust eines wichtigen persönlichen Gutes? Anders gefragt, was ist (Ihnen) mehr wert? Oder gibt es Strategien, um beides zu verbinden? Musiker, die ihre persönliche Haltung in ihren Songs verpacken, sind meist aus genau diesem Grund so erfolgreich. Malala Yousafzai würde wohl heute auch nicht frei und gebildet in England leben, hätte sie damals nicht ihre Meinung so unbeirrt geäußert; und Greta Thunberg würde wohl heute noch ihre Mahlzeiten verweigern. Und ich habe dieses Buch geschrieben, weil ich mir mehr Dialog in unserer Gesellschaft wünsche und damit etwas verändern und bewegen möchte. Mir ist klar, dass nicht jeder mit den hier gemachten Aussagen konform gehen wird, aber ich bin bereit, mich jeglicher Kritik und auch Anfeindungen zu stellen. Das ist es mir wert.

Heute sind viele gesellschaftliche Normen, die vor vielen Jahren, Jahrzehnten oder Jahrhunderten noch Utopie waren, selbstverständlich, doch damit es so weit kommen konnte, mussten viele Menschen aufstehen, Mut zeigen und ihre Stimme erheben.

Eine Frage der Kommunikation

Jede und jeder hat eine Stimme. Doch um sie bewusst und wirkungsvoll einsetzen zu können, sollten wir zunächst in uns hineinhorchen und ein paar Dinge klären.

- In welchen Situationen und angesichts welcher Aussagen haben Sie es bisher vorgezogen, Ihre Meinung nicht zu äußern? Werden Sie das auch in Zukunft so handhaben?
- Wann haben Sie Ihren Standpunkt das letzte Mal vehement verteidigt, obwohl Ihnen noch nicht alle relevanten Aspekte des Themas bekannt waren?
- Bei welchen Themen oder grundlegenden Ungerechtigkeiten hat Ihnen bisher der Mut gefehlt, diese offen anzusprechen? Und wenn Sie es täten: Wie sähe es mit dem angesprochenen Verhältnis von Chancen (Veränderung) und Risiken (persönliche Verluste) aus?
- Was könnte Sie dazu bewegen, Ihre Meinung zu einem Thema zu äußern, das für Sie bisher tabu war? Und in welcher Form würden Sie das tun? Per Leserbrief, Video oder über einen anderen Kanal? Wer könnte Sie bei Ihrer Mission unterstützen und welche Plattformen – z. B. Blogs oder Bücher – bieten sich dafür an?
- Wenn Sie Ihre Stimme mutig und kraftvoll erheben – was haben Sie zu verlieren und was zu gewinnen?

14.

Wahrhaftige Kommunikation – ehrbare Organisationen

Egoismus führt zwangsweise zum Nachteil einer Gruppe.
Kooperation hingegen führt zur Einigkeit!

Am 18. Oktober 2018 wurde der größte Steuerraub der europäischen Geschichte publik gemacht. Die Rechercheplattform *correctiv.org* und Investigativjournalisten aus mehreren europäischen Ländern veröffentlichten die sogenannten CumEx-Files. Darin wird der Cum-Ex-Trick beschrieben, mit dessen Hilfe ein Aktionär in der Lage ist, sich Steuergelder rückerstatten zu lassen, die er nie bezahlt hat. Genauer gesagt die Steuer einer Dividende, die niemals ausbezahlt wurde. So entstand alleine der Bundesrepublik Deutschland ein Schaden von 31,8 Milliarden Euro. Mindestens zehn weitere Länder sind angeblich ebenfalls geschädigt worden.[131] Bereits 1992 soll der hessische Staatskommissar August Schäfer auf diese Möglichkeiten der Steuererstattung aufmerksam gemacht haben.[132] Zehn Jahre später wies auch der Bankenverband das Finanzministerium auf diese fragwürdige Praxis hin. Erst seit 2012 existiert in Deutschland ein Gesetz, das die fragwürdige Cum-Ex-Praxis verbietet, seit 2016 ist auch Cum-Cum verboten, eine ähnliche Form des Dividendenbetrugs.

Die entsprechenden Gesetzeslücken wurden also erst 14 Jahre nach Bekanntwerden dieser Machenschaften zur Gänze geschlossen. Der

»Spiegel« stellte damals die Vermutung auf, dass man wohl auf die Moral der Banker habe vertrauen wollen. Weltweit sollen bei diesem Steuerraub mehr als 100 Banken und Fonds involviert gewesen sein. Unzählige Anwälte und Juristen rieben sich die Hände, während sie das Portemonnaie der Staaten etwas leichter machten. Viele Banker gewährten sogar zusätzlich Kredite; somit gab es im Rahmen dieser wenig ehrbaren Geschäftspraxis weitere Profiteure. Das moralische Verhalten, auf das man bei Bankern gesetzt hatte, war ein frommer Wunsch geblieben.[133]

Ich frage mich heute: Warum hat von den zahlreichen Mitwissenden in all diesen Jahren niemand seine Stimme erhoben? Wo um alles in der Welt sind Werte und Anstand geblieben? Gibt es den sprichwörtlichen »ehrbaren Kaufmann« nicht mehr?

Der ehrbare Kaufmann – verschwunden für immer?

Diesem Mann (oder dieser Frau) konnte man vertrauen, sein Handschlag galt und hatte eine bindende Qualität. Doch wohin ist diese Spezies verschwunden? Ehrbar agieren – das scheint heute kein wirksames Rezept für unternehmerisches Weiterkommen und langfristige Erfolge mehr zu sein. Stattdessen tragen aggressive Marketing- und Kommunikationsstrategien, gepaart mit dem Streben nach dem höchsten Deckungsbeitrag, dazu bei, den maximalen Profit einzufahren. Angesichts dieser geballten unternehmerischen und kommunikativen Power bleibt die altmodisch anmutende Ehrbarkeit gern mal auf der Strecke. Wichtig ist, dass die gewünschte Botschaft bei den Zielgruppen ankommt; ob das Produkt oder die Dienstleistung einen höheren Nutzen für die Gesellschaft hat, spielt im wilden Rausch des Erfolgsstrebens ohnehin keine Rolle. Wir müssen uns heute wohl mit der Tatsache abfinden, dass die Tugenden des ehrbaren Kaufmanns, auch bedingt durch den hohen Wettbewerbsdruck, weitgehend verdrängt wurden und fürs Business schlicht unattraktiv sind.

Der Begriff des ehrbaren Kaufmanns tauchte erstmals im Mittelalter in Italien auf. Die Schrift »Practica della Mercatura« (Praktik des Handelns) war *das* Handbuch für den damaligen Kaufmann und ist noch heute ein Klassiker der Betriebswirtschaft. Die Ehrbarkeit war in dieser Ära als höchstes moralisches Gut fest verankert und wird in den folgenden Zeilen beschrieben:

»Der Kaufmann, der Ansehen genießen will,
muss immer gerecht handeln,
große Weitsichtigkeit besitzen
und immer seine Versprechen einhalten.
Wenn möglich, soll er liebenswürdig aussehen,
wie es dem ehrenwerten Beruf, den er gewählt hat, entspricht,
aufrichtig beim Verkauf, aufmerksam beim Kauf sein,
er soll sich herzlich bedanken und von Klagen Abstand halten.
Sein Ansehen wird noch größer sein, wenn er die Kirche besucht,
aus Liebe zu Gott spendet, ohne zu feilschen
seine Geschäfte abschließt und sich strikt weigert,
Wucher zu betreiben. Schließlich soll er vernünftig seine Konten
führen und keine Fehler begehen.«[134]

Auch der Hansekaufmann baute sein unternehmerisches Tun auf Werten auf, die denen der italienischen Kaufleute ähnelten. Das gegenseitige Vertrauen und die Ehrbarkeit der Verhandlungspartner ermöglichten erst die erfolgreichen Geschäfte in der Mittelmeerregion. Der »gute Name« eines Kaufmanns war die Basis für gute Geschäfte, war dieser erst einmal zerstört, drohten ihm Ehrlosigkeit und schlussendlich der Ruin. Der ehrbare Kaufmann hat sich über viele Jahrhunderte hinweg als wichtiger ethischer Richtwert gehalten, ist aber aus meiner Sicht später im Rahmen der industriellen Revolution immer mehr in Vergessenheit geraten. Man setzte zunehmend auf die Macht der Kommunikation und versäumte es dabei leider allzu oft, den Wert der Ehrbarkeit miteinzubeziehen.

Nach dem Zweiten Weltkrieg schließlich konnten Unternehmen die Erkenntnisse von Edward Bernays, dem Erfinder der Propaganda (siehe Kapitel 5), perfektionieren und lernten rasch, wie sie durch ihre geschickt platzierten Botschaften die Massen ohne deren Wissen kontrollieren und steuern konnten. Die fehlende Fähigkeit der Verbraucher, diese Manipulationen zu erkennen, und das ausgeprägte Streben nach Wohlstand ermöglichten es den Unternehmen, Bedürfnisse zu wecken, die bis dahin gar nicht oder nur in geringem Ausmaß vorhanden waren. Heute sind wir an diese Art der Manipulation so sehr gewöhnt, dass wir sie kaum mehr als solche wahrnehmen. Es ist für uns völlig normal, dass viele Produkte (im Vergleich zu früher) nach nur geringer Lebensdauer kaputtgehen* und dass es die Werbung mit der Wahrheit nicht immer so ganz genau nimmt. Ehrbarkeit war über lange Jahre nicht mehr unbedingt erforderlich, da im Business andere Erfolgsfaktoren auf den Plan getreten waren. Doch das scheint sich erfreulicherweise langsam zu ändern und lässt darauf hoffen, dass vieles Gute aus der »Practica della Mercatura« wieder relevant wird.

Echte Corporate Social Responsibility oder bloßer Schein?

Heute lassen sich die Verbraucher nicht mehr so leicht an der Nase herumführen – und sie wissen genau, was sie wollen. Exzellent informierte Konsumenten fordern zunehmend nachhaltigere Produkte und nachhaltigeres Handeln. Unter anderem aus diesem Grund wurden in den Unternehmen neue Stabsstellen geschaffen, die sich mit dem Thema »Corporate Social Responsibility« beschäftigen sollen. Doch leider erschöpft sich deren Arbeit in vielen Fällen in der Produktion von Hochglanzbroschüren; die darin vorgestellten Aktivitäten wirken wie hilflose Alibi-Übungen einer nach außen inszenierten »Pseudo-Responsibility«. Viele Firmen übernehmen doch nur dann wirklich Verantwortung, wenn es sich auch in betriebswirtschaftlicher Hinsicht lohnt.

---

* Fachbegriff: geplante Obsoleszenz

Beispielsweise, wenn die auf den ersten Blick wunderbar altruistisch scheinende Unterstützung einer bestimmten Region, in der ein Unternehmen neu tätig ist, gleichzeitig dafür sorgt, dass es dort Mitarbeiter und Kunden sehr viel leichter gewinnen kann. Ich denke da an Aktionen wie das Sponsern eines populären Vereins, die großzügige Spende an den Kindergarten oder die Mitfinanzierung eines längst überfälligen Zebrastreifens – eben alles, was die Menschen in der Region der neuen Firma gegenüber positiv stimmt.

Dagegen wäre im Prinzip auch gar nichts einzuwenden. Wir haben es hier mit einem klassischen Win-win-Effekt zu tun – und ein solcher ist immer wünschenswert. Wenn Unternehmen aber in ihrer Kommunikation den Fokus nur darauf legen, was *sie* dieser Region alles ermöglichen – ohne die Vorteile zu erwähnen, die sie selbst dadurch haben –, und damit in der Öffentlichkeit das Bild eines selbstlosen Wohltäters erzeugen, dann hat das für mich mit wahrhaftiger Kommunikation und Ehrbarkeit nur noch wenig zu tun. Wahrhaftigkeit und Ehrbarkeit entstehen nicht dadurch, dass sie auf Instagram & Co. publikumswirksam demonstriert werden, sondern durch die Integration dieser Eigenschaften in die Unternehmens-DNA und das tägliche Tun (und ohne jedes Mal laut die Social-Media-Glocke zu läuten). Wahrhaft ehrbare Unternehmen und Führungsmannschaften sind für mich jene, die unaufgeregt Großes leisten, dies als selbstverständlich ansehen und keine Über-Inszenierung in den sozialen Medien veranstalten.

Geschichte einer Einigung: Von Hirschen und Hasen

Josef und Urs, beide über sechzig, sind seit vielen Jahren miteinander befreundet. Sie leben in der Schweiz, in einer Gemeinde an den Grenzen zu Österreich und Deutschland. Josef ist verwitwet, Urs seit zwölf Jahren geschieden. Die beiden verbringen ihre Samstagnachmittage meist auf der Jagd und die Sonntagvormittage beim Frühschoppen. Dabei lernen die unternehmungslustigen Herren hin und wieder inte-

ressante Frauen kennen, mit denen sich etwas Ernsthaftes entwickeln könnte. Doch Urs gönnt Josef keine neue Beziehung und unternimmt so einiges, um diese zu verhindern. So erzählt er einer von Josefs neuen Bekanntschaften, Melanie, von dessen Alkoholproblem und dass er deswegen schon einmal seinen Führerschein für längere Zeit abgeben musste.

Trotz ihrer jahrelangen Freundschaft hegen die beiden Männer ein grundsätzliches gegenseitiges Misstrauen. Das ist besonders während der Jagd zu spüren. Nur äußerst selten erlegen die beiden einen Hirsch, da sie sich oft massiv in die Quere kommen und selten an einem Strang ziehen. Sie kehren meist nur mit Hasen als Jagdbeute nach Hause zurück. Eines schönen Spätsommertages befinden sich die beiden wieder einmal in ihrem Revier. Beide erhoffen sich endlich einen kapitalen Hirsch. Der Verkauf von Hasen bringt natürlich auch finanziell nicht viel ein. Josef und Urs beschließen, die Hasen aus strategischen Gründen links liegen zu lassen und sich ausschließlich auf das Erlegen eines Hirsches zu konzentrieren. Der Schuss auf einen Hasen würde ja auch alle anderen Wildtiere im Wald warnen.

Die beiden motivierten Jäger schätzen ihre Chancen, an jenem Herbsttag gemeinsam einen Hirsch zu erlegen, auf 50 Prozent. Sie starten von unterschiedlichen Positionen aus und gehen los. Plötzlich hat Josef einen Hasen im Visier. Er erinnert sich an die Vereinbarung »keine Hasen«, muss jedoch gleichzeitig an Urs' Illoyalität beim letzten Frühshoppen denken und dass Melanie ihm seitdem die kalte Schulter zeigt. Josef weiß also, dass Urs nicht loyal ist, und fragt sich, ob er diese Haltung nun auch in puncto Hirschjagd beibehält. Er traut es Urs zu, dass dieser sich für den Hasen entscheiden würde, wenn er ihm vor die Flinte laufen würde. Diese Gedanken schießen pfeilschnell durch Josefs Kopf. Den Hasen hat er sicher, der Hirsch könnte reine Utopie bleiben, vor allem mit dem Unsicherheitsfaktor Urs an seiner Seite. Josef erlegt den Hasen und freut sich über sein weidmännisches Glück. Als er beim Auto wieder auf Urs trifft, schnauzt ihn dieser stinksauer an: »Hast du den Sechzehnender an der Nordlichtung nicht gesehen? Ich hatte ihn direkt im Visier, aber als dein Schuss durch den Wald knallte, hat er sich natürlich aus dem Staub gemacht. Mit jemandem wie dir kann

man nicht erfolgreich jagen.« *Die beiden Freunde sprechen danach
kein Wort mehr miteinander und versöhnen sich erst nach langer Zeit
wieder. Sie versprechen sich hoch und heilig, sich nie wieder im Stich
zu lassen und stets füreinander einzustehen. Vom nächsten Jagdausflug
kehren Josef und Urs triumphierend mit einem Hirsch zurück. Ohne
Alleingänge und unter Einhaltung der im Vorfeld vereinbarten Regeln
war es sehr viel einfacher, das gemeinsame Ziel zu erreichen. Ihr erster
Hirsch seit vielen Jahren!*

Ein soziales Dilemma – ist Mathematik die Lösung?

Sie fragen sich jetzt vielleicht, was die Geschichte von Josefs und Urs'
Jagdabenteuern mit Kommunikation und ehrbaren Organisationen zu
tun hat, um die es in diesem Kapitel ja gehen soll. Sehr viel mehr, als
Sie sich vorstellen! Denn Josef und Urs steckten im Wald mitten in
einem sozialen Dilemma. Durch eine Kooperation hätten beide etwas
viel Größeres erreichen können. Beim ersten Jagdausflug kam es jedoch infolge von gegenseitigem Misstrauen und mangelnder Loyali-
tät zu einem wenig erfolgreichen Alleingang unter Missachtung der
vereinbarten Regeln. Genau diese Verhaltensweisen führen in vielen
Unternehmen und Organisationen immer wieder zu Dissonanzen
und in der internationalen Politik zur Nichteinhaltung bereits getrof-
fener Abkommen. In der mathematischen Spieltheorie heißt dieses
Dilemma tatsächlich »Hirschjagd«.* Es tritt in der Gesellschaft immer
wieder in verschiedenen Bereichen auf.

---

* Es stammt ursprünglich von dem französischen Philosophen Jean-Jacques
  Rousseau (1712–1778).

		Josef	
		Hirschjagd	Hasenjagd
Urs	Hirschjagd	4 / 4	0 / 3
	Hasenjagd	3 / 0	3 / 3

Tabelle 7: Übersicht der möglichen Erträge bei der Hirschjagd*

Unterschiedliche Gruppen tun sich zusammen und vereinbaren, ähnlich wie Josef und Urs, eine bestimmte Vorgehensweise, um etwas Großes zu erreichen. Das Pariser Klimaabkommen zum Beispiel wäre so etwas Großes. Beinahe alle Staaten[135] haben diesen Vertrag unterzeichnet, mit dem Ziel, die Erderwärmung bei deutlich unter zwei Grad einzubremsen. Aktuell stehen wir jedoch dem Problem gegenüber, dass einzelne Staaten die Maßnahmen, zu denen sie sich verpflichtet haben, nicht in der nötigen Konsequenz umsetzen. Die USA haben sich sogar dafür entschieden, ganz aus dem Klimaabkommen auszutreten. Donald Trump macht sich, um im Bild der Hirschjagd zu bleiben, auf die Jagd nach dem Hasen, da er gar nicht daran glaubt, dass es in diesem Wald überhaupt einen Hirsch geben könnte und aus seiner Sicht der Hase sowieso das wertvollste Gut ist, das es zu jagen gibt. Alle anderen Länder hätten zwar durchaus auch gerne den Hirsch (bzw. die Einbremsung der Erderwärmung), schaffen es aber durch ihr viel zu kurzfristiges Denken nicht, sich an die getroffene Vereinbarung zu halten, und jagen daher ebenfalls nach dem Hasen.

Um dieses Dilemma weiter zu verdeutlichen, möchte ich Ihnen noch das sogenannte Gefangenendilemma näherbringen. Zwei Gefangene werden beschuldigt, gemeinsam ein Verbrechen begangen zu haben. Sie werden getrennt voneinander befragt und haben keine Möglichkeit, sich vorab auszutauschen. Was kann nun geschehen?

---

* Man geht hier davon aus, dass a) beide zusammen auf alle Fälle einen Hirsch erlegen können und dass b) keiner von beiden alleine dazu in der Lage wäre. Einen Hasen könnte allerdings jeder für sich erlegen.

- Wenn beide leugnen, erhalten beide eine kleine Strafe, da ihnen nur eine Bagatelle nachgewiesen werden kann.
- Wenn beide gestehen, erhalten beide eine höhere Strafe, jedoch nicht die Höchststrafe, da sich das Geständnis mildernd auswirkt.
- Wenn nur einer der beiden gesteht, wird derjenige, der gesteht, quasi als Kronzeuge freigesprochen, geht also straffrei aus, und der andere erhält die Höchststrafe.

Aktion	Urteil
Nur einer gesteht (Kronzeuge)	Freispruch
Beide leugnen	2 Jahre Haft
Beide gestehen	4 Jahre Haft
Nur der andere gesteht	6 Jahre Haft

Tabelle 8: Übersicht der Urteile

Die bestmögliche Lösung *für beide* wäre es also, zu leugnen, daraus könnten beide den größten Nutzen ziehen, indem sie das kleinste Strafmaß erhalten. Diese Konklusion lässt sich direkt auf das Pariser Klimaabkommen übertragen. Halten sich alle an das Abkommen, hätten alle den geringsten Schaden in Form einer geringeren Erderwärmung.

Zu gestehen entspricht also in diesem Fall der Option, nicht zu kooperieren, und bringt diverse Vorteile mit sich:

- Die Strafe reduziert sich auf alle Fälle von sechs auf vier Jahre.
- Wenn der andere nicht gesteht, steht die Möglichkeit des Freispruchs im Raum.

Wird dieses Spiel mit mehreren Teilnehmern gespielt, ist es aus mathematischer Sicht immer vorteilhafter für den Einzelnen, nicht zu kooperieren, also zu gestehen – das ist die sogenannte dominantere Strategie.

Übertragen auf das Pariser Klimaabkommen zeigt uns das, warum es manchmal sehr verlockend sein kann, sich nicht an eine Kooperation zu halten.* Rasche Gewinne und der Wettbewerbsvorteil gegenüber anderen Beteiligten sind die kurzfristigen Benefits, die man daraus ziehen kann. Die Strafzahlungen, die für Länder entstehen, die sich nicht an das Abkommen halten, werden in den Entscheidungen wohl nicht berücksichtigt. Die beste Entscheidung für alle wäre, sich an das Abkommen zu halten, denn die Vertragsstrafen werden die kurzfristig generierten Gewinne mit Sicherheit wieder auffressen.**

Das Experiment zeigt, warum es so schwierig ist, eine gute Entscheidung für eine Gruppe zu treffen, in der jeder eigene Interessen verfolgt. Auch im Hinblick auf gemeinsame europäische Entscheidungen, die Mehrheiten benötigen, sind wir im Sinne des Gefangenendilemmas alle verstrickt und gefangen. Das zeigt sich bei vielen europäischen Herausforderungen, die wir noch nicht in den Griff bekommen haben. Nationalstaaten, die ausschließlich ihre eigenen Interessen verfolgen, machen die EU damit handlungsunfähig. Politiker, die auf europäischer Ebene gnadenlos ihre nationalen Interessen durchboxen möchten, »gewinnen« dadurch leider in zweierlei Hinsicht: Sie tragen dazu bei, dass die EU in vielen Fragen handlungsunfähig wird; gleichzeitig verkaufen sie ihren Wählern die EU als unfähige Organisation, die nur kostet und nichts zustande bringt. Und die Europäische Union ist ja tatsächlich oft handlungsunfähig, wenn es zum Beispiel darum geht, den Haushalt zu verhandeln, eine Kommissionspräsidentin zu wählen oder einfach nur – und das ist das Wichtigste – nach außen mit einer Stimme zu sprechen.

Auch aus diesem Grund ist es mir so wichtig, die Fallstricke manipulativer und verantwortungsloser Kommunikation und deren Konsequenzen aufzuzeigen. Nur wer hinter die Kulissen blickt, kann etwas verändern. Durch verantwortungsbewusste Kommunikation und den

---

* In diesem Gefangenendilemma wird die Frage, ob jemand schuldig oder unschuldig ist, gänzlich ausgeblendet. Beim Vergleich mit dem Pariser Klimaabkommen habe ich die Strafzahlungen ebenfalls ausgeblendet.
** Siehe Kapitel 5: Bestandsaufnahme zur aktuellen Klimakrise

daraus folgenden Dialog wird – so meine Hoffnung – die Europäische Union künftig wesentlich handlungsfähiger werden und nach außen wieder wahrhaftig und mit einer Stimme auftreten.

Wie du mir, so ich dir

Ich bin zuversichtlich, dass wir als Gesellschaft in Zukunft verstärkt verantwortungsbewusst kommunizieren und handeln werden. Diese Zuversicht basiert auf der Tatsache, dass dieses Entscheidungsspiel jeden Tag neu gespielt werden kann.* Dabei wird sich – mathematisch betrachtet – die dominantere Wahl (nicht zu kooperieren) bei mehreren Spielrunden sogar als schlechtere Option herausstellen, um die maximal besten Ergebnisse für das Individuum zu erzielen. Es lohnt sich also, in einer Runde – in der alle gegen etwas sind – anders als die anderen zu entscheiden und zu kooperieren. Der US-amerikanische Politologe Robert Axelrod versuchte Anfang der 1980er-Jahre computerbasiert herauszufinden, welche Spielstrategie sich beim Spiel über mehrere Runden** als erfolgreich herausstellt. Die einfachste Strategie aller war die erfolgreichste. Sie trägt den Namen »Tit for Tat« und bedeutet übersetzt: »Wie du mir, so ich dir.«

In der ersten Runde würde man gemäß dieser Strategie kooperieren und in den nächsten Runden den Zug des Spielpartners aus der vorigen Runde kopieren. Bei dieser Strategie wird die Kooperation niemals zuerst aufgekündigt. Sofern sich der andere Spieler wieder für die Kooperation entscheidet, schließt sich der erste Spieler dieser Entscheidung in der nächsten Runde an. Diese Strategie ist allerdings äußerst anfällig für Missverständnisse.

---

* In der Theorie handelt es sich dabei um das unendliche Spiel, bei dem den Spielern die Anzahl der Spiele nicht bekannt ist. Bei einem endlichen Spiel würden die Spieler am Ende nämlich immer die dominante Strategie wählen.
** Die Teilnehmer wissen nicht, wie viele Runden es gibt.

Kommunikativ geeint in die Zukunft

Bei den beiden geschilderten Dilemmas handelt es sich um mathematische Experimente und betriebswirtschaftliche Beobachtungen. Wenn wir verantwortungsbewusst in die Zukunft blicken möchten, sollten diese Experimente eine tragende Rolle in unserer Kommunikation spielen. Viele Bürger haben erkannt, dass man innerhalb eines Staatenbunds eher den Kürzeren zieht, wenn alle involvierten Politiker stets nur ihre nationalen Interessen durchsetzen möchten. Diese Experimente spielen in jeder Organisationsform, in der Menschen zusammenkommen, eine wichtige Rolle.

Auch bei mehreren Spielrunden zeigt sich, dass eine grundsätzlich positive Haltung anstatt einer ausschließlich dominanten Haltung zu einem besseren Ergebnis für den Einzelnen führt. Wir sollten daher nicht nur unsere Eigeninteressen verfolgen, sondern immer auch das übergeordnete Interesse betrachten, um am Ende mehr für uns zu erreichen. Das Hirschjagd-Experiment hat deutlich gezeigt, dass wir – metaphorisch gesprochen – niemals gemeinsam einen Hirsch erlegen können, wenn sich nicht alle Jäger am Markt an die einmal zugesagte Vereinbarung halten. Alle streben, viel zu kleindenkend, bloß nach dem Hasen. Denn wer alleine auf weiter Flur ist, hat kaum eine Chance, den Hirsch zu erledigen. Der Hirsch steht für mich im Falle des Klimaabkommens symbolisch für das Erreichen des Zwei-Grad-Ziels oder für jedes andere Ziel, das sich Organisationen setzen, sowie für wahrhaftige, verantwortungsbewusste Kommunikation.

Da wir alle täglich kommunizieren, sich also das Spiel des Gefangenendilemmas ständig wiederholt, haben wir jeden Tag die Chance, die kooperative Strategie zu wählen, indem wir im Sinne des Übergeordneten verantwortungsbewusst kommunizieren und handeln. Langfristig wird uns das als Gesellschaft, aber auch als Individuen, weiter bringen, als wir es je für möglich hielten.

Unternehmen und Organisationen werden nur dann langfristig positive Ergebnisse für die Gesellschaft erreichen, wenn sie die Werte eines ehrbaren Kaufmanns auf allen Ebenen und in allen Abteilungen integrieren und leben. Auf diese Weise bekommen sie auf dem Weg zur Einheit eine Art Vorbildfunktion und werden andere zur Nachahmung animieren. Innerhalb einer jeden Organisation, eines jeden Unternehmens, sind echte gemeinsame Entscheidungen höchst erstrebenswert, denn sie führen zum Gesamtwohl aller Beteiligten.

Wir haben im Hinblick auf unsere Kommunikation außerdem jederzeit die Wahl, spaltende Formulierungen wie »America first« zu vermeiden und eine kooperative Ausdrucksweise zu wählen: zum Beispiel »In Vielfalt geeint«, das Motto der Europäischen Union, dem größten Friedensprojekt der Menschheitsgeschichte. Lassen Sie uns daher geeint in die Zukunft gehen, indem wir stets das Große im Blick haben, das wir gemeinsam erreichen können, und legen wir den Fokus auf eine gemeinsame Vision anstatt auf die vielen Probleme, denn diese werden sich aus einer gemeinsamen Perspektive heraus vielfach von selbst auflösen.

Eine Frage der Kommunikation

Jeder für sich oder doch besser gemeinsam? Das und die Frage der Ehre sind wichtige Aspekte in puncto wahrhaftige Kommunikation.

- Wie definiert sich ein »ehrbarer Kaufmann« für Sie?
- Treten Sie in Ihrem Business gemäß den Werten eines ehrbaren Kaufmanns auf?
- Ist Ihre Kommunikation nach außen von Misstrauen oder von Wahrhaftigkeit geprägt?
- Wann haben Sie das letzte Mal einen strategischen Alleingang gemacht? Hat er sich gelohnt oder hätte eine Kooperation langfristig zum besseren Ergebnis für alle geführt?
- Welche Werte, die sich an denen des ehrbaren Kaufmanns orientieren, möchten Sie künftig vermehrt in Ihren beruflichen Alltag integrieren?

15.

Eine geeinte Gesellschaft –
willkommen in der Zukunft

*Wir haben im Laufe der Geschichte schon oft stabile
Brücken gebaut. Das gibt Anlass zur Hoffnung und zeigt,
dass eine geeinte Gesellschaft möglich ist.*

Eine geeinte Gesellschaft – das Schlaraffenland schlechthin? Ein Universum, in dem es keine Probleme und Konflikte, weder grenzüberschreitende Krankheiten noch kommunikative Super-GAUs oder Wirtschaftskrisen und sonstige Katastrophen gibt? Sosehr ich mir eine geeinte Gesellschaft wünsche, auf ein vereinigtes, friktionsfreies Wonderland zu setzen, wäre hochgradig naiv. Denn auch in einer geeinten Gesellschaft wird nicht alles, was wir erleben, eitel Sonnenschein sein. Wir werden weiterhin von unseren Bedürfnissen und Emotionen getrieben sein. Wir werden uns immer noch wünschen, besser und erfolgreicher zu sein als unsere Kollegen oder die Konkurrenz. Und das muss auch genau so sein, ansonsten käme unser aller Antrieb nach persönlicher Weiterentwicklung vollständig zum Erliegen und wir würden uns nur noch auf unseren Lorbeeren ausruhen.

Ebenso werden wir weiterhin unseren kognitiven Verzerrungen unterliegen. Wie sollen wir diese auch von heute auf morgen ablegen, nachdem sie uns über Generationen hinweg antrainiert wurden? Nur, weil wir heute – wie ich hoffe, auch durch dieses Buch – besser darüber Bescheid wissen, bedeutet das noch lange nicht, dass wir unsere Urinstinkte mal eben so ausschalten können.

In einer geeinten Gesellschaft werden wir leider auch keine mega optimalen Bedingungen für alle erreichen können – also Bedingungen, bei denen der Nutzen für *jeden Einzelnen* maximiert ist. Denn auch in einer geeinten Gesellschaft werden die Egoisten mit Verve antreten, um alle Versuche, diesen Optimalzustand zu erreichen bzw. zu erhalten, zunichte zu machen. Unsere Wertvorstellungen werden sich in den verschiedenen Kulturen weiterhin höchst widersprüchlich darstellen. Doch nachdem in einer geeinten Gesellschaft jeder Einzelne eine neue Bewusstheit hinsichtlich einer verantwortungsvollen Kommunikation erlangt hat, werden viel mehr Menschen als bisher in der Lage sein, über diese Gräben voll von Widersprüchen endlich tragfähige Brücken zu bauen.

Integrative Intelligenz – wirksamer Erfolgsfaktor der geeinten Gesellschaft

In einer geeinten Gesellschaft leben Bürger mit einer ausgeprägten Fähigkeit zur Reflexion. Diese wachen und bewussten Menschen sind in der Lage, Informationen, die auf sie einprasseln, kritisch zu hinterfragen. Sie lassen sich nicht mehr so einfach von Fake News täuschen, da sie ihrer Sorgfaltspflicht nachkommen und Trugschlüsse in der Argumentation sofort entlarven können. Sie verfolgen und akzeptieren den aktuellen Stand der Wissenschaft und ignorieren jede Art von Pseudowissenschaft. Diese Menschen verstehen, was Frames und Metaphern mit ihnen machen können, und versuchen, sich immer weniger davon beeinflussen zu lassen. Menschen mit einer guten Fähigkeit zur Reflexion haben keine Angst davor, ihre Weltsicht und ihre Glaubenssätze infrage zu stellen.

Die Bürger der geeinten Gesellschaft sind sich ihrer Wortwahl bewusst und wissen, was sie damit bewirken können. Sie versuchen andere Menschen zu verstehen, sie möchten sie mit all ihren Eigenheiten kennenlernen und sich von ihnen bereichern und inspirieren lassen. Diese Menschen urteilen nicht vorschnell und lassen sich auch nicht so leicht provozieren, da sie Angriffe nicht mehr persönlich nehmen. Sie fühlen sich anderen nicht überlegen, sondern gestehen ihnen zu, in einigen Bereichen besser zu sein als sie selbst. Menschen, die reflektiert sind, wissen, dass langfristiges Denken und Handeln das kurzfristige Agieren immer schlagen wird. Sie reichen einander die Hand, treten als Brückenbauer an und fassen all ihren Mut zusammen, wenn sie ihre Stimme erheben.

Das ist nicht immer leicht. Wir Menschen machen nun einmal Fehler und sind nicht perfekt. Daher möchte ich die oben genannten Fähigkeiten zur Reflexion »integrative Intelligenz« nennen. Menschen, die sich selbst eingehend reflektieren können, verfügen über ein hohes Maß dieser integrativen Intelligenz. Integrativ zu sein bedeutet: Wir können aufeinander zugehen und Brücken bauen. Treffen zwei oder mehr starke Brückenbauer zusammen, entstehen gemeinsame Brücken, die Großes bewirken können. Wir investieren heute mehr denn je in unsere Persönlichkeit. Wenn wir dieses Investment als Erfolgsfaktor für unsere Zukunft verstehen – weil sowohl die mechanische als auch die kognitive Arbeit weitgehend verschwinden werden und nur die wirklich kreativen Tätigkeiten weiterhin gebraucht werden –, dann stimmt es mich sehr positiv, wenn ich mir vorstelle, wie viele Brückenbauer es in der Gesellschaft zukünftig geben wird.

Ich bin mir sicher, wenn wir Sachverhalte auch auf der Metaebene beurteilen, wenn wir Zusammenhänge besser verstehen, über den Tellerrand blicken und manchmal unser Ego hintanstellen, sind wir auf dem besten Weg zu einer geeinten Gesellschaft. In dieser Gesellschaft werden wir neue Probleme zu bewältigen haben, die wir heute noch nicht kennen, es werden Krisen wirtschaftlicher, politischer, kommunikativer und persönlicher Art auf uns zukommen, aber wir haben ja zwischenzeitlich Rezepte gefunden, wie wir diese Krisen kommunikativ bewältigen können.

In dieser geeinten Gesellschaft übernimmt das »ehrbare Unternehmen« die entsprechende Verantwortung. Vielleicht werden wir ja dann in der Lage sein, die globale Erderwärmung einzudämmen.

Microsoft ist in dieser Hinsicht Vorreiter und hat es sich zum Ziel gesetzt, alle durch das Unternehmen bisher abgegebenen CO_2-Emissionen rechnerisch wieder aus der Atmosphäre zu entfernen und bis zum Jahr 2050 in ihrer CO_2-Bilanz negativ zu sein. Andere Unternehmen werden diesem Vorbild mit Sicherheit folgen, weil sie erkannt haben, dass es ja gar nicht anders geht, um unseren langfristigen Wohlstand zu sichern: Die Extrameile, die wir in puncto Investition und Verzicht gehen, erzeugt den Wohlstand der Zukunft.[136]

Wo ein Wille, da ein Weg

Im Frühjahr 2020 (während ich die letzten Seiten dieses Buches schreibe) haben wir sehr bewegt beobachten können, wozu die Gesellschaft in der Lage ist, wenn sie nur will bzw. wenn sie muss. Das war unvergesslich. Der Ausbruch von SARS-CoV-2 führte in China nach Lahmlegung der Wirtschaft und des Flugverkehrs erstmals seit langer Zeit zu einer extrem sauberen Luft[137] (Satellitenbilder der NASA beweisen das); die Lufthansa kürzte – wenn auch krisenbedingt – ihre Flugkapazitäten um 95 Prozent; unzählige Menschen arbeiteten Wochen oder Monate im Homeoffice und die Themen Hygiene und »Social Distancing« haben einen ganz neuen Stellenwert erhalten. Ich bin beeindruckt, wozu wir angesichts einer drohenden Pandemie in der Lage sind, auch wenn der DAX in dieser kurzen Zeit um 40 Prozent gefallen ist (Stand 19. März 2020) und die mittel- bis langfristigen Folgen für Wirtschaft und Gesellschaft nicht absehbar sind. Natürlich brauchen wir für eine geeinte Gesellschaft eine gut funktionierende Wirtschaft, das ist klar. Doch muss diese immer noch auf der Verschwendung der natürlichen Ressourcen aufgebaut sein?

Ich freue mich über saubere Luft, die auch deswegen entstehen kann, weil es Corona-bedingt Telefon- und Videokonferenzen statt der vielen Dienstreisen mit Flugzeug, Auto oder Bahn gibt. Das stimmt mich positiv und zeigt mir, dass, wenn es ernst wird, eine Veränderung möglich ist. Ich glaube auch, dass wir vor der Klimakrise wesentlich mehr Angst haben sollten als – trotz der sicherlich gravierenden gesundheitlichen Bedrohung – vor SARS-CoV-2. Vielleicht fungiert diese gesundheitliche Krise ja als eine Art Generalprobe, die uns demonstriert, dass wir auch die Kraft haben, die Klimakrise zu bewältigen.

Der Ökonom William D. Nordhaus hat einen Klub der Willigen (Climate Club) vorgeschlagen, in dem hinreichend viele Länder kooperieren sollten. Diese Länder dürfen Emissionen nur dann ausstoßen, wenn sie die Emissionsrechte dafür besitzen. Länder außerhalb des Klubs sollten Anreize bekommen, dieser Vereinigung beizutreten, andernfalls würde der CO_2-Ausstoß für sie äußerst kostenintensiv. Denkt man an das Gefangenendilemma und das Pariser Klimaabkommen, mag man eine mögliche praktische Umsetzung des Klubs der Willigen bezweifeln. Der große Wille, den die Bevölkerung und »die Politik« angesichts des Coronavirus zeigten, stimmt mich jedoch positiv und zuversichtlich. Für seine Forschungen[138] rund um die ökonomischen Aspekte der Klimakrise hat Nordhaus 2018 den Nobelpreis für Wirtschaftswissenschaften erhalten. »Es ist für die Menschheit absolut möglich, weniger CO_2 zu produzieren und trotzdem unseren Lebensstandard zu verbessern. Sobald wir damit anfangen würden, wären wir überrascht, wie einfach und wenig schmerzhaft es ist«, ist er überzeugt.[139] Für die Politik bedeutet das: Sie ist aufgerufen, global die entsprechenden Rahmenbedingungen zu setzen. In einer geeinten Gesellschaft, in der die Bürger verantwortungsbewusst kommunizieren und über einen hohen integrativen Intelligenzfaktor verfügen, sollte es möglich sein, einen Klub wie diesen zu gestalten. Die nächste Klimakonferenz kommt bestimmt.

Geschichte einer Einigung: Ein paradiesischer Planet

Der Planet Dialogus-99 ist eine Zwillingsschwester der Erde im Paralleluniversum Delta 27xm und befindet sich Abertausende Lichtjahre von dieser entfernt. Es läuft dort im Grunde alles genauso ab wie auf der Erde – bis auf ein paar signifikante Ausnahmen. Auf dem Zwillingsplaneten gibt es drei Großmächte, deren Präsidenten sich durch integrative Sprachwahl und außerordentliche Dialogfähigkeit auszeichnen. Die verschiedenen Länder haben sich auf den jeweiligen Kontinenten in Form eines Staatenbundes organisiert. Dieser Staatenbund spricht stets mit einer Stimme, denn so will es die Bevölkerung. Es liegt in der DNA des »Homo sapiens dialogus« (so heißen die Menschen auf Dialogus-99), Probleme durch Gespräche zu lösen. Sie kennen es nicht anders, und auch Zwietracht ist ihnen vollkommen fremd.

Die Bürger können jederzeit ihre Stimme erheben und in Form von Referenden auf verschiedenen politischen Ebenen Mehrheiten organisieren; so nehmen sie regelmäßig am demokratischen Geschehen teil. Manipulationen in der Debatte sind kaum möglich, denn der Homo sapiens dialogus verfügt über eine hohe integrative Intelligenz und würde Versuche dieser Art sofort erkennen und sanktionieren. Die Menschen auf Dialogus-99 informieren sich, so wie auf der Erde, über Social Media und zahlreiche Online- und Offlinepublikationen. Natürlich gibt es auch auf diesem Planeten eine aktive Boulevardpresse. Doch anders als ihr Pendant auf der Erde zeichnet sie sich durch hohe journalistische Standards aus. Das ist auch nicht anders möglich, denn Fake News und Manipulation würden die aufgeklärten Leser sofort entlarven.

Auch auf den Social-Media-Plattformen gibt es für Falschmeldungen keine Chance, denn jeder Bericht, der Fake News oder verfälschte Videos enthält, ist als solcher explizit gekennzeichnet. Die intensive und verantwortungsvolle Zusammenarbeit mit Faktencheckern und künstlicher Intelligenz (KI) macht dies möglich. Letztere handelt in den meisten Fällen nur zum Wohle der Menschen auf diesem Zwillings-

planeten, denn die Bewohner haben sich genau darauf geeinigt und tun alles, um diese Vereinbarung auch einzuhalten.

In Onlinepublikationen sind alle Artikel mit Quellenangaben versehen und jede Quelle ist einsehbar. Artikel ohne überzeugende Quellenangaben und ohne Impressum verschwinden sofort im Datennirwana. Ist ein Artikel älter als ein Jahr oder könnte er aus dem Kontext gerissen und eventuell fehlerhaft zitiert worden sein, wird dies sofort erkannt und entsprechend gekennzeichnet.

So wie die Menschen auf der Erde gerne im Fitnessstudio schwitzen, trainiert der Homo sapiens dialogus regemäßig seine geistige Fitness und bemüht sich, seine Fähigkeiten in Bezug auf transparente Argumentation, verantwortungsvolle Wortwahl und Meinungsbildung zu schärfen. Die Menschen auf Dialogus-99 lieben es, weit über den Tellerrand hinaus zu blicken und andere Kulturen und deren Identitäten kennenzulernen und besser zu verstehen. Sie denken ganzheitlich und im Sinne der Gesellschaft und sind in der Lage, ihren Lebensstandard beständig weiterzuentwickeln und zu erhöhen und so ihren eigenen Bedürfnissen nachzukommen. Alles geschieht stets mit Blick auf die Ressourcen des Planeten – der Begriff der Nachhaltigkeit ist omnipräsent auf Dialogus-99 und wird aktiv gelebt.

Es liegt an uns

Ob diese Vorstellung einer geeinten Gesellschaft bloße Fantasie bleibt oder ob wir jetzt und hier einen ersten Schritt in diese Richtung gehen, steht uns frei. Aus heutiger Sicht klingt das Dialogus-99-Szenario wie reine Utopie, so wie eine Demokratie wahrscheinlich für Menschen, die in einer Diktatur leben, nahezu unvorstellbar ist. Sobald sie jedoch erfahren, was außerhalb der sie umgebenden Mauern möglich ist, werden sie bereit sein, mutig den Weg in Richtung Freiheit und Demokratie zu gehen. Ich möchte Ihnen mit dieser Geschichte zeigen, was möglich ist, wenn wir nur stark genug daran glauben. Damit wir gemeinsam versuchen, einer geeinten Gesellschaft einen Schritt –

oder vielleicht ja sogar viele Schritte – näher zu kommen. Dafür müssen wir jedoch in der Lage sein, jede Art von Spaltung sofort und ohne jeden Zweifel zu erkennen. Spaltung entsteht in den meisten Fällen durch Sprache, sie beeinflusst unser Denken und Handeln in hohem Ausmaß. Sprache zeigt uns Dinge aus einer gewissen Perspektive und kann integrativ oder eben spaltend sein. Sie kann zum Dialog oder zur Ausgrenzung benutzt werden. Da Sprache auch manipulativ eingesetzt werden kann, ist es für uns als freiwillige Brückenbauer sehr wichtig, diese Manipulationen zu identifizieren und mit Elan dagegenzuwirken. Denken Sie an die Frames und an das Modell des Overton-Fensters. Sprache hat immer eine bestimmte Wirkung. Wenn Menschen beispielsweise in einem Text als »Rattenpack« bezeichnet werden, verlieren sie in den Köpfen so mancher Leser ihre Individualität, sie sehen sie nicht mehr als einzelne menschliche Wesen. Durch die negative Konnotation geht die Empathie gänzlich verloren. Social Media und die eigene Bubble verstärken diesen Effekt noch. Dieser wenig verantwortungsvolle Umgang mit Sprache hat uns schon viel zu oft in verbale und kommunikative »Kriege« und auch in echte kriegerische Auseinandersetzungen mit schmerzhaftem Ausgang geführt. Ich kann es nicht oft genug wiederholen: Wer bewusst spaltend kommuniziert, führt Menschen absichtlich in die falsche Richtung und vernebelt die Wahrheit und Klarheit, die jeder Mensch im Leben zur Verfügung haben sollte. Daher ist es unsere wichtigste Aufgabe auf unserem Weg in Richtung Dialog, als Erstes eventuelle Spaltungen zu erkennen, aufzuzeigen und anzuprangern. Nur so können wir jene sicheren Brücken bauen, die über den Dialog die Spaltung für immer überwinden.

Eine solche Brücke konstruiert sich nicht von alleine, und sie benötigt viele, viele stabile Brückenpfeiler. Diese soliden Pfeiler können entstehen, indem wir Andersdenkenden mit offenem Geist und Herzen zuhören und versuchen, sie zu verstehen. Zuhören schafft Empathie, und diese bringt unterschiedliche Identitäten wertschätzend in Einklang und respektiert sie. Wahrhaftige Brückenbauer gehen auf andere zu, hören hin, erheben aber auch immer dann kraftvoll ihre Stimme, wenn das nötig ist, um weitere Brücken zu bauen. Wahrhaftige

Brückenbauer helfen anderen, Spaltung zu erkennen, um gemeinsam noch mehr Brücken bauen zu können. Und wahrhaftige Brückenbauer nennen Menschen, die bestimmte, auf den ersten Blick nicht nachvollziehbare Ängste und Sorgen haben, nicht pauschal »Nazi«, »Gutmensch« oder »Aluhutträger«, sondern bemühen sich aktiv um einen Dialog mit diesen Personen. Diese Brückenbauer suchen und finden etwaige Gemeinsamkeiten und sind stets bereit, mit anderen an einem Strang zu ziehen. Sie reden nicht über Probleme, sondern erzählen von ihren Visionen und arbeiten mit anderen an gemeinsamen Visionen. Und: Diese vorbildlichen Brückenbauer können vergeben, ganz so, wie Nelson Mandela es uns vorgemacht hat.

Die Brücken in Schuss halten

Es reicht nicht aus, eine tragfähige Brücke zu errichten und dieses neue Konstrukt dann sich selbst zu überlassen. Wie echte Bauwerke müssen auch kommunikative Brücken regelmäßig gewartet werden, ansonsten werden sie mit der Zeit instabil und brechen wieder ein. Außerdem wird es immer wieder Menschen geben, die Ihre sorgsam erbauten Brücken mit Karacho zum Einsturz bringen möchten. Sie können jedoch zum Schutz Ihrer Brücke jederzeit durch Ihre bewusste, verantwortungsvolle Kommunikation als achtsames Wartungsteam agieren – indem Sie sich stets wie verantwortungsvolle Journalisten verhalten, Faktenchecks durchführen und im Sinne eines konstruktiven Dialogs kommunizieren. Wir können uns außerdem in allen unseren Rollen, sei es als Konsument, als Elternteil, als Freund, als Mitarbeiterin oder Führungskraft, als Bürgerin und Wähler, immer dafür entscheiden, uns ehrbar zu verhalten. Es liegt an uns!

Wenn wir wirklich wollen, können wir gemeinsam sehr viel mehr erreichen, als heute für uns vorstellbar ist. Nehmen wir uns doch den Homo sapiens dialogus zum Vorbild und legen wir vereint los. Wir als Spezies Mensch haben schon oft bewiesen, wozu wir in der Lage sind. Nun können wir einen neuerlichen Beweis unserer immensen

Fähigkeiten, ja unserer Größe, antreten, indem wir alle unseren individuellen, überzeugten Betrag leisten, die Spaltung überwinden und glücklich und stolz auf den Brücken stehen, die wir geschaffen haben, um unsere Gesellschaft zu einen.

Dialog statt Spaltung!
Ihr
Patrick Nini

Quellen

1 Jonas T. Kaplan, Sarah I. Gimbel, Sam Harris: Neural correlates of maintaining one's political beliefs in the face of counterevidence, Scientific Reports 6, 39589 (2016). https://www.nature.com/articles/srep39589

2 Deutschlandradio: Jeden Tag versucht ein Mann, seine Frau zu töten. Deutschlandfunk, Die Nachrichten, 20.11.2018. https://www.deutschlandfunk.de/gewalt-in-deutschland-jeden-tag-versucht-ein-mann-seine.2852.de.html?dram:article_id=433613

3 Video abrufbar unter: https://www.youtube.com/watch?v=R1fO80t3oh4

4 Jurek Skrobalka: Vokabular wie bei Goebbels, Spiegel Online, 12.01.2015. https://www.spiegel.de/kultur/gesellschaft/pegida-kampfbegriffe-was-verbirgt-sich-hinter-der-rhetorik-a-1011755.html

5 Armin Schäfer: Politische Gleichheit – das uneingelöste Versprechen der Demokratie, Ringvorlesung Universität Bonn/Friedrich-Ebert-Stiftung, Wintersemester 2018/2019. https://www.youtube.com/watch?v=XFAemL7r0gs

6 Paul Schreyer: Die Angst der Eliten – Wer fürchtet die Demokratie? Westend 2018

7 Undercover bei Unzensuriert.at. https://www.youtube.com/watch?v=99N6le8aW5k

8 Unzensuriert.at: Wieder Rekord: Mehr als 3,6 Millionen Artikelabrufe, 04.10.2015. https://www.unzensuriert.at/content/0018901-wieder-rekord-mehr-als-36-millionen-artikelabrufe/

9 David Berger: Es ist so weit: Staat beschlagnahmt Wohnungen zur Unterbringung von Migranten, Philosophia Perennis, 16.05.2017. https://philosophia-perennis.com/2017/05/16/staat-beschlagnahmt-wohnungen/

10 Unzensuriert.at: Hamburg: Wohnungen zwangsweise beschlagnahmt, 18.05.2017. https://www.unzensuriert.at/content/0024038-hamburg-wohnungen-zwangsweise-beschlagnahmt/

11 Karolin Schwarz: Nein, in Hamburg werden keine Wohnungsbesitzer für Flüchtlinge enteignet. Correctiv – Recherche für die Gesellschaft, 17.05.2017. https://correctiv.org/faktencheck/2017/05/17/nein-in-hamburg-werden-keine-wohnungsbesitzer-fuer-fluechtlinge-enteignet/

12 Bezirk Mitte führt erstmals Zwangsvermietung durch, Hamburger Abendblatt, 02.05.2017. https://www.abendblatt.de/hamburg/article210438879/
Bezirk-Mitte-fuehrt-erstmals-Zwangsvermietung-durch.html

13 https://de.wikipedia.org/wiki/Pizzagate

14 Z. B. Peter Münch: Schmutzkampagne gegen Kurz bringt SPÖ in Bedräng-
nis, Süddeutsche Zeitung, 01.10.2017. https://www.sueddeutsche.de/poli-
tik/oesterreich-schmutzkampagne-gegen-kurz-bringt-spoe-in-bedraeng-
nis-1.3691022 / Anna Thalhammer: Tal Silberstein und die Wahrheit über
die Schmutzkübel-Kampagnen der SPÖ. Die Presse, 30.09.2017. https://
www.diepresse.com/5294429/tal-silberstein-und-die-wahrheit-uber-die-
schmutzkubel-kampagnen-der-spo

15 Moritz Tschermak: So reißerisch sind die Überschriften der »Bild«-
Zeitung, Bildblog, 23.12.2015. https://bildblog.de/75228/so-reisserisch-
sind-die-ueberschriften-der-bild-zeitung/

16 Innenministerium legt Zahlen zur Kriminalität von Zuwanderern vor,
Freie Presse, 17.12.2015. https://www.freiepresse.de/nachrichten/sachsen/
innenministerium-legt-zahlen-zur-kriminalitaet-von-zuwanderern-vor-
artikel9386509

17 Carole Cadwalladr: Facebook's role in Brexit – and the threat to democracy. TED Talk, 10.06.2019. https://www.youtube.com/watch?v=OQSMr-
3GGvQ

18 Anna Lewis: Why Wales' most Pro-Brexit town doesn't care about Euro-
pean money, Wales Online, 03.02.2019. https://www.walesonline.co.uk/
news/wales-news/wales-most-pro-brexit-town-15767233

19 Brexit funding gap could hit Welsh colleges, Government Opportunities,
06.06.2018. http://www.govopps.co.uk/brexit-funding-gap-could-hit-
welsh-colleges/

20 £15million Ebbw Vale leisure centre officially opened, South Wales Argus,
15.11.2013. https://www.southwalesargus.co.uk/news/10811905.pound-
15million-ebbw-vale-leisure-centre-officially-opened/

21 Andrew MacAskill, David Stamp: What are the links between Cambridge
Analytica and a Brexit campaign group? Reuters, 21.03.2018. https://
www.reuters.com/article/us-facebook-cambridge-analytica-leave-eu/
what-are-the-links-between-cambridge-analytica-and-a-brexit-campaign-
group-idUSKBN1GX2IO / Welche Rolle spielte Cambridge Analytica beim
Brexit? Süddeutsche Zeitung, 26.03.2018. https://www.sueddeutsche.de/
politik/cambridge-analytica-brexit-1.3921387

22 Statista: Anzahl der Downloads von FaceApp über den Google Play Store
weltweit von Februar 2017 bis November 2019 (Dezember 2019).
https://de.statista.com/statistik/daten/studie/1029740/umfrage/anzahl-
der-downloads-von-faceapp-ueber-den-google-play-store-weltweit/

23 Twitter-Account von Elizabeth Potts Weinstein. https://twitter.com/
ElizabethPW/status/1151317560203153410?ref_src=twsrc%5Etfw%7
Ctwcamp%5Etweetembed%7Ctwterm%5E1151317560203153410&r

ef_url=https%3A%2F%2Fwww.theverge.com%2F2019%2F7%2F17%2F206
97771%2Ffaceapp-privacy-concerns-ios-android-old-age-filter-russia

24 Daniel Berger: FaceApp-Hype: Großer Spaß – oder großes Sicherheitsrisiko? Heise online, 18.07.2019. https://www.heise.de/newsticker/
meldung/FaceApp-Hype-Grosser-Spass-oder-grosses-Sicherheits-
risiko-4474119.html

25 Ingo Dachwitz et al.: Was wir über den Skandal um Facebook und
Cambridge Analytica wissen, Netzpolitik.org., 21.03.2018. https://netz-
politik.org/2018/cambridge-analytica-was-wir-ueber-das-groesste-daten-
leck-in-der-geschichte-von-facebook-wissen/

26 Dennis Schwarz: Facebook kündigt Zusammenarbeit mit Cambridge
Analytica wegen Datenmissbrauchs, Wirtschaftswoche, 17.03.2018.
https://www.wiwo.de/unternehmen/it/datensicherheit-facebook-kuendigt-
zusammenarbeit-mit-cambridge-analytica-wegen-datenmissbrauchs/
21083884.html

27 Solidarität mit der Polizei, Facebook-Seite. https://www.facebook.com/
Solidarit%C3%A4t-mit-der-Polizei-508231899293945/

28 https://www.youtube.com/watch?v=00iXUkHUmbY

29 Daniel Kahneman: Schnelles Denken, langsames Denken, Siedler Verlag
2015

30 Nach Mobbing in Schule: Neunjähriger Schwuler begeht Selbstmord,
Queer.de, 28.08.2018. https://www.queer.de/detail.php?article_id=31819;
Neunjähriger verübt nach Schikanen Suizid, Kleine Zeitung, 29.08.2018.
https://www.kleinezeitung.at/international/5487372/Wegen-Outing_
Schueler-veruebt-nach-Schikanen-Suizid

31 https://medium.com/@chrisburkhardt/worte-haben-konsequenzen-
%C3%B6ffentlicher-brief-zur-aufgabe-meiner-mitgliedschaft-in-der-gsa-
9fd9c1658fee

32 Johns Hopkins University: Legalization of same-sex marriage linked to re-
duction of suicide attempts among high school students, Hub, 20.02.2017.
https://hub.jhu.edu/2017/02/20/same-sex-marriage-suicide-attempts/

33 Matthias Heine: Auch wer »Negerpüppis« liebt, sagt nicht mehr »Neger«,
Welt, 18.04.2018. https://www.welt.de/kultur/article175574720/Rassismus-
und-Sprache-Auch-wer-Negerpueppis-liebte-sagt-nicht-mehr-Neger.
html

34 Anna Fischer: Kleiner »Formulierungs-Ratgeber« für Journalisten,
Bundeszentrale für politische Bildung, 25.05.2007. http://www.bpb.de/
politik/extremismus/rechtsextremismus/41722/kleiner-formulierungs-rat-
geber-fuer-journalisten

35 Jonas Hampl: Schwarz geboren, zum Neger gemacht, Zeit online,
7.02.2013. https://www.zeit.de/gesellschaft/2013-02/leserartikel-rassis-
mus-neger

36 https://de.wikipedia.org/wiki/Edward_Bernays

37 Marc Tribelhorn: Meister der Manipulation – wie Edward Bernays mit

raffinierter PR-Arbeit unsere Konsumkultur veränderte, Neue Zürcher Zeitung, 14.07.2018. https://www.nzz.ch/gesellschaft/der-heimliche-verfuehrer-ld.1403103

38 Marlene Weiß: Das 1,5-Grad-Ziel kann man vergessen, Süddeutsche Zeitung, 01.08.2017. https://www.sueddeutsche.de/wissen/klimawandel-das-1-5-grad-ziel-kann-man-vergessen-1.3611756#redirectedFrom-Landingpage

39 Zentralstelle für Meteorologie und Geodynamik: Grönland, ohne Datum. https://www.zamg.ac.at/cms/de/klima/informationsportal-klimawandel/standpunkt/klimafolgen/eisschilde/groenland / Permafrost-Schmelze befeuert den Klimawandel, Handelsblatt, 01.12.2011. https://www.handelsblatt.com/technik/energie-umwelt/treibhausgase-permafrost-schmelze-befeuert-den-klimawandel/5907896.html?ticket=ST-591581-XxTTlYkdvJ-bT6bdgfuag-ap1

40 Statista: Pro-Kopf-CO_2-Emissionen nach ausgewählten Ländern im Jahr 2017, 12.11.2019. https://de.statista.com/statistik/daten/studie/167877/umfrage/co-emissionen-nach-laendern-je-einwohner/

41 Statista: Die zehn größten CO_2-emittierenden Länder nach Anteil an den weltweiten CO_2-Emissionen im Jahr 2018, 07.04.2020. https://de.statista.com/statistik/daten/studie/179260/umfrage/die-zehn-groessten-c02-emittenten-weltweit/

42 https://de.wikipedia.org/wiki/Kraftwerk_Datteln

43 IMO: GHG emissions from international shipping, International Maritime Organization, ohne Datum. http://www.imo.org/en/OurWork/Environment/PollutionPrevention/AirPollution/Pages/GHG-Emissions.aspx

44 Antje Höning: Kraftwerk Datteln IV. Die Industrieruine des Westens erwacht. RP online, 20.10.2017. https://rp-online.de/wirtschaft/unternehmen/kraftwerk-datteln-4-die-industrieruine-des-westens-erwacht_aid-19040799

45 Alexandra Endres: Schifffahrt ist fürs Klima genauso schlimm wie Kohle, Zeit online, 09.12.2019. https://www.zeit.de/wirtschaft/unternehmen/2019-12/co2-emissionen-schifffahrt-klimawandel-seeverkehr-umweltschutz

46 Bund für Umweltschutz und Naturschutz Deutschland: Steinkohlekraftwerk Datteln 4 – kein Klimaschutz und ökonomische Risiken (November 2019). https://cdn.website-editor.net/1b6e006eefa748d1bd0f35504ccae9e6/files/uploaded/2019_11_14%2520BUND%2520Hintergrund%2520Datteln%25204.pdf

47 2005 war wärmstes Jahr seit über einem Jahrhundert, Spiegel Online, 24.01.2006. https://www.spiegel.de/wissenschaft/natur/klima-studie-2005-war-waermstes-jahr-seit-ueber-einem-jahrhundert-a-397149.html

48 https://de.wikipedia.org/wiki/Vierter_Sachstandsbericht_des_IPCC

49 Antje Höning: Kraftwerk Datteln IV. Die Industrieruine des Westens erwacht. RP online, 20.10.2017. https://rp-online.de/wirtschaft/unterneh-

men/kraftwerk-datteln-4-die-industrieruine-des-westens-erwacht_aid-19040799

50 Ulf Meinke: Energiekonzern Uniper kämpft für Kohlekraftwerk Datteln, NRZ, 08.08.2019. https://www.nrz.de/wirtschaft/energiekonzern-uniper-kaempft-fuer-kohlekraftwerk-datteln-id226717913.html

51 Claus Hecking, Stefan Schultz: Deutschland hat nur noch 20 000 Braunkohle-Jobs, Spiegel Online, 05.07.2017. https://www.spiegel.de/wirtschaft/unternehmen/braunkohlewirtschaft-bietet-nur-noch-20-000-arbeitsplaetze-a-1155782.html

52 Bundesnetzagentur: Feststellung des Bedarfs an Netzreserve für den Winter 2019 / 2020 sowie das Jahr 2022 / 2023, Bonn, 30.04.2019. https://www.bundesnetzagentur.de/SharedDocs/Downloads/DE/Sachgebiete/Energie/Unternehmen_Institutionen/Versorgungssicherheit/Berichte_Fallanalysen/Festellung_Reservekraftwerksbedarf_2019.pdf?__blob=publicationFile&v=3

53 Bundesnetzagentur: Feststellung des Bedarfs an Netzreserve für den Winter 2020 / 2021 sowie das Jahr 2023 / 2024, 30.04.2020. https://www.bundesnetzagentur.de/SharedDocs/Downloads/DE/Sachgebiete/Energie/Unternehmen_Institutionen/Versorgungssicherheit/Berichte_Fallanalysen/Festellung_Reservekraftwerksbedarf_2020.pdf?__blob=publicationFile&v=3

54 Peter H. Grassmann: Zähmt die Wirtschaft! Westend 2019, Pos 1942

55 Michael Bauchmüller, Alexander Mühlauer: So wollen Lobbyisten strengere Klimaziele verhindern, Süddeutsche Zeitung, 19.09.2018. https://www.sueddeutsche.de/wirtschaft/klimawandel-lobby-klimaziele-1.4134469

56 Deutsche Industrie und Verkehrswirtschaft warnen vor Green Deal, Verkehrsrundschau, 11.12.2019. https://www.verkehrsrundschau.de/nachrichten/deutsche-industrie-und-verkehrswirtschaft-warnen-vor-green-deal-2515665.html

57 Pro Lausitzer Braunkohle e.V.: Lausitzer Braunkohle – der Klimakiller? Ohne Datum. https://web.archive.org/web/20191204195001/https://www.pro-lausitz.de/index.php/News-leser/items/teil-4-lausitzer-braunkohle-der-klimakiller.html

58 Land fördert Klima-Kampagne von Pro-Braunkohle-Verein, rbb 24, 05.12.2019. https://www.rbb24.de/studiocottbus/politik/2019/12/cottbus-braunkohleverein-foerderung-klimaschule-spiegel.html

59 Ebda.

60 BUND Landesverband Nordrhein-Westfalen: Datteln 4: Ministerpräsident Laschet empfiehlt Inbetriebnahme – BUND reagiert empört, 09.11.2019. https://www.bund-nrw.de/meldungen/detail/news/datteln-4-ministerpraesident-laschet-empfiehlt-inbetriebnahme-bund-reagiert-empoert/

61 »Unser Planet« (Video). Uniper welcomes 2020 – Willkommen im Jahrzehnt der Umsetzung der Energiewende, Uniper, 30.12.2019. https://www.youtube.com/watch?v=p221RW7sOb8

62 Siemens (Presse): Siemens wird bis 2030 klimaneutral, 03.12.2018. https://
   press.siemens.com/global/de/feature/siemens-wird-bis-2030-klimaneutral
63 Calla Wahlquist et al.: Australian fires: Victorians urged to leave amid fears
   'Heat spike' will cause bushfires to merge, The Guardian, 09.01.2020. https://
   www.theguardian.com/australia-news/2020/jan/09/australia-fires-victorians-
   urged-to-leave-amid-fears-heat-spike-will-cause-bushfires-to-merge
64 Australien fordert 240 000 Bürger zur Evakuierung auf, Spiegel Online,
   10.01.2020. https://www.spiegel.de/panorama/gesellschaft/australien-for-
   dert-240-000-buerger-wegen-feuern-zur-evakuierung-auf-a-9e171bd7-
   042f-475e-a29d-66cee34f8966
65 Australien erlebt heißesten Tag der Geschichte, Spiegel Online, 18.12.2019.
   https://www.spiegel.de/wissenschaft/natur/australien-heissester-tag-in-
   der-geschichte-und-die-hitzewelle-geht-weiter-a-1301837.html
66 Genehmigung für umstrittenes Kohlekraftwerk in Australien, Deutsche
   Welle, 13.06.2019. https://p.dw.com/p/3KNFr
67 Nick Heubeck: Stoppt die Siemens-Beteiligung am australischen Mega-
   Kohleprojekt. Change.org, ohne Datum. https://www.change.org/p/
   eil-stoppt-die-siemens-beteiligung-am-australischen-mega-kohlepro-
   jekt-stopadani-joekaeser
68 https://twitter.com/JoeKaeser/status/1206141480248791040
69 https://twitter.com/helenamarschall/status/1215600784559177729
70 Klimaaktivistin Neubauer erhöht Druck auf Siemens, Deutsche Welle,
   12.01.2020. https://p.dw.com/p/3W3vD
71 Siemens (Presse): Joe Kaeser on Adani Carmichael project, 12.01.2020.
   https://press.siemens.com/global/en/news/joe-kaeser-adani-carmichael-
   project
72 Ebda.
73 Arvid Kaiser: Dieser Milliardär setzt voll auf Kohle – und zieht Siemens
   mit, Manager Magazin, 13.01.2020. https://www.manager-magazin.de/
   unternehmen/artikel/gautam-adani-kohle-projekt-carmichael-zieht-
   siemens-mit-a-1304064.html
74 Lisa Cox: Adani jobs explained: why there are new questinos over Carmichael mine, The Guardian, 04.06.2019. https://www.theguardian.com/
   environment/2019/jun/05/adani-jobs-explained-why-there-are-new-
   questions-over-carmichael-mine
75 Dachverband kritische Aktionäre: Stimmrechte übertragen. https://www.
   kritischeaktionaere.de/mitmachen/stimmrechte-uebertragen/
76 Abschied von der Steinkohle: Bergmänner singen das Steigerlied (Video),
   RP online, 22.12.2018. https://www.youtube.com/watch?v=HUhwJJx-
   pFGY&feature=youtu.be
77 Letzte Steinkohlenzeche: Das passiert auf und in Prosper-Haniel (Video),
   RP online, 26.08.2019. https://www.youtube.com/watch?v=a_2La-dawoM
78 Kohle, Kumpel und Kultur – Wehmut im Revier (Video), Phoenix,
   04.07.2019. https://www.youtube.com/watch?v=DO4Ytn6QOrs

79 Im Privatjet zum Klimagipfel: Prinz Harry, Leonardo DiCaprio & Co. treffen sich auf Sizilien, Stern, 01.08.2019. https://www.stern.de/lifestyle/ leute/prinz-harry-und-co---im-privatjet-zum-klimagipfel-nach-sizilien-8827756.html

80 Oxfam (Presse): Die reichsten 10 Prozent verursachen die Hälfte der weltweiten Treibhausgase, 02.12.2015. https://www.oxfam.de/presse/pres-semitteilungen/2015-12-02-oxfam-reichsten-10-prozent-verursachen-ha-elfte-weltweiten

81 https://www.youtube.com/watch?v=2S6YYDbjUu8

82 Christian Putsch: Südafrikas glücklichster Tag, Welt, 18.02.2010. https://www.welt.de/welt_print/vermischtes/article6445515/Suedafrikas-gluecklichster-Tag.html

83 Ökonom Hans-Werner Sinn: Jung & Naiv, Folge 449 (Video), Tilo Jung, 15.12.2019. https://www.youtube.com/watch?v=lCeOvWqeTPgooo

84 Frederico Härri: Andreas Glarner verliert Prozess wegen übler Nachrede – und zweifelt Unabhängigkeit des Obergerichts an, Aargauer Zeitung, 08.01.2020. https://www.aargauerzeitung.ch/aargau/kanton-aargau/andre-as-glarner-verliert-prozess-wegen-uebler-nachrede-und-zweifelt-unabha-engigkeit-des-obergerichts-an-136194813

85 Polit-Experte: »Andreas Glarner hat den Eklat provoziert – er profitiert davon«, Watson, 11.06.2019. https://www.watson.ch/schweiz/gesell-schaft%20&%20politik/517769151-andreas-glarner-hat-den-eklat-provo-ziert-er-profitiert-davon

86 Joseph G. Lehman: An Introduction to the Overton Window of Political Possibility, Mackinac, 08.04.2010. https://www.mackinac.org/12481

87 Japan in Düsseldorf und NRW, Japan-Tag Düsseldorf NRW, ohne Datum. http://www.japantag-duesseldorf-nrw.de/japan-in-duesseldorf/

88 https://twitter.com/KoeppelRoger/status/1110431839620132865

89 Martin Lüscher: Köppel tritt Klima-Shitstorm los – doch dieser ETH-Pro-fessor kennt die Antwort, Watson, 26.03.2019. https://www.watson.ch/ schweiz/klimastreik/597607307-roger-koeppel-tritt-klima-shitstorm-los-eth-professor-knutti-pariert

90 https://de.wikipedia.org/wiki/Essentially_Contested_Concept

91 https://de.wikipedia.org/wiki/Welle

92 Susanne Decker, Claudia Heidenfelder: Hühnerhaltung, Planet Wissen, 19.09.2018. https://www.planet-wissen.de/natur/haustiere/huehner/pwie-huehnerhaltung100.html

93 Ed Yong: Is crime a virus or a beast? National Geographic, 23.02.2011. https://www.nationalgeographic.com/science/phenomena/2011/02/23/ is-crime-a-virus-or-a-beast-how-metaphors-shape-our-thoughts-and-decisions/

94 Das Boot ist voll! Plakat der rechtsextremistischen Partei »Die Republika-ner« zum Asylrecht, DeuFraMat, 08.11.2003. http://www.deuframat.de/ gesellschaft/bevoelkerungsstruktur-migration-minderheiten/einwande-

rung-und-probleme-der-integration-in-deutschland-seit-1960/asylbewer-ber-fluechtlinge-und-auslaender-ohne-aufenthaltsstatus/das-boot-ist-voll.html

95 Konstanze Kriese et al.: Licht im EU-Fördermittel-Dschungel, Die Linke im EU-Parlament, 17.10.2017. https://www.dielinke-europa.eu/de/article/11557.licht-im-eu-f%C3%B6rdermittel-dschungel.html

96 Staatsfunk (ARD) gibt bewusste Verletzung der Unparteilichkeit zu, Freie Welt, 02.07.2019. https://www.freiewelt.net/nachricht/staats-funk-ard-gibt-bewusste-verletzung-der-unparteilichkeit-zu-10078247/

97 »Abwrackprämie und Umwelt – eine erste Bilanz«, Gutachten, beauftragt vom Bundesministerium für Umwelt, Naturschutz und Reaktorsicherheit (BMU), 31.08.2009. https://web.archive.org/web/20091007033714/http://www.bmu.de/files/pdfs/allgemein/application/pdf/ifeu_abwrackpraemie_bf.pdf

98 Emily Pronin, Daniel Lin, Lee Ross: The bias blind spot: Perceptions of bias in self versus others, Personality and Social Psychology Bulletin 2002, 28, S. 369 – 381

99 Irene Scopelliti et al.: Bias Blind Spot: Structure, Measurement, and Consequences, Management Science 2015, 6 (10), S. 2468 – 2486 https://pubsonline.informs.org/doi/pdf/10.1287/mnsc.2014.2096

100 Podcast Jung & Naiv mit Matthias Strolz, Folge 361, Tilo Jung, 15.04.2018. https://www.youtube.com/watch?v=BJDPiLOgS3k

101 Josef Ertl: Energiesparen bedeutet oft höheren Stromverbrauch, Kurier, 21.01.2020. https://kurier.at/chronik/oberoesterreich/energiesparen-bedeutet-oft-hoeheren-stromverbrauch/400732776

102 110 KV Leitungen gehören unter die Erde, NEOS, 04.02.2020. https://karindoppelbauer.at/blog/110-kv-leitungen-gehoeren-unter-die-erde

103 Der Goldene Windbeutel 2018 geht an … Coca-Cola! (Video), foodwatch, 04.12.2018. https://www.youtube.com/watch?v=vRAzBvMEZYM

104 Wasser von Coca-Cola erhält Goldenen Windbeutel, Spiegel Online, 04.12.2020. https://www.spiegel.de/wirtschaft/service/coca-cola-bekommt-goldenen-windbeutel-fuer-werbeluege-des-jahres-a-1241757.html

105 Bio-Hersteller Zwergenwiese gewinnt den Goldenen Windbeutel 2019! (Video), foodwatch, 03.12.2019. https://www.youtube.com/watch?v=x1HblHcPZpU

106 Peter Brors: Dieser Gründer will mit seiner Sofware Powerpoint angreifen, Handelsblatt, 19.02.2020. https://www.handelsblatt.com/unternehmen/mittelstand/familienunternehmer/christian-reber-dieser-gruender-will-mit-seiner-software-powerpoint-angreifen/25558300.html

107 Berndt Feuerbacher: Professionell Präsentieren in den Natur- und Ingenieurwissenschaften, Wiley-VCH 2009 / Andrea Joost: Mit Worten bewegen: Präsentationen und Reden, die wirklich begeistern, Wiley-VCH 2012

108 robertgaskins.com

109 Peter Brors: Dieser Gründer will mit seiner Sofware Powerpoint angreifen, Handelsblatt, 19.02.2020. https://www.handelsblatt.com/unternehmen/mittelstand/familienunternehmer/christian-reber-dieser-gruender-will-mit-seiner-software-powerpoint-angreifen/25558300.html

110 https://github.com/iperov/DeepFaceLab

111 Selbstversuch: Wie macht man ein Deepfake-Video? (Video), BR24, 11.01.2020. https://www.youtube.com/watch?v=HJMx9n5mFSM

112 You Won't Believe What Obama Says In This Video! BuzzFeedVideo, 17.04.2018. https://www.youtube.com/watch?v=cQ54GDm1eL0

113 https://github.com/mingyuliutw/unit

114 Polizeinotruf: »I werd Ihna die Wadeln virerichten!« (Video), Falter, 27.11.2019. https://www.youtube.com/watch?v=kO0SZxqme34

115 Florian Klenk über investigativen Journalismus (Video), Mediengipfel Lech, 30.11.2019. https://www.youtube.com/watch?v=AEYLuNM6z3E

116 PHILOSOPHY – Epistemology: Analyzing Knowledge #1 (The Gettier Problem), Wireless Philosophy, 26.02.2016. https://www.youtube.com/watch?v=5lB-XJjmvoE&feature=youtu.be

117 PHILOSOPHY – Epistemology: Analyzing Knowledge #2 (No-False-Lemma and No-Defeater Approaches). https://www.youtube.com/watch?v=VAt9h6PCnEg

118 Facebook-Posting: Pamela Rendi-Wagner, 7. August 2019

119 Facebook-Posting: FPÖ, 3. April 2019

120 Andreas Debski: AfD visiert in Sachsen 30 plus x an – Urban: »Wir wollen regieren«, Leipziger Volkszeitung, 02.06.2019. https://www.lvz.de/Region/Mitteldeutschland/AfD-visiert-in-Sachsen-30-plus-x-an-Urban-Wir-wollen-regieren

121 »Umwelt und Wirtschaft verbinden – Macht sonst keiner«: NEOS präsentieren erstes Kampagnensujet, APA-OTS, 22.08.2019. https://www.ots.at/presseaussendung/OTS_20190822_OTS0130/umwelt-und-wirtschaft-verbinden-macht-sonst-keiner-neos-praesentieren-erstes-kampagnensujet-bild

122 Dr. Julian Hosp: DAS TIMEHORIZON PRINZIP, Julian Hosp Coaching 2019

123 Bundesamt für Gesundheit (BAG): Coronavirus: Zusätzliche Massnahmen in der Schweiz, 24.02.2020. https://www.bag.admin.ch/bag/de/home/das-bag/aktuell/medienmitteilungen.msg-id-78205.html

124 Taylor Swift siegt vor Gericht, Spiegel Online, 15.08.2017. https://www.spiegel.de/panorama/justiz/taylor-swift-us-saengerin-gewinnt-im-grapsch-prozess-gegen-moderator-david-mueller-a-1162861.html

125 Taylor Swift gewinnt Grapsch-Prozess – und einen Dollar, Münchner Abendzeitung, 15.08.2017. https://www.abendzeitung-muenchen.de/inhalt.gegen-radio-dj-david-mueller-taylor-swift-gewinnt-grapsch-prozess-und-einen-dollar.40e51b0e-50e8-4a45-b4e1-9244d714e73c.html

126 US-Sängerin macht erstmals politische Aussage, Stuttgarter Zeitung,

08.10.2018. https://www.stuttgarter-zeitung.de/inhalt.taylor-swift-us-saengerin-macht-erstmals-politische-aussage.a01b986b-1ea9-4b9c-86b9-8c52f1fa4683.html

127 https://www.instagram.com/p/BopoXpYnCes/?utm_source=ig_web_copy_link

128 Die Wahlsagerin, Spiegel Online, 08.10.2018. https://www.spiegel.de/panorama/leute/usa-taylor-swift-warum-sich-die-saengerin-zum-ersten-mal-politisch-aeussert-a-1232051.html

129 Amy B. Wang: Taylor Swift's endorsement of Democrats is followed by a spike in voter registrations, Washington Post, 10.10.2018. https://www.washingtonpost.com/arts-entertainment/2018/10/09/taylor-swifts-endorsement-democrats-causes-spike-voter-registrations/

130 Tilo George Copperfield: Haltung in der Politik zeigen? Bitte! Mittelbayerische Zeitung, 15.02.2020. https://www.mittelbayerische.de/region/cham-nachrichten/haltung-in-der-politik-zeigen-bitte-20909-art1880991.html

131 Die CumEx-Files – Wie Banker, Anwälte und Superreiche Europa ausrauben. A cross-border investigation, Correctiv – Recherche für die Gesellschaft. https://cumex-files.com/#story

132 Lutz Ackermann et al.: Der größte Steuerraub in der deutschen Geschichte, Zeit online, 08.06.2017. https://www.zeit.de/2017/24/cum-ex-steuerbetrug-steuererstattungen-ermittlungen/seite-2

133 Aufsicht kannte umstrittene Cum-Ex-Geschäfte schon 1992, Spiegel Online, 25.11.2016. https://www.spiegel.de/wirtschaft/soziales/cum-ex-deals-aufsicht-kannte-umstrittenes-steuer-loch-schon-1992-a-1123076.html

134 Jacques Le Goff: Kaufleute und Bankiers im Mittelalter, Campus 1993 / Andreas Schneider, René Schmidpeter (Hrsg.): Corporate Social Responsibility: Verantwortungsvolle Unternehmensführung in Theorie und Praxis, Springer Gabler 2012

135 Stand März 2020: 189 von 197 Staaten: https://unfccc.int/process/the-paris-agreement/status-of-ratification

136 Microsoft (Presse): Microsoft will mehr CO_2 aus der Atmosphäre entfernen als ausstoßen: Negative CO_2-Bilanz soll 2030 erreicht werden, 17.01.2020. https://news.microsoft.com/de-de/co2-negativ/

137 Saubere Luft in China wegen Coronavirus, BR 24, 01.03.2020. https://www.br.de/nachrichten/deutschland-welt/saubere-luft-in-china-wegen-coronavirus,Rrzt9qU

138 EPA: Dynamic Integrated Climate Economy model (DICE), 1.06.2012. https://cfpub.epa.gov/si/si_public_record_report.cfm?Lab=OAP&dirEntryId=240426

139 Tobias Kaiser: Dieser Nobelpreis ist ein Statement für den Klimaschutz, Welt, 08.10.2018. https://www.welt.de/wirtschaft/article181809698/William-Nordhaus-Wirtschaftsnobelpreis-fuer-Umweltoekonom.html

Literatur

Bar-Sieber, Martina; Krumm, Rainer; Wiehle, Hartmut: Unternehmen verstehen, gestalten, verändern: Das Graves-Value-System in der Praxis, Gabler, 2007

Borbonus, René: Relevanz: Was, warum, wann, für wen wichtig wird, Econ, 2019

Borbonus, René: Respekt! Wie Sie Ansehen bei Freund und Feind gewinnen, Econ, 2011

Brodnig, Ingrid: Hass im Netz: Was wir gegen Hetze, Mobbing und Lügen tun können, Brandstätter, 2016

Brodnig, Ingrid: Lügen im Netz. Wie Fake News, Hass, Populisten und unkontrollierte Technik uns manipulieren, Brandstätter, 2018

Chomsky, Noam: Die Verantwortlichkeit der Intellektuellen: Zentrale Schriften zur Politik, Antje Kunstmann, 2008

Fukuyama, Francis: Identität: Wie der Verlust der Würde unsere Demokratie gefährdet, Hoffmann und Campe, 2019

Habeck, Robert: Wer wir sein könnten: Warum unsere Demokratie eine offene und vielfältige Sprache braucht, Kiepenheuer & Witsch, 2018

Harari, Yuval Noah: Eine kurze Geschichte der Menschheit, Pantheon, 2015

Hendricks, Vincent F.: Postfaktisch: Die neue Wirklichkeit in Zeiten von Bullshit, Fake News und Verschwörungstheorien, Karl Blessing, 2018

Hosp, Julian: DAS TIMEHORIZON PRINZIP: Die Zeitmanagement-Hacks und Produktivitäts-Tricks der erfolgreichsten Menschen der Welt, Julian Hosp Coaching LTD, 2019

Kahneman, Daniel: Schnelles Denken, langsames Denken, Siedler, 2012

Lakoff, George; Johnson, Mark: Leben in Metaphern: Konstruktion und Gebrauch von Sprachbildern, Carl Auer, 2003

McRaney, David: Ich denke, also irre ich: Wie unser Gehirn uns jeden Tag täuscht, mvg, 2012

Müller, Albrecht: Glaube wenig, hinterfrage alles, denke selbst: Wie man Manipulationen durchschaut, Westend, 2019

Nida-Rümelin, Julian: Verantwortung, Reclam, 2011

Nini, Patrick: Speech Pad: Warum gut präsentieren heute anders geht, GABAL, 2017

Pörksen, Bernhard: Die große Gereiztheit: Wege aus der kollektiven Erregung, Carl Hanser, 2018

Rosenberg, Marshall B.: Gewaltfreie Kommunikation: Eine Sprache des Lebens, Junfermann, 2004

Rosling, Hans: Factfulness: Wie wir lernen, die Welt so zu sehen, wie sie wirklich ist, Ullstein, 2018

Schreyer, Paul: Die Angst der Eliten: Wer fürchtet die Demokratie? Westend, 2018

Ulrich, Bernd: Guten Morgen, Abendland – Der Westen am Beginn einer neuen Epoche, Kiepenheuer & Witsch, 2017

Wehling, Elisabeth: Politisches Framing: Wie eine Nation sich ihr Denken einredet – und daraus Politik macht, Herbert von Halem, 2016

Dank

Viele verschiedene Faktoren haben zur Entstehung dieses Buches beigetragen. Es begann im Mai 2019 mit der »Causa Ibiza« in Österreich, durch die die damalige ÖVP-FPÖ-Regierung abrupt beendet wurde. Die darauf folgende politische Krise löste in mir einen ersten, intensiven Nachdenkprozess rund um das Thema »Spaltung« aus. Im Wahlkampf gab die Partei NEOS allen Bürgern die Chance, auch ohne Parteimitgliedschaft für den Nationalrat zu kandidieren. Da ich ein neugieriger Mensch bin, Politik mir Spaß macht und ich vor allem etwas bewegen will, habe ich mich kurzerhand für eine Kandidatur entschieden. Danke, liebe NEOS, für diese Gelegenheit. Auch wenn ich heute kein Parteimitglied mehr bin, konnte ich wertvolle politische Erfahrungen sammeln. Die im Wahlkampf gewonnenen Einblicke haben meine Motivation für dieses Buch verstärkt.

Ich hatte damals jedoch gewisse Bedenken, dass die Kandidatur meine Positionierung als Kommunikationstrainer, vor allem aber auch meine Glaubwürdigkeit, verwässern könnte. Also suchte ich Rat bei Siegfried Haider, seines Zeichens Positionierungs- und Marketingexperte. In unserem Skype-Coaching haben wir daraufhin die Weichen für meine weitere Positionierung wie auch für dieses Buch gestellt. Ich habe mich dann bewusst dafür entschieden, meine Tätigkeiten als Politiker und Kommunikationstrainer unter dem Dach »verantwortungsvolle Kommunikation« zusammenzufassen. Danke dafür, lieber Sigi!

Diese Neupositionierung und die damit veränderte Perspektive setzten nun einen unerwarteten, höchst spannenden Prozess in Gang. Plötzlich betrachtete ich gewisse Dinge und Sachverhalte völlig anders, und auch meine Bewertungen veränderten sich. Jeden Tag entstanden so viele neue Erkenntnisse, die ich schriftlich festhielt und die bald so umfangreich waren, dass sie ein Buch füllen konnten!

Nun hatte ich meine Inhalte, brauchte aber noch eine Struktur, um daraus ein lesenswertes Werk zu machen. Ende August 2019 traf ich mich mit Monika B. Paitl, die in Wien eine Agentur für Buchkonzeption und Autorencoaching führt. Ihr gilt mein größter Dank; ohne sie wäre das Buch in dieser Form nicht zustande gekommen. Danke Monika, du zauberst Bücher!

Monika unterstützte mich dabei, aus meinen unstrukturierten Notizen eine Gliederung und ein Konzept zu erarbeiten. So entstand innerhalb weniger Tage das Buchexposé, das ich bei meinem Wunschverlag GABAL einreichte. Im September 2019 erhielt ich vom Verlag die Zusage. Danke, liebe Sandra Krebs, dass du mich noch so kurzfristig ins Programm aufgenommen hast!

Mein Dank gilt auch Sascha Böhmann, der mich bei meinen umfangreichen Rechercheaktivitäten unterstützt hat, sowie meiner Lektorin Sabine Rock von DRUCKREIF!, mit der ich bereits das zweite Mal erfolgreich zusammengearbeitet habe.

Stichwortregister

Über den Autor

Patrick Nini ist Vortragsredner
und Kommunikationstrainer. Er ist
seit langer Zeit politisch aktiv und
hat das Kommunikationsverhalten
von Politikern und wirtschaftlichen
Playern in Österreich, Deutschland und der Schweiz analysiert. Er
kennt die relevanten Werkzeuge für
verantwortungsbewusste Kommu-
nikation und durchschaut die Fall-
stricke verantwortungslosen Kommunizierens. Nini ist überzeugt,
dass es gelingen kann, die Gesellschaft zu einen und ideologische
– wie auch kommunikative – Brücken zu bauen. 2019 war er Nationalratskandidat in Österreich, gehört heute jedoch keiner Partei an.
Patrick Nini hat das Rhetorikmodell »Speech Pad« konzipiert und
Speech5, einen digitalen Rhetorik-Coach, entwickelt. 2017 erschien
sein Buch »Speech Pad: Warum gut präsentieren heute anders geht«
bei GABAL. Patrick Nini gibt sein Wissen in Form von Seminaren,
Coachings und Vorträgen an seine Kunden weiter.

Mehr Informationen auf:
www.patricknini.com

Wünschen Sie sich auch mehr Dialogbereitschaft in unserer Gesellschaft?

Patrick Nini
Initiator Dialog Fellows

Dann machen Sie mit und unterstützen Sie unsere Arbeit bei den Dialog Fellows!

Dialog Fellows ist ein Thinktank & Vermittler zwischen konträren Standpunkten und stellt einen Raum für Dialog zur Verfügung.

www.dialogfellows.org